一九色鹿一

耿元骊 编

权力 与 秩序

帝制中国的 社会治理

社会科学文献出版社
SOCIAL SCIENCES ACADEMIC PRESS (CHINA)

序

2020 年上半年，河南大学历史文化学院在线上组织了以"帝制中国的社会治理"为题的系列讲座，本书就是这一个系列讲座的讲稿汇集，共计十二篇。讲座主持者指示我为书稿写"序"，我作为讲座的参与者，也觉得有一些问题需要略做解释，因此就有了如下这些文字。

所谓"社会治理"，是一个比较宽泛的概念。大致讲，或者可分为由国家机构对社会自上而下实施的统治，与基层民众的自我管理这样两个层面。在前者，统治者与被统治者是分离的，而在后者，管理者与被管理者则往往两者相兼。在各不同层面的内部，也存在着复杂的"治理"问题，例如在传统中国史领域中几乎可以称为一枝独秀的官制研究，就是针对国家为了选拔、管理"社会治理"者——官吏——而设计的各种制度，来展开分析讨论。传统儒生强调"修身齐家"，以此为"治国平天下"这一人生终极目标服务，则指如何以官吏的身份来更好地"治理"天下。在民众自我管理的层面，无论是血缘宗族、行业组织，还是宗教团体，内容也极为繁杂。在作为最低层级地方政区的县之下，国家设置有基层管理组织——乡里，乡里组织为国家服务，其头目由差派的平民充任，他们的身份介于官民之间，职责有时也呈现出地方立场，具有双重性，可谓两个"治理"层面的连接处。今人所悉知的"溥天之下，莫非王土；率土之滨，莫非王臣"之说，无疑是传统"社会治理"的最高原则。这其间所涉及的制度、理念、习俗、文物等等，五花八门，包罗万象。不过通俗地讲来，所谓"帝制中国的社会治理"，主要应该就是在这个最高原则的指导之下，怎样将天下"管"好，似乎更多地落实在自上而下的统治制度。

我国传统读书人一向以怀有天下之志而自傲，居庙堂之高则忧其民，处江湖之远则忧其君，进退皆忧，以天下之乐为乐。然而深究言之，无非以读书当官的制度为依凭而已。现今坊间推崇备至的所谓耕读文化传统，其实与现代意义上的教育基本不相干，无非读书做官而已，虽然不必贬之泰甚，更无须誉之过当。自从丙午岁（1906）废科举以来，国民教育（读书）早已不再制度化地直接与做官相连接，但既受耕读传统之影响，又因为经典理论强调史学研究目的在于探究人类社会发展规律，以为当今社会服务，遂使得人们常常对现代史学功能有某种不甚恰当的期待。实际上，当今世界早已是技术官僚们的天下，未必看得上文人的空谈；传统农业社会的历史经验能否具有一定的现代意义，也颇令人持疑。这个系列讲座以"社会治理"为题，无非以此作为理解帝制中国社会的一个视角，以便将各个看似孤立的历史现象联系起来，形成有机的逻辑结构。各位主讲者所提出的一些看法，只不过是出于他们对自己研究的历史现象的理解，以展现传统人文之美，本无指点江山的错觉。

相对于"帝制中国的社会治理"这个内涵极为丰富的主题，十二个专题讲座的容量太过有限，加之主讲者出于自己的学术兴趣，自由发挥，不免令人有支离之感。编纂者以帝制体系之方向认知、社会架构之运行机制、日常生活之官民人等这样三个方面来作归类，显有提纲挈领之效。以本人的讲题《我们如何观察历史：从宋代城市发展水平说起》为例，虽然近年来出于对历史学在国民教育体系中作用的思考，常常叨念强调综合分析的历史学思维方式的重要性，将讲座的结论落在了这一点上，就分析的具体历史现象而言，从唐到宋的城市发展是否从所谓的坊市制走向了街市制，则既关乎当时社会发展的性质，也涉及帝制国家对城市的管理制度，这样说来，也算不得离题了。又如程民生教授的《宋代女子的文化水平》一讲，这应该是他近年来一系列相近研究中的一个侧面，表面看来似乎离主题更远一些，实际上是通过分析当时士大夫阶层关于女子的教育理念，并在此基础之上全面梳理两宋社会中有关女子教育的各方面史实，最后才对宋代女子的文化水平做出自己的判断。既涉及从上而下的统治理念，也关乎社会的自我管理，所以无疑也是紧扣了主题。其他各讲，也都可以依据这样的理路来做观察，这里不再一一展开。

其实，不仅仅在于"社会治理"而已，如果想要更好地理解我们这个庞大而又历史悠久的文明体，无论是过去还是当今的客观现实，都明确无误地指示着我们，无论社会生活的哪一个方面，其重要性均无出于国家的政治之上者。王毓铨先生就曾经指出："不论搞经济史或其他什么史，政治史总是研究历史的主干和基础，研究其他史不能没有政治史的基础知识。"近二三十年来，由于受各方面因素的影响，年青一代学人的学术兴趣大多转向了社会史、文化史等似乎更为丰富多彩的领域，关于民族历史的一些核心议题不免被冷落了。鉴于其对中国历史的特殊重要性，十多年前，就有学者呼吁政治史研究的重新回归，及至今日，我们仍然有必要做进一步的强调。当然，如何改进政治史的观察视角与研究方法，则是另一个话题了。

　　谨此为序。

包伟民

2020 年 8 月 20 日

草就

目 录 ·

日常生活之官民人等

引 言

耿元骊

　　新冠疫情突发以来，全国人民居家抗疫，河南大学师生亦是如此。按张文宏医生所云，大家闷在家里，闷死病毒。虽然居家抗疫，但不能闷死心灵，更不可把人类的"自由思想"闷住。所以，河南大学历史文化学院在这样一个非常时期，仍然坚持举行了"帝制中国的社会治理"系列云端报告会，让各位同学仍然能通过现代化的技术手段，保持学习和探索的状态，能继续以优异的成绩完成学业。作为教师，也期待在各位学术大家的启迪下，河南大学的师生能在一起共同思考中国的历史与现实，更希望我们河南大学的莘莘学子将来能为中国发展，特别是中国人的文化人生境界的提升，切切实实出一份力。以上，就是"帝制中国的社会治理"这个系列讲座的缘起之思。

　　自 20 世纪 80 年代"社会史"重建以来，"国家与社会"关系一直是久盛不衰的重要学术研究课题，取得了极为丰硕而突出的成果。当然，在传统中国，能否如同欧洲"市民社会"那样，可以有着相对清晰的界限把国家与社会区分开来，学术界一直都有不同的认识。很多学者都认识到，在以王朝体系为基本框架的帝制中国时代，基本没有可以两分（或者近似两分也无可能）的国家与社会，它们浑然一体。不过，大多数学者也倾向于同意，在没有更好的一套概念体系来取代"国家""社会"这些词语所代表认知路径之前，我们仍然需要继续使用这些概念来进行研究工作，通过细致而深入的探讨，才能逐步试图建构新的概念体系来推进研究向纵深发展。在此之前，还是要以"社会""国家"作为我们思考中国历史，研究中国历史的基本概念手段。

　　在今天欧亚大陆东部的这样一个大致范围内，我们"中国"生生不息，绵延不绝。按王震中先生的认识，大致是经过了"邦国—王朝国家—帝制国家"三个阶段，而帝制中国时代是中国历史上最重要的一个"自然段"，研究、探索帝制时代的中央与地方、权力与秩序、群体与空间等各种关系，对于理解历史中国，思考现实中国，认识中国与世界的关系都具有重要学术意义。把握帝制时代的"国家"也就是"权力体系"在社会当中如何存在，思考它既控制社会，又不得不在某种程度上依赖于"社会"的机制，是我们今天认识历史中国的重要环节。也正是在这个意义上，河南大学历史文化学院遍邀硕学鸿儒，开启了"帝制中国的社会治理"系列讲座，希望通过各位学者的讨论和讲授，对传统王朝体制下的权力运作体系、社会结构、百姓民生等方方面面相互作用和运行过程的理解能更加深入，为思索历史上中国"社会"如何参与到国家治理进程当中提供更重要的观察维度，探讨中国传统社会治理逻辑并思考它在现代中国发展中的特殊作用，为寻找新的治理机制，思考未来中国而提供基础性学理的支持。

本书即是阎步克、葛金芳、李振宏、包伟民、展龙、张剑光、耿元骊、倪玉平、侯旭东、仇鹿鸣、程民生、彭勇（以上按本书中先后顺序）等先生或集中讲座，或小范围讨论，或课堂讲授的思想结晶，且均以河南大学师生为授课对象，在河南大学（有些是疫前校内现场讲授）围绕上述主题而展开的十二篇精心之作，可大略分为"帝制体系之方向认知""社会架构之运行机制""日常生活之官民人等"三个部分。

第一部分"帝制体系之方向认知"，主要讨论帝制中国历史的发展脉络与趋势。阎步克教授对等级社会秩序提出全新认识，周为品位分等，秦汉是职位分等，魏晋唐宋品位为主，明清则向职位回归。在"品位—职位"模式下，历代官贵等级管理制度变迁，就呈现出了清晰的五大阶段，有一条"周爵体制—秦汉爵秩体制—隋唐一元化多序列复合体制"的线索。葛金芳教授认为，从产业结构角度考察中国历史，可以从社会经济形态入手。中华民族是农业民族，先秦汉唐是古代农业社会，宋元明清是近世农商社会，20世纪后逐步进入现代工商社会。李振宏教授从经济史的角度继续论证"皇权专制社会说"，认为皇帝对整个天下的所有财产具有独自支配的权力，这是皇权专制在经济领域的基本表现。包伟民教授则从不同视角出发去观察帝制中国，建议学子们摆脱片面的观察方式，尽可能综合分析，方能学习掌握历史学的思维方式。他提醒说，分析社会现象切忌简单、线性的观察思路。那种唐到宋传统市制瓦解，城市市场出现结构性变化的看法，缺乏史实依据。

第二部分"社会架构之运行机制"，讨论帝制"国家"如何运行，如何在政治舆论、经济基础、基层权力体系、国家财政维持等关键节点上保持社会得以运转的机制。展龙教授认为，中国传统社会，舆论依附于国家权力，稳定少变，功能有限。专制王朝强制维系"舆论一律"，使追随专制的文人学士信仰增添了牢不可破的桎梏，也使置身于政治之外的普通民众成为真正"没有语言的人"。

张剑光教授认为，开天盛世时期江南经济，就已经出现了一种快速崛起的局面，为国家财赋重心转移准备好了基础条件。安史之乱这个偶然到来的事件之后，南方马上替代了北方，形成了新的经济重心。耿元骊教授认为，国家权力越来越向基层延伸，是一个总的趋势。宋代通过"纠役"纷争而展现出来的权力网络构成，可以厘清最底层乡村社会自我运转机制、人际关系构成、社会网络分布，并以之了解地方性权力运作过程，探讨基层社会与国家之间关系。倪玉平教授认为，晚清财政由内敛走向扩张，从保守走向激进，由传统农业型财政向工商业型财政转变，虽然受到近代外国财政影响，但主要还是内生性，是中国近代化的产物，但也反过来塑造了中国近代的走向。

　　第三部分"日常生活之官民人等"，讨论在国家之下的"人群"，这是"社会"构成基底，是历史主体，也更是"声音"较少的那部分，但却是更为重要的一部分。他们是制度运行的载体——"人"，在传统史学当中他们面目模糊，是小官吏、小知识分子、女性。侯旭东教授通过讨论《乙瑛碑》所载的若干小人物，讨论汉代官府的属吏群体，通过文书记载详细考证，分析当时国家治理时的君臣互动，理解当时国家行政运转，更深刻地解释大臣乃至百姓对皇帝处理政务提出建议有何作用，提醒我们去思考后代王朝国家运转中臣民的作用。仇鹿鸣教授通过墓志与小说两种文本材料，讨论唐朝士人在迁葬中的习惯和经历，通过墓志去发现家庭关系，看到一些具体人的历史，讨论个体喜怒哀乐与家庭内部看不见的紧张。通过误掘他人坟茔所涉及的法律问题探讨社会关系，并进而理解中国古代的士大夫社会秩序与习惯。程民生教授则更为关注在史籍上几乎被隐身的女性，认为提高女子文化水平，在宋代已成共识。而宋代妇女整体文化水平高，自立自强，自我意识苏醒，内心深处渴望在社会上拥有一席之地。宋代女性在历史上具有独特地位，为自己时代的文化繁荣做出极其重要的贡献。彭勇教授通过三个小人物的故事，讨论了制度与命运、制度与秩序、秩序与命运之间的复杂关系。他认为帝制时代，国家维持社会秩序的愿望和要求，体现在制度设计层面，越来越强烈地体现在对社会和个人的全面控制上。国家制度设计意在维护统治秩序本身，体现在个人命运上，时代的一粒尘，便是个体头上的一座山。

以上，共同构成了本书主题"权力与秩序：帝制中国的社会治理"。任何一项研究的展开都是由具体内容构成，而无法在一篇文章中面面俱到。本书亦是如此，十二位教授选择了十二个具体问题，但是他们所期待展现的不仅仅是十二个具体故事。通过这十二个看似偶然的选题，从不同侧面具体内容上的观察可以让读者（听者）反复思索，上下探求帝制中国的历史发展脉络。可以说，十二位教授化繁为简，在观照全局的同时又注意细节，注重材料解析，概念框架建立，在史学分析方法和现实关怀上都给予听讲者以深刻启发。

十二篇文稿的汇集，不仅仅让我们河南大学学子有所收获，还希望在更大范围内让更多的学子受益，这是出版这本书"初心"勃发之源。愿广大史学青年学生都能在新冠疫情背景之下，既齐心抗疫，更能定心、收心从事高深之学术研究，将"止于至善"精神发扬光大！

帝制体系之方向认知

阎步克，1954年生，教育部长江学者特聘教授，北京大学历史学系教授，博士生导师，国家教学名师。在北京大学中国古代史研究中心从事科研与教学至今，两次获得北京大学十佳教师称号。发表学术论文百余篇，主要研究方向为中国古代政治制度史。主要著作有《察举制度变迁史稿》《士大夫政治演生史稿》《中国古代官阶制度引论》等，译著有《官僚制》《帝国的政治体系》等。

略谈帝国官贵的等级管理

阎步克

绪　言

　　很多年来，我的思考重心落在了古代爵秩品阶之上。在学习过程中，我还利用"品位分等—职位分等"概念，为爵秩品阶的研究，建构了一个系统化的分析框架。当然，爵秩品阶是个很冷僻的领域，"品位—职位"理论模式也超出历史学而进入社会科学范围了，所以有位朋友曾说，阎步克的研究没几个人能懂；还有学生说，连北大历史系研究生对阎老师的这套理论也不甚了了。那么，我想我就有了一个义务，向读者、听众阐述我的模式或框架。今天的内容，也是我在北大讲授的政治制度史和官阶制度史课程中的一讲。在此之前，若被兄弟院校邀请讲座，我往往也会利用机会，解说自己的相关思路。

为了跟社会等级的研究区分开来，我曾把爵秩品阶的研究，名为"传统官僚等级制度研究"。然而"官僚"这个词不算妥当，因为官僚之外还有贵族。又，汉代拥有二十等爵的人大约在千万以上，他们大多数是平民；在唐朝的某个时期拥有勋官者，占到成年壮丁的 35%。那些拥有军功爵号或勋官的平民，显然也不宜说成"官僚"。所以我决定改用"官贵"一词。平民被官方授予了某种名位，身份就变高贵了。这个"贵"不一定指贵族，所有因获得官方衔号名位而身份升高的人，都可以容纳在内。本文就采用了我拟制的新用语，名为"官贵等级管理制度"了。

中国史的最大特点之一，就是集权官僚体制的早熟。早在秦汉，就发展出了一个当时世界上最发达的政府体制。西汉末国家控制的编户齐民达 5959 万人，其时正编官吏约 13 万人到 15 万人，这还没算超编的官吏。这个数字意义何在？——它是同一时期罗马帝国官数的 20 倍。四、五世纪时罗马帝国趋于专制，官僚组织有了较大发展，但汉朝官吏之数仍是此时罗马帝国官数的 4 倍。从选官制、法制及政府组织的精密程度等方面说来，汉帝国决定性地碾压同期的罗马帝国。秦汉政府是当时地球上最庞大的政府，秦始皇、汉武帝是当时地球上权势最大的人，天下千百万民众说什么、做什么、想什么，由皇帝一个人说了算，定于一尊。这是中华帝国的最大特点。

这里还有几个数字。唐天宝年间在籍人口约 5200 多万，其时职事官岗位有 1.8 万个，胥吏有 35 万人，合计 36.8 万人。这么一大批官吏不务农、不做工、不经商，全靠社会养活。清后期人口约 4 亿，其时品官的官缺约 22000~26000 个，而胥吏衙役，据学者推算有 100 万人到 200 万人。清政府仍是世界上最大的政府。我曾做过一个检索：美国在 19 世纪 80 年代人口达到了 6000 万，此时公务员数量是 13 万人，两个数字都跟西汉末相近。这就是说，美国政府在

19 世纪 80 年代所达到的规模，中国早在汉代就已达到了。

为了管理如此庞大的官僚队伍，历代发展出了形形色色的爵秩品阶。统治者随即还发现，这些爵秩品阶在构建"官本位社会"上也是得心应手的工具，因而不可或缺。

这幅简图，用以展示历代爵秩品阶的变迁轮廓（图 1）。

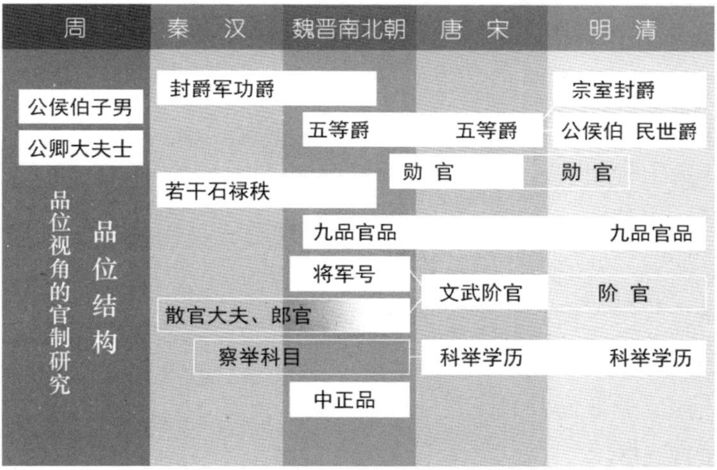

图 1　历代品阶勋爵

周朝发展出了两套爵列，一套叫公侯伯子男，即所谓的"五等爵"。五等爵是各国国君的高下尺度，还不能够称为官阶。另一套是公卿大夫士爵，这就是贵族官员的身份尺度了。

周秦汉之间，中国历史发生了一个天翻地覆的变动，小型简单社会发展为大型复杂社会，一个集权官僚体制矗立于神州大地之上了。这个巨大转型，随即就引发了品位结构之变迁。两种新兴的位阶拔地而起，一个是二十等军功爵，一个是由"若干石"秩级构成禄秩。禄秩有一个突出特点：用俸禄的额度做级别之名。

进入魏晋南北朝后，品位结构又出现了明显的变化。一是周代的五等爵死灰复燃，东山再起，再次被启用了。二是在北朝后期到隋唐间发展出了勋官，勋官最初用来奖励军功，因而以"勋"为名。三是曹魏末年，九品官品呱呱坠地，这是今人最熟悉的一种等级样式，一说到某个官，人们就想问一句"这官是几品官"。四是将军号，进入魏晋后，它们演变为类似现代军衔那样的东西。五是中正品，曹魏设置中正之官，负责品评士人，把士人品评为上上到下下九等。由此士人就获得了一个中正品，吏部参照中正品给官，中正品高的官就大一点，中正品低的官就小一点。这样中正品也成了一种品位，用于区分做官资格的高下。

唐宋时期，五等爵被继续使用着，勋官被继续使用着，九品官品一仍其旧，将军号发展为武阶官，秦汉魏晋南北朝的散官大夫、郎官，发展为文阶官。刚才说将军号类似军衔，武阶官也等于是古代的军衔。而文阶官呢，我们就可以称为"文衔"了，用以标识文官个人的身份地位。九品中正制被废除了，另一种面向士人的品位取而代之，就是科举学历。科举学历是唐宋明清士人的做官资格。

魏晋南北朝唐宋时期品阶勋爵叠床架屋的情况，到明清有了较大的变化。首先宗室爵和功臣爵一分为二，这是较合理的。进而"非社稷军功不得封"，民爵，或说功臣封爵只用以奖酬军功，这样一来，文官就跟封爵洒泪相别了。唐宋时五品以上官几乎人人有爵，明清判然不同，文官很少拥有爵号。这个差异表明，在政治体制特点上，唐宋与明清是两个不同的发展时代。勋官在清代融入了民世爵，九品官品仍被使用着。文武阶官大为衰落了，等于虚衔，其意义主要在于封赠——官儿们可以把文武阶官移封于父祖，让老人家依品穿官服，风光一下。科举学历继续用作做官资格。那么在明清文官等级管理上，主要手段就是官品和学历了。品位结构大为简化。

大略浏览了历代爵秩品阶，就能看到每个时代都有若干不同的品位，它们联袂出台、并肩携手、相得益彰，组合为一个整体，我们叫它"品位结构"，也可以称为"位阶体制"。对形形色色的爵秩品阶，以往学者当然已有不少研究，有一些还相当深入，但他们大抵是分别研究的，即，只考察其中的某一种，不及其余。而我的想法是再向前跨进一步，把某时代各种品位视为一个"结构"，分析它们之间的耦合链接方式，进而观察其在各个不同时代的变迁，探讨其因果。换句话说，我想把这堆五光十色又杂乱无章的爵秩品阶，编结为一条连贯的线索，或说纳入一个统一的框架，使之有条不紊、井然有序。

尝试这个工作，就须在各色品位背后找到一个共同的东西，由此就超越表象，而进入"原理"层面了。换句话说，需要分析工具，需要理论框架了。我的起点是"品位分等"与"职位分等"这对概念。由此一步步推演、一层层的搭建，最终构建了一个系统化的理论框架，结集于我的《中国古代官阶制度引论》一书。现代史学发展的一百多年中，引进社会科学研究中国史的历史学者，为数并不算少；但使用自己建构的理论研究中国史的，我好像是唯一一人。

眼下的听众，可能有非历史专业的，可能有非制度史方向的。那么随后，我先对历代爵秩品阶作一简要解说。以此为基础，我再引入"品位分等"和"职位分等"概念，由此重新审视历代品位结构。

一 历代爵秩品阶概说

如前所述，周王朝的身份尺度，名之为"爵"。这时候主要有两个爵列，一个是"公、侯、伯、子、男"，用以区分列国诸侯地位高下；另一个是"公、卿、大夫、士"，用以标志贵族官员的身份尊卑（图2）。

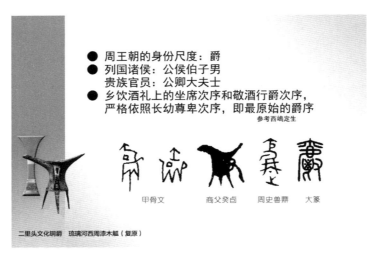

图 2　酒爵与封爵

图 2 左下角有个铜爵，它出自二里头文化遗址。爵是一种酒器。为什么把一个酒爵放在这里呢？酒爵和封爵有关系吗？一个问题浮现了：酒爵之"爵"和封爵之"爵"，为什么用同一个字？从字形看，甲骨文中的"爵"字就是酒爵的象形；金文中那个"爵"字，是手持三足爵之形。大篆阶段的"爵"字，含有酒爵、持爵之手和鬯三个偏旁，鬯就是爵中的香酒。

清人对酒爵与封爵的关系曾有推测，在此基础上，日本学者西嶋定生做了一个精彩发挥。历史早期氏族的集体宴飨，到了周代发展为乡饮酒礼。乡饮酒礼上，氏族或社区成员得以欢聚一堂。好比在平时大家各干各的，到了年底或年初，公司就会有集体联欢一样。周代乡饮酒礼上的座席次序和敬酒行爵的次序，严格依照于尊卑长幼，即，长者尊者坐上座，幼者卑者坐下座；长者尊者先敬酒，幼者卑者后敬酒。西嶋便认为，这样一个尊卑长幼次序，就构成了最原始的爵序。

西嶋的论点相当精彩，酒爵和封爵的内在联系，由此得见天日。赘言之，为什么尊卑贵贱的次序叫"爵序"呢？就是因为它发源于那些使用酒爵的饮酒典礼，包括乡饮酒礼。即便当今的宴席上，谁坐上座、谁坐末座，主人坐哪儿、来宾坐哪儿，据说都有规矩。我偶尔需要应酬赴宴，到场后往往不知该坐哪儿，这时就会有人提醒我，阎老师您坐这个位置比较合适。我坐下一看，前面除了餐具还会有一只酒杯，那时我就想，这就是我的爵位了。当代酒席上的座次依然取决于身份，历史早期也无二致。为什么儒家对乡饮酒礼如此看重呢？就因为它通过席次和爵次，卓有成效地强化了尊卑长幼次序。

在《周礼》这部古书中，还能看到一种品位"九命"。九命这套等级，九命为最高、一命为最低，九命体制把公侯伯子男和公卿大夫士两套品位融为一体，纳入了一个共同的框架之中。五等爵中的公九命、侯伯七命、子男五命；贵族官员中，三公八命、卿六命、大夫四命。五等爵的命数是奇数，公卿大夫的命数是偶数。这背后蕴含着一个原则：人近天子则屈。在天子身边做公卿大夫，就得哈腰低头；若是出封为五等爵，命数就可以提高一等，扬眉吐气了。比如说，六卿若封为侯伯，就由六命提升为七命（图3）。

《周礼》"九命"很可能只是此书作者的想象。在较为可信的

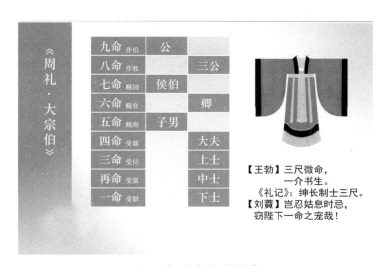

图3 《周礼》的"九命"

史书《左传》中，最多只能看到"三命"。但《周礼》对后代讨论制度的人影响很大，在修辞上，人们时不时就用"九命"指代九品。王勃的《滕王阁序》有这么一句："三尺微命，一介书生。""三尺"指官服上的绅带。"绅士"一词就是由此而来的，意指"穿官服的人"，正像今天用"红领巾"指代小学生一样。《礼记》说"绅长制，士三尺"，士级官员的绅带的长度为三尺，"三尺"意谓我的身份是士。"微命"是说官品低，王勃当时是一个州参军，官品八品左右，若比之九命，可以比拟再命的中士。总之，"三尺微命"即官小位卑之意。唐后期有一个年轻人刘蕡，富有政治勇气，居然冒着巨大风险，在科举答卷中指斥宦官。刘蕡说："岂忍姑息时忌，窃陛下一命之宠哉！""一命之宠"的"一命"用来指代九品。若进士及第，通常给从九品下或从九品上的出身，可以换算为《周礼》之"一命"。南北朝时，北周依《周礼》复古改官制，当时还真就把九命给化为现实了。

　　经过战国秦汉间的政治转型，官僚帝国体制矗立在神州大地上了。相应地，两种新兴位阶拔地而起——二十等爵，及"若干石"秩级构成的禄秩。下面先看二十等爵（表1）。

表1　二十等爵示意

爵级	爵称	田地	宅地	爵级	爵称	田地	宅地
二十	彻 侯			十	左庶长	74顷	74宅
十九	关内侯	95顷	95宅	九	五大夫	25顷	25宅
十八	大庶长	90顷	90宅	八	公 乘	20顷	20宅
十七	驷车庶长	88顷	88宅	七	公大夫	9顷	9宅
十六	大上造	86顷	86宅	六	官大夫	7顷	7宅
十五	少上造	84顷	84宅	五	大 夫	5顷	5宅
十四	右 更	82顷	82宅	四	不 更	4顷	4宅
十三	中 更	80顷	80宅	三	簪 袅	3顷	3宅
十二	左 更	78顷	78宅	二	上 造	2顷	2宅
十一	右庶长	76顷	76宅	一	公 士	1.5顷	1.5宅
* 30步见方为一宅				* 约景帝初年赐田宅改赐钱			

商鞅入秦变法，创军功爵制。最初的爵级大约有十六七个，后来发展到了二十级。上表中的大部分爵名，非历史专业的朋友会觉得极其冷僻，然而秦汉之时，它们无人不知、无人不晓。要知道，秦与汉初曾经按照爵级授田宅。田地是最基本的生产资料，住宅是最基本的生活资料，二者都按军功爵授予，则军功爵的重要性，可想而知了。由表可见，关内侯授田95顷，一顷百亩，95顷就是9500亩。古人的观念是"一夫百亩"，关内侯的授田相当于95位农民。由关内侯等而下之，能看到左庶长与五大夫之间有一个断层，授田之数，由74顷陡然降到25顷。再向下看，最低级的公士授田1.5顷。这也很好理解——普通农民占有田地是"一夫百亩"，有爵位就不同了，哪怕是第一级爵，也要增加50亩，即授予1.5顷。宅地的授予，遵循着同样的数列。一个单位的宅地是三十步见方，折算为今天的面积，大约40米见方，有4个篮球场那么大。关内侯授予95个单位的宅地，可以修建一个巨大的庄园了。

用于奖励军功的二十等爵，进而发展为一个社会身份等级。"明尊卑爵秩等级，各以差次名田宅"。能占有多少奴隶、臣妾，能穿什么衣服，都依军功爵而定。军功爵如何获得呢？顾名思义，由军功获得，"斩一首者爵一级，斩二首者爵二级"。有爵位就是贵族了。周代的爵由世袭而来，战国不相同了，平民可以通过在战场上的表现得爵，由此成为贵族。这就迎来了一个流动化、功绩制的新社会。军功爵的推广，对贵族制是一个剧烈冲击。学者有言："军爵塑造新社会。"其意义有似一场社会革命。

秦始皇经常巡游，在名山刻石留念，以炫耀丰功伟绩。刻石上还会有随从的名衔。下图所引琅邪刻石，其中的"伦侯"原称关内侯，秦始皇把它改名为伦侯。由琅邪刻石所见，有官职的就列官职，如丞相隗林、丞相王绾、卿李斯、卿王戊等；没官职的就列爵号，如五大夫赵婴、五大夫杨樛等（图4）。

【商鞅创军功爵制】明尊卑爵秩等级，各以差次名田宅，臣妾衣服以家次

● 斩一首者爵一级，斩二首者爵二级《韩非子》
● 突破贵族制度，推广功绩主义 军爵塑造新社会

（始皇）至于琅邪，列侯武城侯王離、列侯通武侯王賁、倫侯建成侯趙亥、倫侯昌武侯成、倫侯武信侯馮毋擇、丞相隗林、丞相王綰、卿李斯、卿王戊、五大夫趙嬰、五大夫楊樛從　琅邪刻石

图4　爵重于官

　　秦始皇巡游至泰山，在山顶遭遇了一场暴风雨，只好躲在一棵松树下避雨。雨过天晴，秦始皇觉得这松树应该褒奖一下。褒奖的办法也很有趣：封它为五大夫。五大夫就是第九级爵称。由此泰山顶上就有了一个景点——"五大夫松"。目前的五大夫松有两棵，其由来大致是这样的。唐宋文人已不大明白"五大夫"是秦汉的一个爵号了，误以为五大夫松就是五棵大夫松。故唐人陆贽有句："愿符千载寿，不羡五株松"；宋人王令有句："却笑五株乔岳下，肯将直节事秦嬴。"时至明清，五大夫松已不复存。清朝地方官丁皂保重新栽种，一气就栽了五棵。此后又死了三棵，剩下两棵，就是今之所见。

　　汉代画像石上有一种画面，几个人牵着狗去打猎，用弓箭射树上的猴子和雀鸟。这种画面被命名为"射雀射猴图"。台湾学者邢义田慧眼独具，指出所射的猴子，谐音封侯的"侯"；所射的雀鸟，谐音封爵的"爵"。这"射雀射猴图"实为"封爵封侯图"，乃是汉代民众的人生理想之体现：封爵封侯（图5）。

　　有些时代的教材课本，有浓厚的时代印迹。我中学时的数学书，不是计算地主老财怎么剥削农民，就是计算贫下中农怎么积极

汉画像石《射雀射猴图》

【九章算术】今有大夫、不更、簪褭、上造、公士，凡五人，共猎得五鹿。欲以爵次分之，问各得几何？

五级	大夫	
四级	不更	
三级	簪褭	
二级	上造	$1\frac{2}{3}$ $1\frac{1}{3}$
一级	公士	1 2/3 1/3

图5 秦汉二十等爵

交公粮，数学题都充满正能量。早在汉代，数学题也有时代印迹，能折射出社会特点，比如说，折射出二十等爵在社会生活中的影响力。《九章算术》这部数学书中，就有这么一道题：拥有大夫、不更、簪褭、上造、公士五级爵号的五个人，共同猎获了五只鹿，要分鹿。要是换了我们会怎么分呢？或者平分，一人一只鹿；或按功劳大小来分，谁功劳大，谁就可以多分一些。汉朝的人却不是这样，他们要按爵位高低分。具体说，就是按1：2：3：4：5的比例来分。此题答案，是第五级爵大夫分得$1\frac{2}{3}$只鹿，第四级爵不更分得$1\frac{1}{3}$只鹿，第三级爵簪褭分得1只鹿，第二级爵上造分得$\frac{2}{3}$只鹿，第一级爵公士很可怜，只得了$\frac{1}{3}$鹿。今天若有一个科员、一个科长、一个处长、一个局长、一个部长一块瓜分猎获物，也不妨东施效颦。

《九章算术》还有另一道数学题：仍是拥有五级爵号的这五个人，要凑钱喝酒——汉代叫"醵"——预期的花费是一百钱。这五人如何出钱呢？后世的习惯是地位高的人多出钱，因为收入高则义务大。《红楼梦》第43回有个情节，贾老太太心血来潮，提议凑份子给凤姐庆生，众人热烈响应。贾母出钱最多，王夫人、邢夫人居次，最低等的小丫头也得出点儿钱。这就是"地位高的人多出钱"的一个例子。然而汉朝的人与众不同，他们是"高爵出少，以次渐多"，按爵位高低出钱，爵位越高，出钱越少，五个人按照 $\frac{1}{5}:\frac{2}{5}:\frac{3}{5}:\frac{4}{5}:\frac{5}{5}$ 的比例出钱。第五级爵大夫出了8钱多，第四级爵不更出了10钱多，第三级爵簪袅出了14钱多，第二级爵上造出了21钱多，第一级爵公士最低、命最苦，出了43钱多，接近一半了。这样的数学题，都反映了军功爵对社会生活的影响无所不在。

秦国礼制，"其爵级一等，其墓树级一树"。坟头能栽多少棵树，以爵级而定。想知道那墓里埋着的人是什么爵，数数坟头有多少棵树即可。汉律规定，"下爵殴上爵，罚金四两"。常人打架斗殴，各罚金二两；若是下爵殴打上爵就不同了，爵级低的人要加倍惩罚，罚金四两。所以在汉代，高爵者打架时的心理优势特别大：你小子碰碰我，罚金四两；我揍你一顿，罚金二两而已。总而言之，二十等爵既是一个奖励军功的体制，也是一个社会身份的体制。汉代经常普赐民爵，所以拥有二十等爵号的人，恐怕在千万以上。

下面再看战国秦汉时的另一个新兴位阶：禄秩（表2）。

表2　秦汉禄秩

禄秩	丞相 太尉 大将军	"比秩"诸官	地方官
中二千石	御史大夫 列卿		
二千石	典属国 城门校尉	八校尉	郡守 国相
比二千石	丞相司直	光禄大夫 中郎将	
千石	御史中丞 尚书令 廷尉正监		县令
比千石		谏大夫	
六百石	诸署令 尚书仆射 尚书		县令 州刺史
比六百石		博士 议郎 中郎	
四百石	诸署长 尚书郎		县长 县丞 县尉
比四百石		侍郎	
三百石	掾史		县长 县丞 县尉
比三百石		郎中	
二百石	掾史 尚书令史		县丞 县尉
比二百石		郎中	
百石	卒史 令史 属史		

禄秩用俸禄额度，如中二千石、二千石、千石、六百石、百石等等，做级别之名。这一点也有深意。不同的位阶，其级别的命名方式也不一样。周爵往往用人称、亲称作爵名，伯、子、男、公等都是亲称，这就显示了周爵的宗法家族来源。军功爵大多来自军职，显示了其军事来源；秦汉禄秩用俸额做级名，意义何在呢？两千年来没人关注这个事儿，而我有一篇文章提出了一个解释：它来自发给胥吏的口粮。

地位最高的丞相，有秩级而无秩名。有人说丞相秩万石，此说不确，"万石"只是俗称，不是法定秩级。就秩名而言，中二千石最高。列卿都是中二千石，大致可比今之国务院各部部长。郡守为二千石官，在汉代，"二千石"几乎就成了郡守的代称了。县令是六百石。秩在百石的卒史、令史等，相当于后代的八九品官，可以比拟今天的科员。

曹魏的末年出现了九品官品。所以要提示一下——说曹魏某官是几品官，可能是有问题的，因为官品是在魏末晋初才出现的。汉代的秩级有十六七级，官品最初只有九品，过于疏简了。南北朝时，人们便把官品加以析分，以分出更多的阶级来。首先是分出正从，一品有正一品、从一品，二品有正二品、从二品……进而四品之下又分上下。以四品为例：正四品上、正四品下、从四品上、从四品下，一分为四了。由此形成了9品18级30阶。九品之下还有流外九品，那么流内30阶加上流外九品，合计39级，比起禄秩的十六七级，繁密了一倍多。

级别的繁简，在管理学上也有意义。一般认为，繁密的品级更具激励作用。若品级简约，虽然一次升级的跨度大，然而周期漫长；若级别繁密，就会三天两头升级晋阶，不断地给你新的惊喜、新的激励。然而级别过繁、升降过繁，人事管理就变繁杂了，就要消耗更多的组织资源。你把较多资源用于组织内部管理，就会影响功能输出。假设一个学校一年到头忙于升级降级，教学科研就相对冷落了。级别的繁密或简约，应该找到一个合理的平衡点。有些时代品位叠床架屋、品级繁多，另一些时代的品位结构就简单不少，其背后也潜藏着"技术原理"。

魏晋九品官品是一个新事物，你可以搞一个新玩意儿，那我也可以搞一个新玩意儿。北周独树一帜、官阶复古，起用了《周礼》"九命"，九命最高，一命最低，流外再加设"九秩"。梁代花样翻新，弄出了一个十八班，"班多为贵"，十八班最高，一班最低。不过，还是北朝的九品 30 阶显示了最大生命力，为隋唐所继承，北周九命和梁十八班被历史淘汰了。

宋以后，经金元而至明清，我们看到了一个官阶由繁趋简的趋势。明清只用正从 18 级，省略了 30 阶。流外九品简化为"流外"一级——对流外胥吏，统治者觉得没必要用那么复杂的九级去管理。这比唐宋品级简化了一半以上。再从俸禄看，正一品、从一品的薪俸相同，正二品、从二品的薪俸也相同。从品级说有 18 级，从俸禄看只有 9 等。

这是一份唐代官品简表（表 3）。

表 3　唐代官品简表

品阶	官 职	文散官	武散官	封 爵	勋 官
正一品	太师 太傅 太保 司徒 司空			王	
从一品	太子太师 太傅 太保	开府仪同三司	骠骑大将军	嗣王郡王国公	
正二品		特进	辅国大将军	开国郡公	上柱国
从二品	尚书左右仆射 太子三少	光禄大夫	镇军大将军	开国县公	柱国
正三品	侍中 中书令 六部尚书	金紫光禄大夫	冠军大将军		上护军
从三品	御史大夫 秘书监 诸卿	银青光禄大夫	云麾将军		护军
正四品上	尚书左丞 吏部侍郎	正议大夫	忠武将军	开国伯	上轻车都尉
正四品下	尚书右丞 五部侍郎	通议大夫	壮武将军		
从四品上	秘书少监 诸卿少卿	太中大夫	宣威将军		轻车都尉
从四品下	国子司业 少府少监	中大夫	明威将军		
正五品上	御史中丞 国子博士	中散大夫	定远将军	开国子	上骑都尉
正五品下	太子中舍人 尚食奉御	朝议大夫	宁远将军		
从五品上	诸司郎中	朝请大夫	游骑将军	开国男	骑都尉
从五品下	大理正 太常丞 太史令	朝散大夫	游击将军		

首先看表3中的"官职"一列。有意思的是，正一品的太师、太傅、太保、司徒、司空，从一品的太子太师、太子太傅、太子太保，以及从二品的太子三少（少师、少傅、少保）等，其实都是散官或荣衔，并非职事官。尚书左右仆射以下，尤其是正三品的侍中、中书令和六部尚书，方是国家行政的实际承担者。由此人们看到了两种不同安排，一种是汉代那样的，因丞相对国家行政负有最大责任，所以丞相秩级最高，居于禄秩顶端。这跟美国的制度相似，总统是联邦政府的最高行政长官，所以工资最高，年薪40万美元。可唐朝不是这样，品级顶端是一二品的虚衔荣号，没什么权责但地位崇高；具体负责国家行政的侍中、中书令、六部尚书，只是三品官而已（后来宰相称"同中书门下三品"，也是把宰相品级置于三品的意思）。汉代那种做法，可称"功能性的等级安排"；唐代那种做法，可称"身份性的等级安排"。

再看文散官和武散官，它们也称文阶官、武阶官。这类官号，实际就是一个级别的符号。1956年颁行的国家工作人员30级行政级别，用数字标识，如5级、6级，或18级，或24级，诸如此类。而唐朝不同，个人品级用官号标识。武散官跟现代军衔类似。现代军队等级制，师长、旅长、营长、连长之类是军职，而中将、上校、少尉之类是军衔。唐朝的武散官相当于现代军衔，标志着军官个人品级。相应地，文散官不妨理解为"文衔"，用以标示文官的个人品级。比如这个"光禄大夫"就不是一个官，而是个等级符号，它意味着拥有光禄大夫名号的人，其个人级别是从二品；再如"太中大夫"也是个等级符号，它意味着拥有太中大夫名号的人，其个人级别是从四品上。赘言之，光禄大夫、太中大夫之类，就是从二品、从四品上的代称。

表3中的封爵，由王爵和公侯伯子男五等爵构成，分布在一品到五品。表3中的勋官是用来奖励军功的，分布在二品到七品之间。上柱国正二品，在其之下，是柱国、上护军、护军、上轻车都尉、

轻车都尉、上骑都尉、骑都尉、骁骑尉、飞骑尉、云骑尉，及从七品的武骑尉。最高的上柱国算是十二转，最低的武骑尉算是一转。请看图6。

		上阵上获第一等　五转
正二品	十二转　上柱国	中阵上获第一等　四转
从二品	十一转　柱国	下阵上获第一等　三转
正三品	十转　上护军	下阵中获第一等　两转
从三品	九转　护军	下阵上获第二等　二转
正四品	八转　上轻车都尉	下阵中获第二等　一转
从四品	七转　轻车都尉	……
正五品	六转　上骑都尉	唐代授勋制度
从五品	五转　骑都尉	
正六品	四转　骁骑尉	策勋十二转，
从六品	三转　飞骑尉	赏赐百千强……
正七品	二转　云骑尉	木兰不用尚书郎……
从七品	一转　武骑尉	《木兰诗》

图 6　唐宋勋官

唐代的授勋制度相当完备。首先依敌我兵力，区分上阵、中阵、下阵；然后依战果大小，区分上获、中获、下获；最后依个人表现，分出一等、二等、三等。下阵中获第二等，就给一转的勋官武骑尉；下阵上获第二等，就给二转的勋官云骑尉。现代军队也有军功制度，如特等功、一等功、二等功、三等功之类。我年轻时干过五年国防军，那时我很上进，头三年得了三个嘉奖，第四年部队给我记了一个三等功。大家一定记得《木兰诗》的句子："策勋十二转，赏赐百千强。"所谓"十二转"，说的就是木兰替父从军、战功赫赫，被授予了最高等的勋官上柱国。上柱国正二品，而侍中、中书令、六部尚书是正三品，就是说这时的木兰，比宰相、比六部之长的品级高两阶。可见唐朝奖励军功的力度之大。而我立了三等功，仍是士兵，没法跟军官比；就算立了一等功，跟部长、总理仍有云泥之隔。

　　"策勋十二转"这句诗只能是唐人写的，因为它只符合唐制。大家一定也记得《木兰诗》中的"木兰不用尚书郎"那一句。依照唐制，凭借勋官可以做职事官，换句话说，勋官构成了做官资格。正二品的勋官若想做职事官，按唐代叙阶之法，须从五品起家。参照上揭唐官品简表，尚书省诸司郎中恰好就在第五品。所以"木兰不用尚书郎"这句诗，跟唐代叙阶之制完全吻合。我敢说"木兰不用尚书郎"这句诗，只能是唐人写的，因为它只符合唐制。

　　唐代官品简表显示，九品官品像是一个大框架，它把职事官、文散官、武散官、封爵和勋官都容纳其中，让这几种不同的品位序列一元化了，它们相互间具有了明确的可比性。多高的职官相当多高的文散阶、多高的武散阶、多高的封爵、多高的勋官，都一目了然、一清如水。所以我们说，从汉代"若干石"构成的秩级，发展了魏晋隋唐的九品官品，其间所发生的，绝不仅仅是级差、级名的变迁，而且还有一个结构性的变化。请看下面的示意图（图7）。

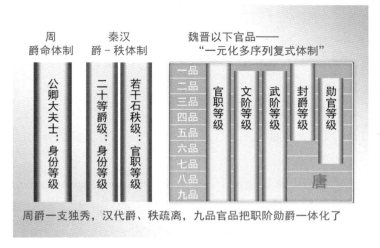

图7　九品官品

图7显示从周、秦汉到唐代的品位结构变迁。周朝的公卿大夫士是一个单列，一枝独秀。汉代就不同了，爵、秩双峰并峙，二十等爵用以奖励军功、维系身份，"若干石"组成的秩级用于保障行政。我把这个结构称为"爵—秩体制"。从魏晋南北朝到唐代，九品官品发展成了一个大框架，把职、阶、爵、勋全都容纳其中，我把它称为"一元化多序列复式体制"。这是官贵等级管理制的一个重大进步。隋唐之时，中国政治制度登上了一个新台阶，赢得了三大硕果：三省六部制、科举制、律令制。而"一元化多序列复式体制"，可以说是第四大硕果。明人王鏊概括说："爵以定崇卑，官以分职务，阶以叙劳，勋以叙功。""爵"是赋予高贵身份的，"官"是用以确定权责职事的，"阶"用以考课进阶、酬奖勤劳，"勋"用于奖励军功，以及事功。各种序列各司其职，这是一个里程碑意义的制度进步。

二　品位分等和职位分等

上面阐述的这条线索，即从周爵到秦汉"爵—秩体制"、进而到隋唐"一元化多序列复式体制"这条线索，就已体现了我的学术努力——在纷纭错杂的爵秩品阶的背后寻找原理、规律的努力。我向读者展示，九品官品的出现不仅仅是级差、级名的变迁而已，还包含着一个结构性进化。

现在就可以进入新话题了：用"品位分等"与"职位分等"这对概念，反观历代爵秩品阶，看一看是否有未知的惊喜等待着我们（图8）。

现代各国文官等级制有两大类型：personnel rank classification system, position classification system。我使用的"品位分等""职位分等"术语，就是由它们引申而来的。这两种分等，源于任何组织内部都必然存在的两大结构：人员结构与职位结构。在图8中，用

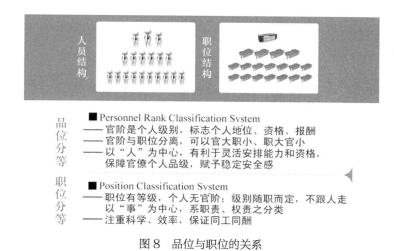

品
位
分
等

■ Personnel Rank Classification System
—— 官阶是个人级别，标志个人地位、资格、报酬
—— 官阶与职位分离，可以官大职小、职大官小
—— 以"人"为中心，有利于灵活安排能力和资格，
　　保障官僚个人品级，赋予稳定安全感

职
位
分
等

■ Position Classification System
—— 职位有等级，个人无官阶；级别随职而定，不跟人走
　　以"事"为中心，系职责、权责之分类
—— 注重科学、效率，保证同工同酬

图 8　品位与职位的关系

办公桌来表示职位结构（官僚组织的英语是 bureaucracy，其词根 bureau，最初就是布面办公桌的意思）。一个职位意味着一份权力、一份责任和一份资源。"品位—职位"的问题，就发生在人员结构与职位结构之间。等级管理的任务：一是处理职位的分等分类；二是处理人员的分等分类。把这两个结构印在脑子里，就很容易理解这两种分等了。

在品位分等之下，人员有官阶，官阶是个人的级别，用以确认个人的地位、资格、报酬等。这时候在个人级别和职位层级之间，就会出现各种复杂的情况，像官大职小、官小职大、有官无职、有职无官等。而职位分等之下，不给人员设官阶，仅仅职位有等级。这时候级别随职而定，待遇不跟人走。你处于甲职位，甲职位的级别就是你的级别，这时你领取甲职位的薪俸、享受甲职位的待遇；被调任乙职位呢？乙职位的级别就是你的级别，这时你领取乙职位的薪俸、享受乙职位的待遇。20 世纪 80 年代，美国文官总署署长坎贝尔来华，他介绍美国行政制度时就曾说到，美国文官等级制采用职位分类，所以工资附丽于职位，不跟人走。

　　品位分等就是给人分等，所以它的特点是"以人为中心"。这种文官等级制的优点，是能灵活处理能力与资格之矛盾。由于个人有官阶、职务有级别，那么二者间就存在一个运作空间。想象有一个老职员，辛辛苦苦一辈子，应该对他加以激励；可他能力不强，无法胜任更高职位。这时候若存在个人品位，矛盾就好解决了——让他继续担任较低的职务，同时给他较高的个人品级。这种文官等级制的另一优点，是便于保障官僚身份，赋予官僚稳定安全感。当官员调动时，比如从甲部门调任乙部门、由甲地区调往乙地区等，其个人级别不变，地位待遇相应地都没有变。有时行政体制处在变革时期，若干部门被裁撤了，一大批人就失去了职务。在这时候，个人级别就维系着他们的身份地位。行政学研究者还指出，因历史传统，在东亚地区，主要是在中国，官员对品位的欲望非常强烈，品位的激励作用也非常强劲。"官本位"的"位"，也就是品位。

　　仅仅给职位分等的文官等级制，就是"职位分等"，其特点是"以事为中心"，因为职位（或职务）就是一份事务、一份责任。职位分等的特点，是注重科学效率，保障同工同酬。任何人担任同一职务，皆地位相等、报酬相等、待遇相等。美国在 20 世纪之初，首创职位分等。行政学的研究者公认，这跟美国的政治文化注重科学效率，注重能力业绩，注重自由平等，息息相关。英国的文官制诞生颇早，采用的是品位分等，传统色彩还很浓厚，有学者称为"绅士型""贵族型"。刚才说了，品位分等有利于保障官僚的个人身份，而传统社会重身份，品位就是身份的制度体现。还有，给人分等，在技术上简单得多，所以历史上的文官等级制，通常都从品位分等发端。在 20 世纪五六十年代，实行品位分等的国家，看到了职位分等的优点，逐渐地向之靠拢。东亚的日本、韩国及中国台湾地区等，都尝试向职位分等转型。

　　中国自 1956 年实行一套 30 级行政级别，这是一个非常典型的品位分等，工资全依级别，与职务无关。假设某县长是 13 级干部，被调到某工厂当厂长了，那么这 13 级的待遇将跟着他到厂长的职位上去。20 世纪 80 年代，有关部门注意到文官等级有两大类型。80 年代是个生机勃勃、勇于尝试的年代。1985 年废除了 30 级行政级别，依职务 12 级决定工资高低。但没多久，大约就感到没有级别不便管理，遂设置了个人级别 15 级。这时期公务员的法定工资，总的说来，约一半来自职务级别 12 级，一半来自个人级别 15 级。这办法跟宋朝的职钱、俸禄并行之法非常类似。此后级别的因素不断强化，由 15 级增至 27 级，工资及待遇在近年几乎全依个人级别了。若从"品位—职位"角度看，在 80 年代发生改革后又渐次复旧，留下了一条完美的闭环。可见当代中国干部级别，也存在着品位与职位的关系问题。

使用"品位—职位"视角反观中国史，能看到什么景象呢？品位分等和职位分等的区别，最简单地说，就是是否存在着跟人走的级别。由此反观，汉代的禄秩呈现出鲜明的"级别从属于职位"的性质，而唐代文武散阶明显就是独立于职位的个人位阶。汉唐间为何存在这种差异？设计得当的理论框架，会成为锐利的分析工具，为探索者照亮前所未知的问题。方才从结构原理观察，便在汉唐间看到了"爵—秩体制"与"一元化多序列复式体制"之异；现在从"品位—职位"框架观察，又看到了一个职位分等或品位分等之异。

品位分等或职位分等，在技术层次上各有优劣短长，已如前述。而我不想止步于技术层面，进而尝试登上政治层次，探索二者的不同政治意义。纵观周朝以来三千年的政治体制变化，体察三千年中的官贵等级制变化，品位分等与职位分等的不同政治意义，便在视野中清晰起来了，可以从中提炼出若干原理性质的认识了。下面逐步阐述。

从政治体制上看，能看到两种相反的倾向。一种是出现了一位大独裁者，他的铁腕卓有成效地控制了官僚，把官僚变成了服服帖帖的行政工具。此时皇权强而官权弱，皇帝对官僚的荣誉、地位、权益，就比较地漫不经心，就会倾向于针对职位给待遇。谁能给我干事儿，我就给官给俸钱，不能干事就一脚踢开让他滚蛋，料他们也无力反抗。强势的皇权就能做到这么一点。在这时候，品位化的安排就会淡化。

可有些时代，皇权不那么强，而官僚集团盘根错节、意气风发，发生了特权化、世袭化甚至贵族化。魏晋南北朝的门阀士族就是这类集团，即贵族化了的官僚。我的老师田余庆先生指出，东晋发生"皇帝垂拱，门阀当权"，这个著名观点是大家都知道的。这时候官僚的特权化、身份化、贵族化，就将促成等级管理的品位化，就将出现了优厚的品位待遇、错杂的品位序列、烦琐的升黜规则。

赘言之，我们在理论上提炼出了两种相反倾向。前一倾向，就是铁腕皇权和工具性官僚相结合，此时官僚呈现出"服务取向"，此种体制与职位分等具有较大的亲和性；后一倾向，就是弱化的皇权和贵族化的官僚相结合，此时官僚呈现出"自利取向"，此种体制与品位分等具有较大的亲和性。

通过这个模式，我得以把"品位—职位"概念，跟官僚、贵族与皇权的不同关系格局联系起来了。"品位—职位"模式，由此从技术层面升华到了政治层面。周以来三千年官贵等级管理制的变迁，跟周以来三千年政治体制的变迁，内在地交织了。这样一个模式，大家在现代政治学、社会学和行政学理论中看不到，它是我的独创。我随后的建构，就是在这个模式的引导下展开的。我尽一己之力，把它贯彻到官贵管理制的各个侧面、各个细部。详见我的《中国古代官阶制度引论》。

下面要阐说的是，方才说职位分等跟工具化的官僚具有更大亲和性，而品位分等跟贵族化的官僚具有更大亲和性，这些理论设定符合历史实际吗？我们随即就征诸史实，对这个模式加以验证。

　　首先来看周朝的爵制。可以判定周朝的公卿大夫士爵就一种品位分等。具体证据约有三点。第一点，官爵和职级两分。《周礼》是一部理想化的著作，但它也能折射出现实。在《周礼》中，卿、大夫、士这些爵级跟官职是两分的。比如说，中大夫一级的贵族可以担任小宰、司会等官职，上士可以担任官正、膳夫等官职，中士可以担任兽人、鱼人等官职，下士可以担任鳖人、腊人、兽医等官职。春秋时代的官制就是这样的，爵与职一分为二。而这不就是品位分等吗？

　　第二点，大量礼遇辐辏于爵级。你在公司里的待遇，是由身份定，还是由岗位定呢？这二者意义是不一样的。周代大量礼遇都依据爵级，而不是依据官职。如祖庙制度，天子七庙、诸侯五庙、大夫三庙、士一庙，庶人没有爵位，就只能在寝室里祭祖，祭祀权利取决于爵之高低。又如天子死了叫崩，诸侯死了叫薨，大夫死了叫卒，士叫不禄，"不禄"就是没福气的意思，死亡的称谓因爵而异。再如见面礼，卿执羔，大夫执雁，士执雉，庶人执鹜，工商执鸡。再如乘车之制依爵而异，"上大夫二舆二乘，中大夫二舆一乘，下大夫专乘"。"二舆"就是副车。大官出门，只一辆车不体面，车队浩浩荡荡才神气。上大夫出行时除了自己的车，还另有两辆副车，中大夫的"二舆"减为一辆，下大夫就没资格配备"二舆"了。甚至餐具的使用以爵为准。吃饭用什么餐具，今天只取决于个人偏好和消费能力，只要有钱，你用金碗金盘吃饭，派出所也不会来抓你。周朝不同。周朝用鼎煮肉，用簋装主食，鼎可比菜盘，簋可比饭碗。鼎、簋的使用依爵级而定，参看图9。宝鸡市茹家庄墓出土的一套列鼎，五鼎四簋，那墓主应是大夫级别的贵族吧。三门峡虢季墓出土的一套列鼎，七鼎六簋，则是诸侯国君一级的用鼎，虢季是虢国之君（图9）。

　　第三点，存在有爵无职的情况。如前所述，品位分等之下，职大官小、官大职小、有官无职、有职无官的各种情况，都可能出

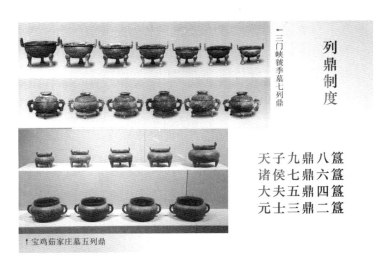

图 9　先秦的列鼎制度

现。周代与之类似的有爵无职情况，也不罕见。《论语》曾讲到一件事儿，孔子的弟子颜回英年早逝，办丧事买不起外椁，颜回的父亲便请孔子把车卖了，给颜回置办外椁。孔子回答说，我儿子孔鲤死，也是有棺无椁，当时我也没卖车，"以吾从大夫之后，不可徒行也"。"以吾从大夫之后"，意谓"在大夫之列"，"徒行"就是步行。按周礼，大夫出门不能步行，必须乘车。孔子当年官居司寇，爵在大夫。后来对政治失望，出国了。晚年回国，颜回死时他早已没官职了，可依然爵为大夫，这个爵仍维系着他的高贵身份，包括出门必须遵循乘车之礼。康有为说得很好："有公卿大夫士之爵位者，不必其尽得职事也，故春秋列国大夫无数，而任职者无几人。"不任职的大夫在采邑里待着，过着庄园主的日子，也很舒服。春秋时有爵无职情况的存在，也意味着爵和职是一分为二的。

概括说来，第一爵职两分，第二礼遇取决于爵级，第三存在有爵无职的情况，据此我们判定周爵是一种品位分等，而且它是同贵族政治相配合的。那么，"品位分等跟贵族化官员具有更大亲和性"这一点，就在周代得到了证明。周的爵级"以人为本"，即以贵族身份为本，而不是以行政效率为本的。人类史上最早的官阶通常都是品位分等，中国最早的官阶公卿士大夫爵也是品位分等。在这一点上没什么特殊国情，让中国成为例外。

汉代的禄秩与周爵判然不同，它是官职的等级。秩级是附丽于职位的，标志的是职位高低。你担任郡守，你就是二千石；你担任县令，你就是六百石；如果你既不是郡守又不是县令，而且任何官职都没有，你就是一个平民、一介布衣。换句话说，若无职位，官员个人就无级别可言。陈梦家说禄秩所决定的是哪一种官职属于哪一秩级，他这个论断非常正确。

为了更好地证明秩级不是个人级别，写作《品位与职位》一书时，我设计了这样一个论证方式：考察汉代官员病愈、丧满之后，再仕之时的秩级问题。汉代的官员生病，三个月内可以保留职位，超过三个月或一百天就得辞职。不能给皇帝干事了，皇帝凭什么给你官、给你俸禄呢。生病不一定就魂归泰山，也许半年一年就痊愈了。病愈后这人再度谋官，此时他的秩级如何处理就成了一个问题。比如说，我过去的官是六百石或二千石，再去谋官时，过去的秩级还算不算数呢？如果我以前是二千石，现在你还得给我一个二千石的官，以前我是六百石，现在你还得给我一个六百石的官，那么这秩级就有个人属性了。如果以前的秩级现在无效，现在给你什么官、给多高的官，完全看朝廷需要，那么这个秩级就仅仅是职位等级，跟个人身份无关。

丧满后的再仕，问题与之类似。汉代官员的父母死了，本有三十天丧假。然而儒家"三年丧"的主张，影响大起来了。儒家认为父母打小把你抱到三岁，父母去世你就得回报他们三年，三年内不能做官。在行政制度史上，便形成了一个非常有"中国特色"的制度：丁忧辞官。汉代很多官员，尤其是县官以下的官员，往往会辞官为父母服三年丧。三年实为二十五个月，第二十五个月就进入三年头了，故称"五五之丧"。丧满之后再度谋官，同样有秩级问

题。我原先所达到的六百石、二千石之类秩级，算不算数？皇上
"以孝治天下"，我积极响应、辞官奉丧，但对以前的秩级，皇帝是
否予以保留呢？如果保留，这秩级就有了个人属性；如不予保留，
你过去多少石跟现在没有必然关系，那么秩级就只是官职等级而
已。我对《史记》《汉书》《后汉书》进行搜检排比，结果显示，汉
代官员因病因父丧而一度离职后，在再度入仕时，王朝原则上不必
照顾其既往官资。可以认为，一旦离职，个人级别就丧失了。所以
汉代秩级就是官职的等级（图10）。

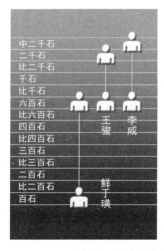

【李咸】征河南尹 中二千石，
母忧乞行，服阕奔命。孝桓
皇帝时机密久缺，百僚佥乞，
诏拜尚书 六百石。蔡邕《太尉李咸碑》
【王骏】迁赵内史 二千石……
故骏道病，免官归。起家复为
幽州刺史 六百石。《汉书王骏传》
【鲜于璜】（任赣榆县令 六百石）
父君不豫，弃官奉丧……令丞
解丧，州辟典部，入领治中 百石
《鲜于璜碑》

图 10　因病因丧离职后的再仕（秩级即官职）

　　下面给大家看几个实例。有个叫李咸的，官居河南尹，这是中
二千石的官，约略相当于今之北京市委书记。李咸因母亲去世，只
好辞职服丧，由此把官弄没了。后来朝廷缺一个尚书，大臣们说
有个李咸现在没官儿，恰好他可以胜任，桓帝便下诏拜李咸为尚
书。尚书是个六百石的官。李咸由中二千石官下降了五级，改任
六百石官了。这表明，因病因丧一度退出官场之后，如果再仕，则
此前所达到的秩级，朝廷不必考虑。又如王骏迁官赵国内史，这是

个二千石的官。后来生了病，大约超过三个月或一百天了，就只好辞职归家。病愈之后，又谋了一个幽州刺史。刺史是六百石官，那么王骏由二千石官变成六百石官了，下降了四级。还有一个鲜于璜，曾任县令，县令是六百石的官，他为父丧辞官，丧满后再度谋官，在州里谋了一个治中，治中是百石之官。鲜于璜由六百石降至百石，降了八级之多。类似的例子都证明，汉代官员因病因丧辞官后，在再度入仕时，此前所达到的秩级，朝廷可以不予考虑。甚至宰相三公——太尉、司徒、司空三官——被免职之后，若再得任命，也不乏秩级低于前职的。我对《后汉书》中的三公免职后的再仕之官加以检索，看到有做中二千石官的，有做二千石官的，有做比二千石官的，有做千石官的，有做比千石官的，最低的官低到了六百石。宰相号称万石，六百石官是什么概念？县令就是六百石的官。

在秦汉官场上，级别能高能低，官可大可小，人能上能下。官吏习以为常、安之若素，并没有觉得朝廷不厚道、皇帝不慈祥。汉以后随着时光推移，官僚在神州大地上逐渐根深叶茂了，皇帝不断地给他们送温暖。唐宋的士大夫反观汉代官场，就觉得那样对待官僚太刻薄寡恩了。宋人洪迈说，你看汉朝的王梁罢大司空而为中郎将，其后三公去位，辄复为大夫、列卿；还有崔烈，都做到司徒、太尉（太尉是三公之首，一人之下万人之上）了，居然又去做城门校尉，"其体貌大臣之礼亦衰矣！"

我把秦汉禄秩的特点概括为"居其职方有其秩，居其职则从其秩"，即，有官职才有秩级，做什么官就是什么秩级。这样，秦汉秩级就呈现出了浓厚的职位分等色彩，由此跟品位分等性质的周爵形成了反差。秦汉禄秩取代周代爵命，其背景就是官僚政治取代了贵族政治。在中国官僚登上政治舞台之初，他们的特权——包括品位特权——还相当之小。秦汉统治者"以吏治天下"，视官如吏。我提出强势皇权与工具性官僚的结合形态，与职位分等具有更大亲合性，这个论点，在秦汉禄秩上得到了验证。

魏晋南北朝官贵等级管理的变迁大势，就是再度品位化。此期的士族门阀政治，在一定程度上，可以说就是周代贵族政治的一次历史回潮。战国秦汉在集权官僚政治的路上走了六七百年，到了魏晋南北朝，历史走回头路了。历史走回头路这种事，古今中外倒是都不罕见。官贵等级体制由此发生反转，转向品位化了。

相关的制度变化，下面举出几点。第一是"中正品"出现了。魏晋以来实行九品中正制。中正负责把候选士人评为上上到下下九品，用作任官资格。中正品是士人个人的做官资格等级，当然就是从属于个人的品位了。而且自晋以降，中正品高低主要取决于父祖官位、门第高低，所以它不但具有个人属性，还具有家族属性。

第二是散官、名号的大量繁衍开来，大夫、常侍、侍郎、给事中、奉朝请……琳琅满目，美不胜收。这时期士族特权大为膨胀，士族子弟又想当官又不想干事，而皇帝不能不满足其政治要求，便创造出大量散官，以供他们尸位素餐。那些散官、虚号、荣衔的主要功能，是提供一个起家之位、一个晋升之阶；还用作加官加号，以增加荣耀、增加俸禄。总之，它们发挥的是品位功能，可以称为"品位性官号"。

第三是将军号发展为一套军阶体系。汉代的将军要驰骋疆场、率兵打仗，其性质是军职，而魏晋以来，一百多个将军号变质了，由军职蜕变为军阶了。在军队中，另有都督、军主、幢主、队主等，用作军职。图11所列的是晋宋将军号，它们由从第八品的宣威将军，直至第一品的大将军。而且在这时期，文官也用军号维系个人资位。李白有句"登舟望秋月，空忆谢将军"，"谢将军"就是东晋谢尚，他的文职变动和军号变动，亦参图11。

此期的烦琐官号，也跟秦汉形成对比。由《史记》《汉书》可见，秦汉官员的头衔相当简洁，通常就是一人一官。魏晋南北朝就

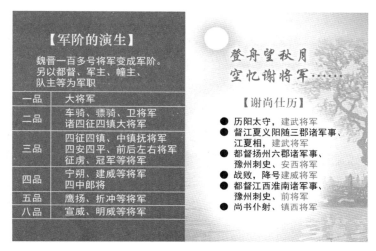

图 11　军阶的演生

不同了，一个人往往有一堆头衔。南朝的萧道成，其头衔一度是使持节、侍中、都督南徐兖北徐南兖青冀六州诸军事、骠骑大将军、开府仪同三司、录尚书事、南徐州刺史、竟陵郡开国公；北朝王爷高琛的头衔更壮观：使持节、特进、侍中、太尉公、尚书令、都督、冀定沧瀛幽殷并肆云朔十州诸军事、骠骑大将军、左光禄大夫，开府仪同三司、并肆汾大行台仆射、领六州大酋长，大都督、散骑常侍、御史中尉、领领左右、驸马都尉、南赵郡开国公。这要是印成名片，非得印成那种折叠式的名片不可。是不是魏晋南北朝的官儿特别能干，一个人能干十几个人的事呢？非专业人员面对这样的烦琐官号，会目迷五色、不知所云，专业人员就清楚哪些是兼职、散官、虚衔、爵号，哪些才是有权有责的职事官。

　　中正品，品位性的官号，军阶，加之爵、阶、勋等方面的相关发展，都说明魏晋南北朝的行政体制再度品位化了。这个现象的背后，就是士族门阀特权，在十六国北朝还得加上部落贵族之特权。士族门阀、部落贵族都是贵族。然则"贵族化官僚跟品位分等具有更大亲和性"这个理论预设，在周代得到了第一次证明，在魏晋南北朝得到了第二次证明。

　　唐代发展出了文武散阶，文武散阶显然就是一种品位，散阶又称散位、本品或者本阶，它的性质就是个人资位尺度。入仕时首先给的是散阶，有了散阶，你就是官家人了，拿今天的话说你就是国家干部了；至于你的职务，也就是职事官，你得到吏部去候选排队，可能轮到你也可能轮不上你，轮不到就第二年再来。考课后所晋升或降黜的，是散阶。在汉代，一旦离职就丧失了官员身份；而在唐宋，你四年一任、任满离职之后，阶官足以维系你的个人资位。据研究，五品以上的阶官，还能按阶领俸呢。秦汉时有职无阶，唐代则是"阶职分立制"。表4是唐贞观十一年文散阶表。

表 4　唐贞观十一年文散阶

		正六品上	朝议郎
		正六品下	承议郎
从一品	开府仪同三司	从六品上	奉议郎
正二品	特　进	从六品下	通直郎
从二品	光禄大夫	正七品上	朝请郎
正三品	金紫光禄大夫	正七品下	宣德郎
从三品	银青光禄大夫	正七品上	朝散郎
正四品上	正议大夫	从七品下	宣义郎
正四品下	通议大夫	正八品上	给事郎
从四品上	太中大夫	正八品下	征事郎
从四品下	中大夫	从八品上	承奉郎
正五品上	中散大夫	从八品下	承务郎
正五品下	朝议大夫	正九品上	儒林郎
从五品上	朝请大夫	正九品下	奉仕郎
从五品下	朝散大夫	从九品上	文林郎

　　已给大家解释过文散阶了。表4所列的都是阶，而不是职。那个太中大夫不是职官，只是一个阶，它只意味着其拥有者的个人品级是从四品上；那个朝议郎也不是职，只是一个阶，它只意味着其拥有者的个人品级是正六品上。

在唐代，在职事官之外还有文武散阶，还有勋官、封爵。所以一个官儿就可能拥有好多个品级。假如你问唐朝某人是几品，这么问就不太合理，因为一个人通常拥有好几个品。长孙无忌《进律疏表》后面所附官员姓名及结衔，我随手把它拿来做例子。请看图12。

柳　奭　**银青光禄大夫**_{从三}、**守中书令**_{正三}、**上骑都尉**_{正五上}
唐　临　**银青光禄大夫**_{从三}、**守刑部尚书**_{正三}、**上轻车都尉**_{正四上}
段宝玄　**太中大夫**_{从四上}、**守大理卿**_{从三}、**轻车都尉**_{从四上}
韩　瑗　**太中大夫**_{从四上}、**守黄门侍郎**_{正三}、**护军**_{从三}、**颍川县开国公**_{从二}
来　济　**太中大夫**_{从四上}、**守中书侍郎**_{正三}、**骁骑尉**_{正六上}
辛茂将　**朝议大夫**_{正五下}、**守中书侍郎**_{正三}
刘燕客　**朝议大夫**_{正五下}、**守尚书右丞**_{正四下}、**轻车都尉**_{从四上}
贾敏行　**朝议大夫**_{正五下}、**守御史中丞**_{正五上}、**上柱国**_{正二}
王怀恪　**朝议郎**_{正六上}、**守刑部郎中**_{从五上}、**轻车都尉**_{从四上}
路　立　**朝议郎**_{正六上}、**行大理丞**_{从六上}、**护军**_{从三}
石士逵　**承奉郎**_{从八上}、**守雍州始平县丞**_{从八下}、**骁骑尉**_{正六上}
司马锐　**儒林郎**_{正九上}、**守律学博士**_{从八下}、**飞骑尉**_{从六上}

图12　长孙无忌《进律疏表》所附官员姓名及结衔

这位柳奭，他的"银金光禄大夫"是一个阶，表明其个人品级是从三品；"中书令"是他的职务，此职正三品，跟他的个人品级并不一致；他还有一个"上骑都尉"，是正五品上的勋官。那么他一人就有了三个品级：从三品、正三品、正五品上。再看这位韩瑗，他的阶官是太中大夫，从四品上；他的职务是黄门侍郎，正三品；他的勋官是护军，从三品；他还有一个封爵，开国郡公，从二品。韩瑗一人就有四个品级，从四品上，正三品，从三品，从二品。阶、职、勋、爵，便是唐代品衔的经典结构。

在图12所列的个人职务之前，还能看到"守"或"行"的字样。若阶比职低，就用"守"字；若阶比职高，就用"行"字。表中的那位柳奭，其阶官大中大夫从三品，其职务黄门郎正三品，阶比职低，所以记为"守黄门郎"。表中的那位路立，其阶官朝议郎正六品上，其职务大理丞从六品上，阶比职高，所以记为"行大理丞"。可见唐代阶官制相当成熟，甚至发展出了行、守这样的术语，来区分阶高职低或职高阶低的不同情况。

宋朝用省部寺监之官做"本官"，本官也就是官员个人的阶官。至于官员所承担职事，另行采用"差遣"形式。依据本官能领一份俸禄，所以本官又称"寄禄官"；若承担了差遣，有职务了，就能再领一份职钱。既然宋代在职务之外仍存在着阶官，那么这仍属品位分等。唐宋官阶，都属品位分等。

明清专制主义高度强化，相应地，官僚的特权化、身份性、贵族化倾向进一步淡化，其服务取向或说工具性变浓厚了。这地方存在着一个政治原理：皇权、贵族、官僚三者，在权势利益的分割上此消彼长。贵族势力大了，贵族因素浓厚了，专制主义就被削弱了。皇权强则官权弱，皇权弱则官权强。在现代社会，制约官僚的特权与腐败，有"自上而下"和"自下而上"两种机制。"自下而上"就是公民的民主监督。古代无民主，就只能靠皇帝自上而下地压服官僚。皇帝若想反腐，自己就得高度集权。明清官僚的各种特权，如法律特权、经济特权、教育特权、选官特权等，都在萎缩。品位特权也相应萎缩，散阶制大为衰弱，各种待遇都向职位靠拢。明朝的散阶只算是官品的微调。在唐宋时，是先有阶、后有职，只要有了阶就是官家人了；明朝相反，你得先有职，任职后按期考课，通过了考课之后才授你一个散阶。而这个散阶本身，在明清已成虚衔了。当然它还是有一个用途的：可以拿来"貤封""貤赠"父祖，让老人家风光一下，子贵父荣。

叙述至此，我们看到了历代品位结构的五大演化阶段：

（1）先秦是一个品位分等的高峰，它是周代贵族政治的一部分。

（2）秦汉禄秩展示了较浓厚的职位分等色彩，反映的是秦汉统治者"以吏之天下"，这种等级制给官僚的品位特权较小。

（3）魏晋南北朝情势反转，呈现为又一个品位分等的高峰，以适应于此期士族政治。

（4）唐代散阶和宋代本官仍属品位分等，但已超越士族政治，而向官僚政治回归了。因为散阶的获得虽然主要靠门荫，但散阶的晋升却依据考课，后者就是官僚制性质的了。

（5）明清散阶大为衰落，多种待遇都向职位靠拢，向职位分等有一定程度的回归。其背景就是专制主义强化，官僚特权萎缩，官僚身份化、贵族化程度继续下降 (图 13)。

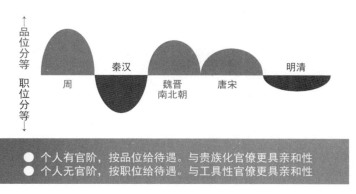

图 13   中国官阶制变迁五大阶段

我当年在部队学过雷达原理，有一点儿理科背景，有时就会借用理科风格的示意图来表达制度变迁。如图 13 所示，周代是一个品位分等的高峰，秦汉是一个职位分等的高峰，魏晋南北朝又出现反转，转向品位分等；唐宋时品位化的波幅降低，但仍属品位分等；时至明清，向职位分等又有一定程度的回归。在"品位—职位"模式的光辉照耀之下，历代官贵等级管理制度的变迁，就呈现出了清晰的五大阶段，在品位分等与职位分等的坐标图上，留下了一条左右摇摆、上下波动的曲线。这是一条前所未知的曲线。

各色爵秩品阶的此起彼伏，似乎杂乱无章，无规律可循。但经努力，一个从"周爵体制—秦汉爵秩体制—隋唐一元化多序列复合体制"的线索浮现出来了，一条围绕"品位—职位"波动摇摆的轨迹浮现出来了，进而职位分等与工具性官僚的亲和关系、品位分等与身份化官僚的亲和关系，也浮现出来了。形形色色的品位形态被编入了一条连贯的线索，井然有序，可以在同一个框架中加以解释了。

若干年前，我曾接到一位管理学专业毕业生的邮件，我用它来结束本文（图14）。这位校友给若干大型国企设计薪酬时，发现学过的管理学知识不大适用，因为那些理论均采用岗位价值决定薪酬的原则，可中国国企是终身雇佣制，薪酬待遇依身份而定。他读了我的《品位与职位》之后，发现这两种做法，即以岗位为中心或者以人为中心，原来古代都有之，且各有利弊。读了这份邮件，我很

　　　　我本人目前从事企业人力资源咨询工作，经常为企业设计薪酬体系和考核体系。您的《品位与职位》一书帮我解开了一个困惑已久的疑惑。我们咨询公司在薪酬设计时常见的一种做法（也是西方的管理理论）是"以岗位为核心"进行薪酬体系的设计，由岗位价值决定薪酬级别。但最近做了几个大型中央级企业的项目发现，这套思路行不通，大型国企的员工是终身雇用制，常见做法是"薪酬待遇随人走"。在阅读了您的《品位与职位》后发现，原来这两种做法（以岗位为中心、以人为中心）在中国历代的待遇政策设计上早就被前人研究、实践过了，并且各有利弊，适用于不同情况

　　　　　　　　　　光华管理学院2001级FT同学，2006-7-17

图14　读者来信

有成就感。他在管理学专业没学到的知识，我作为历史老师提供给他了。希望上述内容，对各位朋友也能有帮助。

延伸阅读

阎步克:《中国古代官阶制度引论》，北京大学出版社，2010。

阎步克:《波峰与波谷》，北京大学出版社，2017。

葛金芳，1946 年生，1981 年兰州大学研究生毕业，获历史学硕士学位。曾任湖北大学历史文化学院教授，北京师范大学 985 特聘教授，杭州社会科学院南宋史研究中心兼职研究员，中国宋史学会副会长，享受国务院特殊津贴专家。现任首都师大历史学院特聘教授。主持国家社科基金项目一项，省部级项目多项。代表性成果有《中国近世农村经济制度史论》《两宋社会经济研究》《中华文化通志／土地赋役志》《中国经济通史》（第五卷）、《南宋全史》（第四、五、六卷）等，共出版著作 18 部，发表论文 130 余篇。

农商社会说的内涵、由来及发展前景

葛金芳

一 "农商社会"概念提出的学术背景

自 1949 年以来，自我上学起，我接受的理论资源是马克思主义唯物史观。20 世纪五六十年代，"五朵金花说""五种社会形态说"占主导地位，谁怀疑唯物史观谁就是反革命。中国的史学研究不能说没有成绩，但其弊端也是明显的，那就是用五种社会形态硬套中国三千年文明史，削足适履，单线演进，并将之称为"放之四海而皆准"的普适模式，违者批而诛之，奉者一花独放。

这种状况在 1978 年以后逐渐松动，史学研究重获生机。随着国门打开，海外史学研究成果不断涌入，中国学者在反思"往日之非"的同时，也在思索如何重新归纳、概括中国数千年文明史的演进轨迹及其阶段性特征。

比如，费正清"冲击—回应说"。"冲击—回应说"后来发生两个分叉，一个是"主流意识形态"的说法，就是帝国主义侵华，我们中国人反抗；另一个是改革开放时期的"现代化学说"，就是中国怎么样从传统社会一步一步不情愿地、被逼着走向现代化社会。

1978 年以后，中国学者慢慢从"五种社会形态说"和"五朵金花"中跳出来。重新审视中国历史的特质，重新构建中国历史的发展道路，这就有了 21 世纪初，《历史研究》编辑部和南开大学联袂召开的三次中国古代社会形态高层研讨会，分别是 2009 年的第一次、2012 年的第二次以及 2019 年的第三次。

大致而言，这三次研讨会上，就中国古代史阶段、演进轨迹及总体特质，中国学者可以提出自己的解释、自己的概括、自己的理解，构建中国史的本土化研究。

中国学者构建中国史研究的本土化其目的是什么？发展的目的是什么？意图是什么？就是为了弄清楚中国从哪里来？现在走到了哪里？以后要怎么走？这种期望内化成历史学者对中国历史本身发展阶段、演进轨迹的一种新看法，构建中国发展道路的本土化研究，在构建本土化过程中，出现了几种比较有代表性的说法。

第一个是清华大学的张国刚先生主张仍用时间来划分，即分为古代—中古—近代—现代，不涉及时代定性或社会形态问题，最为便捷明快，但缺点是无法揭示各国发展道路的独特性，无法揭示各时段中国社会的性质和特征。我们需要从时间概念出发，探讨每个时代背后，各个民族、各个社会、各个国家不同的特质。比如我们古代国家的社会形态与希腊的城邦国家社会形态就不一样。所以时间概念的划分是对的，但是时间概念的划分是不够的。所以我们必须去探讨每个阶段中国历史的不同特质，把每个阶段连起来，就能勾画出中国历史的演进轨迹。

　　之后又有几种别的学说出现，比如，云南大学林文勋先生提出"富民社会说"，主张将先秦以来的中国社会分为先秦部族社会—汉唐豪民社会—宋元明清富民社会（明清士绅社会是富民社会的最高阶段）——中华民国以来的市民社会这四个阶段，这是从社会形态入手的观察。中国"农商社会/富民社会说"的学术研讨会已经开了六届。还有东北师范大学的赵轶峰先生提出，明清是"帝制农商社会"的崭新概念。我在《历史研究》编辑部和南开大学联袂召开的三次中国古代社会形态高层研讨会上提出两种观察视角。

　　2009 年时，我提出第一种方法是从"同质社会"视角入手，将先秦称为"部族社会"、汉唐称为"吏民社会"、宋明称为"租佃社会"、辽夏金元称为"游牧社会"，而延续近三个世纪的清王朝则是宋明农业社会与辽金元游牧社会的综合体，由此奠定现代中国的基本疆域。

　　然后我又提出了"农商社会说"，这是第二种方法，这种学说是从产业结构角度进行，从社会经济形态入手。中华民族是农业民族，认为先秦汉唐是古代农业社会，宋元明清是近世农商社会，20世纪后逐步进入现代工商社会。

　　为什么这么划分呢？因为，第一阶段农业社会，第三阶段是工商社会，中间宋元明清是过渡阶段，是在这两种社会之间的一个很长的过渡阶段。在这个阶段中，农业仍是国民经济的基础产业，但是城市化进程启动，工商业大发展，市场明显扩大，交换和货币逐步变得重要起来。这一阶段即是以农业为支柱，同时城市发展起来，市场扩大，外贸起来，纸币出现，这些使我感到，农业虽然是支柱，但是工商业在发展。在宋朝工商税大于农业税，连政府光靠农业税收都没法活了。所以从当时社会经济结构和社会形态看，农业和工商业同时成为社会经济发展的支柱，并且工商业越来越重要。所以我把中国社会的历史发展分为两个一千年，第一个一千年是农业社会，第二个一千年是农商社会，我们现在进入第三个一千年，是现代工商社会。

进入现代工商社会的标志有两个：第一个，1956 年，我国工业产值超过农业产值；第二个，1999 年，城市人口超过农村人口。这两个大指标达成之后，我们正式地跨入现代工商社会。

反推过来，农商社会的指标，农业社会的非农产值，包括手工业、商业、贸易、服务业与运输业等非农产值，占到三分之一，就是跨入了农商社会。比如，一个地区，开封有三分之一的 GDP 来自非农产值，那么开封就进入了农商社会。

第二个指标，当一个家庭，有超过 30% 的收入来自非农产值，一个地区，一个社会或者一个国家有超过 30% 的 GDP 来自非农产值，那么这个家庭、这个地区、这个社会、这个国家就已经成为农商社会。

这是从现代工商社会的角度来反推农商社会进入的指标。

二 "农商社会"的经济内涵与主要特征

与古代农业社会相比，农商社会的第一个特征是其经济结构已经发生部分质变，主要表现在两个方面：首先是从微观角度看，越来越多的个体农户从使用价值的生产者向交换价值的生产者逐步转化。如果某个小农家庭粮食种植业以外的收入（即从市场或雇主处得到的非农收入）超过了粮食种植业的收入，就可以认为这个家庭核算单位已经跨入农商社会阶段。其次是从中观角度看，农村经济中的非农产业持续增长。如果某个村庄、某处郊区，甚至某个市镇，其经济产值表中非农收入超过单纯的粮食种植收入，我们认为该处也已跨入农商社会的门槛。

农商社会的第二个特征是市镇兴起与城市化进程加速，其结果是城市化率（即城镇人口占总人口的比例）的显著提高。比如两宋和汉唐相比，一个非常明显的特征就是市场起来了，城市起来了，商人活跃了。我曾经有一篇文章，计算过北宋的城市化率与南宋的城市化率，根据我的计算，北宋的城市化率从百分之八、百分之九，上升到百分之十一。南宋的城市化率，从孝宗以后到理宗以前，南宋城市化率达到百分之十二到百分之十三。然而，1955 年，我国的城市化率是百分之十一，也就是说宋代与一千年以后的城市化率相当，我们是在 1978 年以后，特别是 2000 年以后城市化率才飞速增长的。比如，北宋开封时候的御街，到了宋仁宗时候已经变成了非常繁华的商业街，每个商户背后都支撑着一个家庭，已经不是说拆就能拆的了，这就说明了商业化的发展。

农商社会的第三个特征是早期工业化（原始工业化）进程启动。所谓"早期工业化"主要是指在人口压力下"传统组织的、为市场的、主要分布在农村的工业的迅速发展"。说穿了就是为市场而产生的手工业，比如，江西景德镇生产陶瓷，按照史料记载，北宋中叶，景德镇有三百多窑，大量瓷器运到长江，运到沿海，运到福建，之后再出口，就是为了国内市场、国际市场而生产的。再比如，南宋福建的好多竹林，农民到了冬天把嫩竹砍下来，在山边挖个坑，然后把这些嫩竹埋进去，加好石灰，加好紫药，捂烂，再利用冬天水比较清，把竹子捣成竹浆，之后卖给造纸坊。所谓的早期工业化，就是这些手工业为市场而生产，换来钞票和铜钱，用来过日子。

我看了一下欧洲中世纪史、英国经济史以及尼德兰经济史，发现门德尔斯（Mendels）所说的英格兰南部和尼德兰地区，所谓的北海经济区的早期工业化，要比宋代的工业化差得很远，无论就工业还是市场而言，其规模和程度远远不如宋代。

农商社会的第四个特征是交换活动显著增加，贸易市场容量扩大，经济由封闭向开放转变，就是市场扩大。1978 年以后，经济史前辈，中国社会科学院经济所的李文治、中南财经政法大学的经济史大家赵德馨等相继认为，在现代社会，凡是工业化能够启动的前提就是市场化，先有市场化才有工业化，没有市场化，工业化是跛脚的。比如，在计划经济状态下去搞工业化，结果计划经济下的工业化失去了价格，无法衡量成本和利率，无法定出合理的价格，所以，计划经济下的市场化成本高、效率低，最后做不下去。所以我们的经济史前辈反复强调，一定先有市场化才能搞好工业化。之前的那些教训都证明，没有市场的工业化是跛脚的工业化，是低效益的工业化，是搞不下去的工业化，这就是要从计划经济思维转到市场化思维。比如，义乌这个地方要资源没资源、要交通没交通，但是发展市场，义乌的小市场发展起来了，义乌就发展起来了。由此可以看出，没有市场的扩大，就没有农商社会的成长，农商社会成长的主要标志就是市场在扩大。正如傅筑夫先生所说，宋代"商业不再为少数富人服务，而变成供应广大人民的大规模商业，这在性质上是一个革命性变化"。原来商业主要为统治者服务，宋代商业主要为百姓服务，南宋首都杭州城的市民生活是靠杭州郊区的农村支撑起来的。

　　农商社会的第五个特征是带有近代色彩的新经济因素已然出现并有所成长。北宋中叶，最早的纸币"交子"开始作为交换媒介登上历史舞台时，白银作为贵金属称量货币也开始跻身于流通领域，其货币化进程的诸般迹象也相继出现。此外，纺织、茶叶和果树种植业中"包买商"的出现，以及井盐业、矿冶业和纺织业中雇佣劳动的使用，均是表征。

　　举个例子，早在 1957 年，柯昌基即据宋神宗元丰年间苏轼的《徐州上皇帝书》指出，徐州附近利国监所辖"三十六冶"中已经产生雇佣关系。据苏轼所言，这三十六个民营铁冶作坊，各有百余名工人，已具手工工场气象；各冶炉主"藏镪巨万"，可见资本雄厚；政府关闭河北市场（"利国监铁不许入河北"），冶户皆有"失业之忧"；不久取消禁令，"使铁北行"，冶户"皆悦而听命"，可见这是商品生产，且已拥有区间市场；而总数达三四千名的冶铁工人多是"饥寒亡命、强力鸷忍之民"，反映他们已经不同程度地脱离土地，而且多半已从政治统辖关系中游离出来。至少在受雇为工期间，无论对地主、对国家均无人身依附关系之束缚，获得了"把自己的劳动力当作自己的商品来处分"的权利。

再讲个故事，洪迈《夷坚志》卷五所载《陈泰冤梦》中讲过一个包买商的故事，时在 12 世纪 70 年代，即南宋孝宗淳熙年间。冤主陈泰原是抚州布商，每年年初向崇仁、乐安、金溪以及吉州属县的机户、织户发放生产性贷款，作为其织布本钱。到夏秋间再到这些地方去讨索麻布，以供贩卖。由于生意越做越大，各地有曾小陆等"驵户"作为代理人，为陈泰放钱敛布。仅乐安一地就积布数千匹，为建仓库就花去陈泰 500 贯缗钱，确有相当规模。这就是说布商陈泰的商业资本，通过给织户发放带有定金性质的生产性贷款而进入了生产领域；而分散在城镇、乡村的细小机户的产品，则先由曾小陆等各地代理商集中起来，再由陈泰贩卖到外地作为商品进入市场。这个故事虽然有迷信色彩，但是故事本身是有现实背景的，当时是存在这种情况的。事实说明，陈泰所为，在其本质特征上已与明清"帐房"无异，均属包买商性质。郭正忠先生指出，在浙江丝织业、四川绫锦业中，也存在着"收丝放贷"、"机户赊账"以及"预俵丝花钱物"等惯例，包买商正是在这些惯例中生长起来的新型商人。马克思说，资本主义的产生有两条途径：第一条是革命性的，就是企业家的成长；第二条是改良性的，就是包买商。陈泰就是一位包买商。由此可以发现，宋代纸币的出现和白银货币化及雇佣劳动，阶级斗争和包买商均出现了，这些都是在工业社会才会看到的现象，这就是农商社会与农业社会的不同。

三　"农商社会"的运行机制

与先秦汉唐时期的古代农业社会相较，农商社会的运行机制也发生了变化。社会生产由原先单靠生产效率提高来缓慢推动，开始变为由生产效率和交易效率发生良性互动，并共同作用于社会经济的动力机制。不难看出，农业生产效率的提高是农商社会赖以出现的逻辑起点：粮食剩余率的提升会为手工业和商业释放出更多劳动力；商品性农业（如种茶、植蔗、栽花和桑麻种植等）的成长，会为手工业提供原材料以及为商业提供商品；非农部门的成长反过来又为农业部门的商品化提供需求与动力。农业生产的专业化、商业化处于螺旋式上升过程之中，此其一。其二，在城乡市场加速成长的环境中，由于交易规则与惯例的逐步合理和交通运输条件的不断改善，商业领域中的交易效率得到明显提升，这是推动农商社会不断前行的内生动力。其三，交易效率的提升会促成商贸活动和市场容量的扩大，反过来又将进一步刺激农业、手工业生产效率的提升，促使更多的农产品和手工业产品进入交易市场。"市场要是过小，那就不能鼓励人们终生专务一业。"因为构成庞大市场的，"不是单纯的面积或人口，而是购买力，即吸收大量年产出的能力"。显而易见的是，当社会购买力提高、社会需求扩大之时，整个社会的生产效率和交易效率会同时得到提高，进而使农商并重的结构性特征更加显现。

四　"农商社会"说的理论资源

"农商社会"理论的提出主要依赖于中国历史发展的史实基础，依赖于现存文献提供的历史信息而总结出来的。除了丰富的史实基础以外，"农商社会"假说也得益于一些理论资源的启发。

（一）来自区域经济史研究的启示：江南经济区

首先是区域经济史研究的启示。依据区域经济理论，经济运动不是均质的匀速运动，而是非均质有差异的不连续的跃动，资源配置会出现"空间扭曲",即存在"点—线—面—空间"差异。从历史发展来看,河流流域多半是人类文明的起源地,山川、沙漠及广袤的海洋,物产贫瘠,人烟稀少或人迹罕至,几乎没有经济活动。所以,从某一经济集聚效应比较明显的区域入手进行经济史研究是一个合理的做法。就"农商社会"理论而言,其研究的逻辑起点即是从农商社会特征最显著、最经典的地区——江南经济区入手的。

美国学者施坚雅(G. William Skinner)是区域经济史研究的首推者,他1964年发表的《中国农村的集市和社会结构》则在中国农村研究中具体实践了区域史研究的理论和方法。施坚雅认为,将幅员辽阔的中国作为一个整体来研究是行不通的,应该将中国划分成几个大的区域作分别研究,方能接近历史真相。他在1985年就任美国亚洲研究协会主席时发表的《中国历史的结构》之演说中,秉承其区域史研究的理念,指出中国各大区域各有其自身的发展周期,历史盛衰变化的"长波"在各大区域之间经常是不同步的,例如"东南沿海和华北区域的发展,就毫无同步性可言"。

著名的"大分流"(the Great Divergence)理论创立者、美国学者彭慕兰(Kenneth Pomeranz)进一步细化了施坚雅的看法。彭慕兰认为,"在进行东西方比较(或者任何比较)时所用的单位必须具有可比性……中国作为一个整体(或印度作为一个整体)更适合与整个欧洲而不是与具体的欧洲国家进行比较:正如中国既有富裕的江南也有贫穷的甘肃一样,欧洲同样既包括英格兰也包括巴尔干。江南当然不是一个独立的国家,但在18世纪,其人口超过除俄国以外的任何一个欧洲国家,就其在自己所处的更大社会中的经济职能来说,江南——而不是整个中国——是英格兰(或者英格兰加上尼德兰)的一个合理的比较对象。……我们得以把经济发展看作地区间互动的结果"。彭慕兰把"工业革命"以前的中国区域经济(江南地区)与西欧区域经济(英格兰)进行对比研究,指出1750年以前,与江南相比,英格兰在资本积累、经济制度、市场与技术等方面并不具备决定性优势；只是一些历史巧合，如英国煤矿的位置、新大陆的发现等偶然因素才导致英格兰的工业革命，从而使西方超越中国成为世界经济中心；而在此之前，世界是一个多元体系，并没有一个经济中心。

中国农商社会的形成期在北宋中叶，典型表现在江南地区，包括两浙，包括江东和江西，包括福建沿海，包括长三角和珠三角地区，今天也是这些地方比较发达，其中道理是面向海洋，有海外市场的拉动，其水路运输成本远远低于陆路运输，水运成本大致是陆运成本的十分之一。因为这些因素，所以这些地方发达。比如，北宋与西夏的战争也可以说明，北宋有七八千万人，甚至上亿人，西夏一共只有几十万人，但是因为北宋的粮食运不上去，一万人的军队在延安、甘肃和兰州等地打仗，需要十万人来运输粮食，结果，西夏人就在宁夏、甘肃的山区进行埋伏，切断运粮队伍，扰乱北宋军心。当时西夏的将领在山谷里面放一些小箱子，里面放着鸽子，北宋军队到了山谷里面发现小箱子，一打开，小鸽子就飞走了，这样西夏军队就知道北宋运粮的军队走到哪里了。所以，北宋经常打不过契丹人和西夏人，这就是交通运输不畅的缘故。因为江南交通运输成本大大低于中原，这样商业就发展起来了。南北朝时北方退化到"物物交换"的自然经济阶段时，南方商业区域却发展了，所以陈寅恪说，北方一条发展路线，南方一条发展路线，到了中唐以后，两条路线才汇合，并不是唐代初期两条路线就汇合了，到了晚唐以后，也是区别于晚唐以前。所以陈寅恪说，可以以中唐为界，把唐代划分为两个时期。中唐以来就是"农商社会"起步时期：城市起来了，商业起来了，手工业起来了，原始工业化起来了，海外贸易起来了，整个国家财政越来越依靠工商业。

（二）来自"唐宋变革期"理论的启示：经济结构变迁

随着彭慕兰"大分流"理论的传播，如何评价中国江南地区的经济成就很快成为英语学界经济史研究的热点。例如 S.Broadberry

等认为，中国人均 GDP 在北宋时期处于历史最高水平，明清时期开始下降；人民生活质量在北宋时处于世界领先水平，到 1300 年开始落后于意大利，不过长三角地区的人均 GDP 和人民生活质量仍然与欧洲最发达的地区持平；但从 1700 年开始中国与欧洲的差距持续扩大，大分流开始出现。李伯重和 Jan L.van Zanden 认为，1820年荷兰人均 GDP 是长三角地区的两倍；但长三角地区的农业生产力与英国和荷兰接近，可其工业和服务业（除政府公共服务外）的生产已与英、荷两国拉开巨大差距。此外，还有诸如麦迪森等学者的研究结论，不再赘述。

海内外学界对江南经济区一直具有较高关注度的原因在于：从宋代以来江南地区已经发生了重大的经济变革。较早捕捉到这种变革讯息的是日本学者。如日本京都学派的代表人物内藤湖南和宫崎市定认为，中国唐代属于中世，宋代则进入近世。东京学派的加藤繁则认为，中国唐代应是古代社会，宋代进入中世社会。尽管他们的估计整整相差了一个时代，但共同点是这两个学派都认为唐宋之际是中国传统社会发生质变或部分质变的分水岭；而这种社会变动在江南经济区表现得尤为突出或典型。斯波义信认为，如果从长时段宏观视野来看待社会变迁的话，可以发现中国两千多年历史存在两个变革期：一个是从中唐到北宋晚期（8 ~ 13 世纪），另一个是晚明清初（16~18 世纪）；而唐宋变革期的一个内在变化是经济力量的上升与扩张，这在长江中下游表现得更为集中和突出：人口增加、农业发展、商业发达。

基于深谙自身文化的内在优势，中国学者对江南经济变革的研究更深入、更具体，而且各有侧重、相互支撑。台湾学者刘石吉是明清史专家，他在 20 世纪 80 年代连续发表长篇论文，将明清时期江南市镇的兴起和发展归结为"商业资本主义"的发展，提出江南地区的近代化已经达到相当水准。复旦大学的樊树志教授同样认为江南区域经济发生了重大变革，其主要标志是在市场勃兴的带动下，江南地区早期工业化进程已经启动。关于早期工业化始于宋代的问题，葛金芳在 1994 年和 2005 年有两篇长文相继论及。经济史名家李伯重则对明清时期江南地区早期工业化进行了专题研究。他认为，1550~1850 年间江南的经济增长是"斯密型成长"，即分工的深化为市场所推动、又受限于市场之大小（也就是市场容量）。这就是说，在市场的扩大是早期工业化进程的重要推动力量这一点上，上述诸先生的看法大体上是一致的。这些成果在"农商社会"之特征归纳中得到具体运用。

（三）来自超长期增长理论的启示（特别是发展经济学和政治经济学的理论）：技术进步与发展动力

原来农业社会的经济增长主要靠的是人口增长推动经济总量的增长，到了农商社会，除了人口增长以外，我们发现经济增长的速率开始超过人口增长，这就是"斯密型成长"，是亚当·斯密在《国富论》里面提出的近现代社会的经济增长方式，如果光靠人口增长会陷入"马尔萨斯陷阱"。所谓马尔萨斯模式是指经济增长来源于人口增长，但人均收入水平较低，技术进步超慢甚或不变，并且在增长中的作用不明显（这实际就是众所周知的"马尔萨斯陷阱"）。推动"斯密型成长"的主要动力来自劳动分工和生产专业化的发展，分工和专业化会明显提高劳动生产率，从而生产出更多更好的产品，这被称为"斯密型动力"（the Smithian Dynamics）。但这些产品一定要能卖掉方能实现原料和人工投入的价值替代，所以分工的扩大和专业化的发展又受市场规模大小的限制。如果某个行业的市场范围扩大，比如从区域市场扩大到区间市场，甚至国际市场，那么该行业的发展速度会明显快于其他行业。

农业社会的经济成长方式一般被认为是"广泛型成长"（the Extensive Growth），这种经济成长方式通常只有经济总量的增长，而无劳动生产率的提高，技术进步更是慢得几乎可以忽略不计。

而中世纪晚期和近代早期则出现了"斯密型成长"(the Smithian Growth)方式，也是农商社会的成长方式，其特点是通过分工深化，经济总量和劳动生产率都有提高，技术亦有进步，但尚未实现技术突破。而南宋时期，恰恰由于海内外市场的扩大，与出口有关的纺织业、陶瓷业等都得到了长足的发展。若从南宋民营手工业的崛起，手工业制造重心向江浙地区的转移，手工业内部技术革新和工艺革命的诸多进展，海外贸易对手工业各部门的强力拉动，以及手工业各门类间和手工业内部劳动分工（包括地域分工）不断扩大，专业化程度不断提高等角度视之，南宋江南地区特别是在长江三角洲地区的经济确有"斯密型成长"的诸般特征。

而我们现代社会，科技发达，技术迭代，现代社会的经济成长方式叫"库兹涅茨型成长"，是爆发型成长、颠覆型成长、毁灭型成长。比如，原来的柯达相机现在都被数码相机取代了。

总结一下，农业社会对应的是"广泛性成长"；农商社会对应的是"斯密型成长"；现代工商社会对应的是"库兹涅茨型成长"。

五　宋人对"农商社会"的观察和理解

"农商社会说"固然借用了一些历史学和经济学的观察工具，但归根结底是从两宋社会的历史实际归纳出来的理性认识。此节略述宋人对其时其身所处社会之经济结构变革的观察和认识，以佐证"农商社会"这个概念并非今天的杜撰和臆测。自北宋中叶以降，一些思想敏锐的士大夫相继观察到其时社会经济结构与汉唐时期的农业社会相较已有明显不同。

神宗熙宁年间（1068~1077），身处西川商业都会的成都人邓绾（1028~1086）就有"行商坐贾，通货殖财，四民之益也"的论断。这不仅是邓绾对商人阶层带来经济活力的肯定，而且可以看出他已经认识到工商业在社会经济结构中的重要性。

稍后，约在哲宗元祐二三年间（1087~1088），时任浙东天台县令的郑至道也认识到手工业、商业对社会经济的价值与意义并不亚于农业。他在天台令任上一连发布七道"谕俗文"，其中第七篇《重本业》开篇即云：

> 古有四民，曰士、曰农、曰工、曰商。士勤于学业，则可以取爵禄；农勤于田亩，则可以聚稼穑；工勤于技巧，则可以易衣食；商勤于贸易，则可以积货财。此四者皆百姓之本业。……不能此四者，则谓之浮浪游手之民。

从经济思想史角度看，郑至道是"士农工商，四民之本"理念之最早、最明确的宣示者。若从经济结构角度视之，郑至道应是北宋中叶以来，手工业和商业开始取得与农业同等重要地位这一变革的较早发现者。

事实上在此之前司马光已有类似说法。他在仁宗嘉祐七年（1062）的奏疏中指出，手工业者和商人同农夫一样，都是社会财富的创造者：

> 夫农、工、商贾者，财之所自来也。农尽力，则田善收而谷有余矣。工尽巧，则器斯坚而用有余矣。商贾流通，则有无交而货有余矣。

司马光肯定手工业者、商人与农民一样，具有同等的价值创造作用，实际上也是认为手工业、商业和农业一样，均是社会经济结构中不可或缺的组成部分。

哲宗元祐七年（1092），苏轼在《乞免五谷力胜税钱札子》中说，若对粮食流通、交易收税，会"使商贾不行，农末皆病"。这就是说，阻碍农产品流通渠道，反过来会伤害粮食生产。这是对农业生产，特别是粮食生产已离不开商业交易的明确认识，其背景应是其时粮食生产商品化程度不断加深的自然反映。

其后，即绍圣四年（1097），户部尚书蔡京对农商并重这个基本经济结构提出了确切的看法：

> 商农相因以为生者也。商不通则物不售，物不售则贱，贱则伤农。农商不能交相养，庇四海之民于平安之时，而未免流离于水旱之际，则非所谓和万邦也。

这是对国民经济中农业和商业两个部门相互依赖、互为支撑、缺一不可之关系的正确理解。蔡京甚至认为，自北宋开国以来的100多年中，各种经济弊端之重要根源就在于商业发展得不够好。他说：

> 人知所尚，则士非不多也；土无不辟，则农非不劲也；器无不精，则工非不巧也；四民之业，三民备矣，而商不通，故天下之大，百年之久，民未加富，俗未加厚。

这等于是说，在蔡京这位财政大臣眼里，商业已经居于牵一发而动全身的关键地位。商业发展了，士、农、工这三业都将受益；商业如受阻滞，则整个社会都会受到莫大影响，士大夫阶层、手工业者和农民的经济利益亦会受到损害。只有"商农相因"，社会生产才能生机蓬勃；若"农商不能交相养庇"，则生产链条就会断裂。与司马光同时代的欧阳修也有类似看法。他在《送朱职方提举运盐》一诗中说：

> 闵然哀远人，吐策献天子。治国如治身，四民犹四体。奈何窒其一，无异钦厥趾。工作而商行，本末相表里。臣请通其

流，为国扫泥滓。

欧阳修坚决反对抑商政策，其现实依据即士、农、工、商四业是有机联系的一个整体，就像人有四肢一样，缺一不可。

上引诸条言论，足以说明北宋中叶以降，有越来越多的人开始放弃汉唐时期"重本抑末""重农抑商"的传统观念，看到了商业（含手工业和商品性农业）在社会经济体系中具有越来越重要的作用和不可或缺的地位。这是宋人对"农商并重"社会的明确认识，同样也是"农商社会"说赖以提出的历史依据。

六 "农商社会学说"的前景展望

"农商社会学说"现在还有很大的发展空间，这里面有四个领域供大家去扩展。

（1）时段扩展。宋元明清是农商社会，但是我的研究主要集中于宋代，其他的朝代，比如元明清，七八百年可以供大家去研究。

（2）区域延伸。宋代的农商社会表现最明显的地区是江南地区、福建沿海、长江三角区和珠江三角区，那么扩展到了元明清时期，中原地区、环渤海地区、开封地区，或者长三角、珠三角及福建沿海地区以及江西中部地区等又是什么样子的呢？这是做地域性的研究，可以进一步扩展研究。

比如，费孝通的乡村经济研究，20世纪30年代初期，江苏无锡地区的非农产值刚刚超过三分之一。也就是说，到了民国时候无锡从整个地区看还处在我所说的"农商社会"中，20世纪30年代以后，无锡才逐步向现代工商社会转进。但是统计数据的使用，是一件非常复杂的事情，民国时期，国民经济的统计并没有把服务业和运输业等商业的经济数据统计其中，只是计算了一个工厂数据，所以这个数据的统计就有问题。

（3）内涵拓展。除了我上述说的"农商社会"五个特征之外，还有其他特征吗？感兴趣的人可以进一步去研究。比如，我一个学生想要研究唐宋时期的社会流动，这个我就很支持。总体来看，汉唐时期，居民是不能流动的，如果哪个里正第一年管理 100 户居民，到了第二年，只剩 80 户了，这个里正是要受到政府处罚的。到了宋代以后，老百姓就可以开始流动了，老百姓可以到城里去当小商小贩，江西人可以到浙江去贩卖鱼苗。到了元代，诸色户籍制度，又不能流动了。明朝朱元璋时候百姓也不可以流动，到了明宣宗、英宗、武宗时代百姓又可以流动了，所以明武宗以后，江南市镇又发展起来了。1978 年以前，当社会限制百姓流动的时候，这个时候的社会是没活力的。改革开放以来，允许农民到城市务工，农民又活了，社会也活了。唐宋时期是老百姓从定居社会向流动社会转化的关键时刻。如果这个课题研究得好，那么这就是农业社会与农商社会相区别的第六个特征——农业社会是定居型社会，农商社会是流动型社会。除此之外，大家还可以提出农商社会的第七个、第八个、第九个特征。

（4）大家可以批评哪个特征不对，哪个特征成立不了，批评哪个内涵错了，这就是批驳精神。这也是个拓展，也可以反对我的五个特征，可以说我的五个特征错了两个，再另外加三个，这都是可以的嘛。

延伸阅读

林文勋：《唐宋社会变革论纲》，人民出版社，2011。

葛金芳：《中国近世农村经济制度史论》，商务印书馆，2013。

赵轶峰：《明清帝制农商社会研究初编》，科学出版社，2017。

李振宏，1952 年生，1978 年 3 月考入河南大学，1982 年 1 月毕业留校任教，1996 年 10 月调入《史学月刊》编辑部工作。现为河南大学历史文化学院教授、博士生导师，主要从事史学理论、中国古代史、中国文化史等方面的教学和研究工作。出版有《历史学的理论与方法》《居延汉简与汉代社会》《历史与思想》等专著，在《历史研究》《中国史研究》等报刊发表学术论文 100 余篇。先后任中国秦汉史研究会副会长、中国农民战争史研究会副理事长、河南省史学会副会长等学术职务。1999 年，被河南省人民政府授予"河南省优秀专家"称号。

秦至清皇权专制社会说的经济史论证

李振宏

对于中国古代帝制社会的社会性质问题的讨论，是近20年来中国史学界关于重大问题讨论的重要热点，这反映出人们对自身社会历史特殊性的热切关注。在此问题上，人们已经提出了"宗法地主专制社会""国家体制式社会形态""郡县制社会""选举社会""帝制农民社会""君主专制和地主经济形态""以血缘关系和地缘性的农村公社为基础的宗法等级制社会""皇权专制社会""帝制农商社会"等各种说法。

笔者赞成"皇权专制社会"这种说法，而这篇文章，便是从经济史的角度来论证这一观点。在经济领域，专制皇权主要表现在"溥天之下，莫非王土"的观念中，这时的臣民百姓没有真正属于自己的私有财产，皇权对国土上的一切物产具有不容置疑的绝对支配权力。虽然早在公元前5世纪，在古罗马共和国时期所制定的《十二铜表法》中，就明确提出了"财产所有权"概念，但是在中国帝制社会的漫长时代中，一切归皇权所有的观念则是那么深刻。举例来说，在中国古代法律中也有保护个人财产的条文，但严格说来，中国古代却从来没有从法理上提出过关于财产权的任何问题。中国传统法律对盗窃罪的惩罚，只能看作对人的财产使用权的保护，而不是对人的财产所有权的保护，因为在中国古代并没有所有权的观念——中国古代皇帝的一纸诏书可以无条件剥夺任何人的任何财产甚至生命。皇帝对整个天下的所有财产具有独自支配的权力，这是皇权专制在经济领域的基本表现。

一　"溥天之下，莫非王土"：从观念到事实上的皇权独占性

"溥天之下，莫非王土"，是中国人在财产所有权问题上最普遍也最古老的观念。这一观念的形成大概是先有事实，再有观念，而后入了《诗》，成了朗朗上口的文字表达。同时随着《诗》的传播，这种观念也在不断地被强化，并最终促成了对皇权独占性的认同。由于我们无法完全复原历史事实，所以，我们就先从观念这一角度入手，来考察一下这个关于财产的皇权独占性问题。

"溥天之下，莫非王土"，这句话出自《诗经·小雅·北山》中，"溥天之下，莫非王土。率土之滨，莫非王臣。大夫不均，我从事独贤"。这首诗中虽然明显地表达出王权独占性的观念，却没有对财产所有权诉求的表达，说的是一个关于人身政治权利的诉求问题。诗中的人在抱怨大家同在王土之上，但所承担的赋役却如此不均。汉人的《毛诗序》中说："《北山》，大夫刺幽王也。役使不均，己劳于从事，而不得养其父母焉。"《诗序》的作者认为，《北山》之诗，其本意即是指幽王时期的"役使不均"。郑玄对"溥天之下，

莫非王土。率土之滨，莫非王臣”的笺注也写道："此言王之土地
广矣，王之臣又众矣，何求而不得，何使而不行！""王不均大夫之
使，而专以我有贤才之故，独使我从事于役。自苦之辞。"由此得
知，在《北山》原诗中，"溥天之下，莫非王土"的本意并不是在讲
一个财产权的问题。在《孟子》一书中谈到这个问题时，表达的也
是同样的意思。《孟子·万章上》写道：

> 咸丘蒙曰："舜之不臣尧，则吾既得闻命矣。《诗》云：'普
> 天之下，莫非王土。率土之滨，莫非王臣。'而舜既为天子矣，
> 敢问瞽瞍之非臣如何？"
> 曰："是诗也，非是之谓也。劳于王事，而不得养父母也。
> 曰：'此莫非王事，我独贤劳也。'故说诗者不以文害辞，不以
> 辞害志……"

孟子在回答咸丘蒙的执拗提问时，强调对诗的理解要领会诗的
本意，不要咬文嚼字。诗意并不是一定执拗于哪片土地是不是属于
周王所有，哪个人是不是周王的臣民。孟子从诗的本意出发，认为
这首诗就是在强调王事不均的问题。既然天下之事都是王事，为什
么"我独贤劳"呢？尽管诗的本意不是在表达一个所有权诉求，但
该诗中也的确隐含了周王对于天下事物的独占性所有权问题，人们
对此做出这样的理解是符合思维逻辑的。事实上，从所有权的角度
理解"溥天之下，莫非王土"之诗意，在春秋时期就已经开始出现
了。《左传·昭公七年》载：

> 王将饮酒，无宇辞曰："天子经略，诸侯正封，古之制也。
> 封略之内，何非君土。食土之毛，谁非君臣。故《诗》曰：'普
> 天之下，莫非王土。率土之滨，莫非王臣。'"

文中出现"何非""谁非"，把所有权的意义突出的极其鲜明。

还有《吕氏春秋·孝行览第二》写道：

> 舜之耕渔，其贤不肖与天子同。其未遇时也，以其徒属掘地财，取水利，编蒲苇，结罘网，手足胼胝不居，然后免于冻馁之患。其遇时也，登为天子，贤士归之，万民誉之，丈夫女子，振振殷殷，无不戴说。舜自为诗曰："普天之下，莫非王土；率土之滨，莫非王臣。"所以见尽有之也。尽有之，贤非加也；尽无之，贤非损也。时使然也。

这段话讲舜在成为部落联盟首领前后的不同境遇。成为首领之前穷困潦倒，辛勤劳苦，以至于手脚都磨出老茧，才勉强免于冻馁之患。而一旦登为领袖，便获得了天下的所有财富，即是所谓"尽有之"也。正是在面对满天下的财富、资源、广土众民时，帝舜才情不自禁地抒发出"普天之下，莫非王土；率土之滨，莫非王臣"的荡气豪情。《吕氏春秋》的作者把这句诗用在这里，安插在帝舜的头上不一定妥当，但我们把它当作《诗》的征引看待的话，其表达所有权的用意就很明确了。这表明，在战国时期，也存在从所有权角度理解"普天之下，莫非王土"的思想倾向。

在秦汉大一统之后，皇权的进一步强化，从所有权角度去理解"溥天之下，莫非王土"就更是顺理成章了。以下，我们征引不同时代人们对这句诗话的理解，以证明皇权对土地、财物的所占有观念极其深厚。

《东观汉记》载：

> 司部灾蝗，台召三府驱之。司空掾梁福曰："普天之下，莫非王土，不审使臣驱蝗何之？灾蝗当以德消，不闻驱逐。"时号福为直掾。

司空掾梁福，《后汉书》不载，也无他书可考。因为《东观汉记》的原书失传，所以，关于梁福奏谏之事是从《艺文类聚》中辑录而来，很多信息不明——如梁福的具体年代便不得而知。此事就只能被视为一般性地东汉轶事。司部即司隶校尉部，所辖为京畿之地，这个地方发生了蝗灾，朝廷极为重视，命"三府驱之"，司空掾梁福则提出异议。他认为，普天之下无不是皇家所有，天下所有的土地都是皇家的所有物，难道把蝗虫驱赶出司隶校尉部，它到了其他地方，就不是危害汉家的庄稼了吗？所以，他认为，蝗灾只能以德消，以德感化天地，以天地之力消除蝗灾，而不能靠驱赶的方式。我们且不论梁福以"德消"的说法是否荒唐，但是他提出的采用驱赶方式的理论论据——"普天之下，莫非王土"——天下无处不是皇家的土地，这似乎也正是所有权的意思。

《后汉书·宦者列传》载，灵帝时，中常侍吕强上疏陈事言："天下之财，莫不生于阴阳，归之陛下。"吕强这句话被后世文献反复转引。天下的财富都是陛下的，这可以看作"普天之下，莫非王土"的另一种表达方法。这一观念的形成，反映着汉代皇权所有制观念的强化。

《旧唐书》中载有唐高祖武德元年（618）万年县法曹孙伏伽的奏章。这时李渊刚刚拥有天下，便开始贪功享乐，频繁接受臣下敬献，并大肆挥霍赏赐。这样下去，帝王就很容易被小人所惑，不辨忠奸，危乱朝纲。于是，孙伏伽上书极谏：

　　　陛下勿以唐得天下之易，不知隋失之不难也。陛下贵为天子，富有天下，动则左史书之，言则右史书之。既为竹帛所拘，何可恣情不慎。凡有蒐狩，须顺四时，既代天理，安得非时妄动？陛下二十日龙飞，二十一日有献鹞雏者，此乃前朝之弊风，少年之事务，何忽今日行之！又闻相国参军事卢牟子献琵琶，长安县丞张安道献弓箭，频蒙赏劳。但"普天之下，莫非王土；率土之滨，莫非王臣"，陛下必有所欲，何求而不得？陛下所少者，岂此物哉！愿陛下察臣愚忠，则天下幸甚。

孙伏伽劝高祖不要沉溺于这些奇珍异玩，说您已经贵为天子，普天之下还有什么东西不是您的呢？只要陛下想得到的，无所不有，怎么能被臣下的这些敬献所迷惑呢？孙伏伽作为一个县法曹，一个地位极为低下，甚至算不上官而只是个吏的小人物，敢于上书直谏，而且所谏之事，问题尖锐，言辞犀利。但最后唐高祖还采纳了孙伏伽的意见并给予提拔，堪称唐代纳谏的一段佳话。所以，不仅《旧唐书》记载了此事，唐人笔记《大唐新语》中也有记载和收录。但这里我们所关心的依然是"普天之下，莫非王土"的引用问题。孙伏伽说服唐高祖拒绝谄媚之臣敬献之举的理由，不是说皇帝绝对不可有欲望，而是说天下之物本来就是你的，为什么要看重那些居心叵测的敬献呢？天下之物归皇权所有，被一个基层官吏用作论据，说明了它的不可置疑性，同时也说明它很可能已经是一个极为普世化的观念。

宋代理学大家朱熹对"普天之下，莫非王土"的征引，更有意味：

举程子说云："'性中只有个仁义礼智，何尝有孝弟来！'说得甚险。自未知者观之，其说亦异矣。然百行各有所属，孝弟是属于仁者也。"因问仁包四者之义。曰："仁是个生底意思，如四时之有春。彼其长于夏，遂于秋，成于冬，虽各具气候，然春生之气皆通贯于其中。仁便有个动而善之意。如动而有礼，凡其辞逊皆礼也；然动而礼之善者，则仁也。曰义，曰智，莫不皆然。又如慈爱、恭敬、果毅、知觉之属，则又四者之小界分也。譬如'普天之下，莫非王土'，固也。然王畿之内是王者所居，大而诸路，王畿之所辖也；小而州县市镇，又诸路之所辖也。若王者而居州镇，亦是王土，然非其所居矣。"
又云："智亦可以包四者，知之在先故也。"

朱熹在回答弟子关于仁义礼智诸概念与"孝弟"的关系问题时，也用"普天之下，莫非王土"来做喻。在朱熹的观念里，仁在与义、礼、智的关系，以及进一步与孝弟、慈爱、恭敬、果毅、知觉等关系中，是个基础性的概念，其他诸概念都是由"仁"衍生出来的，都贯穿着"仁"之涵义。而"普天之下，莫非王土"又为什么会与之相关，并且被用来做比喻呢？朱熹说，像天下之土，有王者所居之地，也有诸路、州县市镇所辖之地，而为什么说"普天之下，莫非王土"呢？这里的"王土"其实就是"个生底意思"，王土是基础，王土与诸路、州县、市镇的关系，就同仁与其他诸伦理观念的关系一样，诸路、州县、市镇的土地，是在"王土"基础上的管辖之地，天下所有诸路、州县、市镇所辖土地，归根到底都归皇权所有。本来伦理概念之间的关系与王土与诸路州县辖地的关系是两类性质完全不同的问题，但是朱熹却将二者类比在一起，并且是用后者来说明前者。这可以用来间接证明，在朱熹的时代，王土与诸路州县辖地的关系是最为普及、最好理解的。而这正证明"普天之下，莫非王土"的观念是人人都可以明白，并且不存在任何疑义的观念。

我们再来看一个明代的例子。《明史》列传第七十三《李敏传》载有户部尚书李敏关于革除皇庄的一道奏章：

今畿辅皇庄五，为地万二千八百余顷；勋戚、中官庄三百三十有二，为地三万三千一百余顷。官校招无赖为庄头，豪夺畜产，戕杀人，污妇女，民心痛伤。灾异所由生。皇庄始正统间，诸王未封，相闲地立庄。王之藩，地仍归官，其后乃沿袭。普天之下，莫非王土，何必皇庄。请尽革庄户，赋民耕。亩概征银三分，充各宫用度。无皇庄之名，而有足用之

效。至权要庄田，亦请择佃户领之，有司收其课，听诸家领
取。悦民心，感和气，无切于此。

李敏上书言明皇庄的危害，建议将皇庄裁撤，交给百姓去种田，并
用来收租以补充皇室的需要。李敏的奏章虽然表面上是在说明皇
庄管理的乱象和危害，但皇庄为什么可以革除，他所阐述的基本逻
辑，却仍然是"普天之下，莫非王土"这个终极性的理由。既然天
下所有的土地都是皇土，再要设置皇庄还有什么必要呢？而且由此
还会造成逻辑上的混乱。

综上可知，"溥天之下，莫非王土"，说的不仅仅是一个土地问
题，它象征着所有天下财富都归皇帝一人所有，皇帝对天下财富具
有任意支配的权力。元代胡震的《周易衍义》中，关于卦十四《大
有》卦辞及象传的相关传文有一段释义：

> 九三，公用亨于天子，小人弗克。象曰："公用亨于天子，
> 小人害也。"
>
> 君子公其有，则能亨通于君；小人私其有，则不能亨通
> 于君。九三，居下体之上，公侯之象，其德刚正，故其尊君
> 亲上，忠诚贯通，所谓亨于天子者。盖曰：普天之下，莫非王
> 土，吾不敢有其土也；率土之滨，莫非王臣，吾不敢有其臣
> 也。蕃育黎庶，所以安吾君之民；作成人材，所以待吾君之用；
> 丰厚货财，所以待吾君之需；训练兵卒，所以扬吾君之威。举
> 其所有，无一不通乎君，曾无私己之心焉。

胡震强调"举其所有，无一不通乎君"的思想。安抚黎民百姓，是
为了安定社会，巩固天子的统治；培育人才，是为培养辅政之臣；
发展经济，是为了满足君主的需要；训练兵卒，是为了显扬君主的
权威。在帝制时代，一切都是为着皇权而准备的，天下都是皇帝一

人的私产。明代丘濬的《大学衍义补》中，针对宪宗接受臣下敬献问题发表议论说："普天之下，莫非王土。凡土所生之物，何者而非天子之物乎？有之，固不足以为夸；无之，亦不足以为歉。"这已经很清楚地说明，天下都属于天子所有。

　　以上我们从汉、唐、宋、明不同时期的几个例证，来说明帝制时代的基本生产资料土地都归皇家所有，在这一点上，可以说是从朝廷到民间都是具有广泛意义的社会共识。而当这种观念成为一种社会性地共识之后，就必然会造成客观上的事实的出现。于是，"溥天之下，莫非王土"的观念，就成了皇权对天下财富具有绝对所有权的基本依据。这一点，已经在社会生活中关于具体的财产处置上，实实在在地起了作用。如《宋史·忠义传》写道：

　　　　牟少与谢枋得游，会枋得起兵安仁，首拔入幕。执安仁令李景，景，牟里人也。景请得以家赀二万赎罪，牟曰："普天之下，莫非王土。家财独非朝廷钱耶？"声其罪斩之。

陈牟是南宋度宗咸淳元年（1265）的进士，肯定不是一个不懂道理和强词夺理的人，但他所说的话却是有些不同常理。李景犯事被抓，情愿以家资赎罪，按常理而言，官府有权不接受其赎罪的方式，但却不能不承认人家自身财产的合法性，怎么能用"普天之下，莫非王土"这样一种一般性的观念，就否定了人家个人家产的自有性质？并且在这段记载中，陈牟的说法却没有受到任何质疑。如果说当事人是迫于官府的威势而无力反抗，那么作为《宋史》的编纂者为什么也没有对这样的事情提出异议呢？如果陈牟的说法成立，那这似乎反映了皇帝对天下财富的实际占有权。

　　在宋代周密的《齐东野语》中也有类似的例子：

　　　　杨驸马赐第清湖，巨珰董宋臣领营建之事，遂拓四旁民

> 居以广之。其间最逼近者，莫如太学生方大猷之居。珰意其必
> 雄据，未易与语。一日，具礼物往访之。方延入坐，珰未敢有
> 请，方遽云："今日内辖相访，得非以小屋近墙欲得之否？"珰
> 愕不复对，方徐曰："内辖意谓某太学生，必将梗化，所以先
> 蒙见及，某便当首献作倡。"就案即书契与之。珰以成契奏知，
> 穆陵大喜，视其直数倍酬之。方作表谢，有云："普天之下，莫
> 非王土；一毫以上，悉出君恩。"自此擢第登朝，皆由此径而
> 梯焉。

杨驸马扩建府第的时候涉及太学生方大猷的民宅，负责的人本来还
在为如何劝说方大猷搬迁而犯难，但是没想到方大猷主动将宅地献
了出来。杨驸马为感谢方大猷愿给予其数倍的报酬，但是方大猷则
上表答谢说这是他自己应该做的。因为"普天之下，莫非王土"，
自己府上的所有东西，也都是来自皇恩，本来就应该归皇家所有，
自然就谈不上加倍赔偿。当然，自此之后方大猷打开了仕途，擢第
登朝。诚然，方大猷献宅之事固有投机的嫌疑，但是不管出于何等
动机，方大猷拿出的理由总应该是正当的。这一事例说明"普天之
下，莫非王土"这一观念的现实性意义。宋孝宗时，陈亮上书中
说的"兵皆天子之兵，财皆天子之财，官皆天子之官，民皆天子之
民"，看来不是观念性的虚言，而是确定不移的事实。

二　经济制度与经济法令皆出于皇帝之口

从社会历史的发展进程中我们可以发现，经济发展的内在逻辑
是最不受个人意志控制的力量。用马克思主义理论来解释的话，就
是社会经济的发展是一种自然的历史过程，非人力所能为，经济领
域是最不受人力控制的历史场域。但是在中国的帝制时代，经济的
发展并不排斥政治权力的干预。不管结果是好是坏，皇权总是要对

经济生活发号施令。因而我们可以看到历史上不少经济政策的制定或推行，并不是皇权政府对经济发展趋势进行缜密研究的结果，而往往取决于皇帝本人的意志或好恶，有些政策甚至与皇帝本人在特定场合的情绪相关联。

帝制时代的经济政策大多数情况下是由大臣提出问题，群臣廷议，并由皇帝择善而从，最终形成诏令、敕文，定为制。在这个过程中无论如何集思广益，最后都必须是皇帝一人拍板做决定。这是专制时代一切制度、法令形成的必然逻辑。虽然廷议——群臣商议的过程会在一定程度上避免随意性，但是如果皇帝已经形成了自己的看法，并由皇帝自己提出问题，然后再交付群臣讨论，那么廷议就仅仅沦为形式了，不违圣命是那个时代的政治法则。西汉经济史上影响甚巨的杨可告缗，即是皇帝带有情绪化的经济决策。

杨可告缗的全部背景材料都可以从《史记·平准书》中看到。最初的起因当然是国家财政的需要，并不是汉武帝一时的兴致所为，但是，难道因为国家财政匮乏、战事急需就可以违背经济规律而为所欲为吗？任何客观上的因素，都不应该成为专制权力为所欲为的辩护词。接下来让我们通过杨可告缗一起来看一下帝制时代经济生活中，专制权力因素是如何改变经济运行方向并因此造成社会危害的。

《史记·平准书》中在写杨可告缗之前，反复交代了汉代国家对工商业者的剥夺已经在所难免，告缗旨在解决当时应对战争需要的财政危机。汉武帝从公元前 133 年开始至公元前 119 年，先后十余次出征匈奴，特别是公元前 127 年、前 121 年、前 119 年的三大战役，动辄十几万、几十万大军，各种军费开支使得国库府藏基本消耗殆尽。《平准书》对此的记载可谓连篇累牍：

> 又兴十万余人筑卫朔方，转漕甚辽远，自山东咸被其劳，费数十百巨万，府库益虚。

　　遣大将将六将军，军十余万，击右贤王，获首虏万五千级。明年大将军将六将军仍再出击胡，得首虏万九千级。捕斩首虏之士受赐黄金二十余万斤，虏数万人皆得厚赏，衣食仰给县官；而汉军之士马死者十余万，兵甲之财转漕之费不与焉。于是大农陈藏钱经耗，赋税既竭，犹不足以奉战士。

　　其明年，大将军、骠骑大出击胡，得首虏八九万级，赏赐五十万金，汉军马死者十余万匹，转漕车甲之费不与焉。是时财匮，战士颇不得禄矣。

这期间又夹杂严重的天灾水患：一是黄河在东郡连续决口，治河与灾民安置成了一个大问题；二是渭河流域展开大规模开挖漕渠工程；三是山东地区发生了严重水灾，灾民安置问题耗费甚巨。这些问题都加剧了政府的财政危机。《史记·平准书》记曰：

　　初，先是往十余岁河决观，梁楚之地固已数困，而缘河之郡堤塞河，辄决坏，费不可胜计。其后番系欲省底柱之漕，穿汾、河渠以为溉田，作者数万人；郑当时为渭漕渠回远，凿直渠自长安至华阴，作者数万人；朔方亦穿渠，作者数万人；各历二三期，功未就，费亦各巨万十数。

　　山东被水灾，民多饥乏，于是天子遣使者虚郡国仓廥以振贫民。犹不足，又募豪富人相贷假。尚不能相救，乃徙贫民于关以西，及充朔方以南新秦中，七十余万口，衣食皆仰给县官。数岁，假予产业，使者分部护之，冠盖相望。其费以亿计，不可胜数。

战争、天灾和兴修水利，这些工程的确把政府财政推到了崩溃的边缘。国库已然亏空，但有钱的富商大贾"或财累万金，而不佐国家之急"。面对这样的财政危机，汉武帝按照正常的政务机制，主持了两次廷议，采取了相应的对策。一次是"天子与公卿议，更钱造币以赡用，而摧浮淫并兼之徒"，但这次更钱造币的结果并不理想，于是有了第二次的方案对策，这就是提出了算缗和告缗的方案。《史记·平准书》载曰：

　　商贾以币之变，多积货逐利。于是公卿言："郡国颇被菑害，贫民无产业者，募徙广饶之地。陛下损膳省用，出禁钱以振元元，宽贷赋，而民不齐出于南亩，商贾滋众。贫者畜积无有，皆仰县官。异时算轺车贾人缗钱皆有差，请算如故。诸贾人末作贳贷卖买，居邑稽诸物，及商以取利者，虽无市籍，各以其物自占，率缗钱二千而一算。诸作有租及铸，率缗钱四千一算。非吏比者三老、北边骑士，轺车以一算，商贾人轺车二算；船五丈以上一算。匿不自占，占不悉，戍边一岁，没入缗钱。有能告者，以其半畀之。贾人有市籍者，及其家属，皆无得籍名田，以便农。敢犯令，没入田僮。"

　　这一经济政策是直接冲着工商业阶层来的，加重了对全部工商业者的国家税赋，并提出对隐匿财产而不如实申报者严厉的制裁措施，特别是鼓励对隐匿财产者的告发行为。当然除了制定这样严酷的经济立法之外，汉武帝还采取了一些正面的引导措施，比如说表彰在国家危难之时挺身而出的卜式，给富商大贾树立正面典型。

　　卜式是河南人，以田畜为业，主动提出"愿输家之半县官助边"，但被丞相公孙弘怀疑其有不良动机而置之不理。后来，卜式在国家最困难之时，又出钱二十万，捐赠地方政府，上了河南郡守编制的"富人助贫人者"名籍，被武帝发现。于是汉武帝即刻抓住这个典型传示天下：

　　天子乃思卜式之言，召拜式为中郎，爵左庶长，赐田十

> 顷，布告天下，使明知之。是时富豪皆争匿财，唯式尤欲输之
> 助费。天子于是以式终长者，故尊显以风百姓。

汉武帝希望天下富商大贾都能像卜式这样在国家危难之时及时捐献财富，帮助国家渡过难关。但是这一切措施看起来都没有奏效，这给了汉武帝很大的刺激，于是，武帝就决定把前次所制定的政策中的"告缗"拿出来，强行推广。

> 天子既下缗钱令而尊卜式，百姓终莫分财佐县官，于是告
> 缗钱纵矣。

公元前 114 年十一月，"令民告缗者以其半与之"。《史记·平准书》所言的"于是告缗钱纵矣"的时间是公元前 117 年，是在算缗令及武帝尊崇卜式布告天下之后两年。由此可以推测的是，此次推行告缗的原因，是汉武帝有感于几次行动不达目的才做出的升级举措。《史记·平准书》记载此次告缗令的推行，已没有了前次制定政策时的"天子与公卿议""公卿言"等文字表述，以表明这次是汉武帝皇权意志的直接决断。这是汉武帝个人意志、专断权力的一次展现。其后三年，政府再次强调推行告缗令，突出"告缗者以其半与之"的奖励告缗政策。《汉书·武帝纪》对公元前 117 年的算缗告缗令并没有记载，但是却单单列入了此次"告缗者以其半与之"的重大举措，这既反映了汉武帝推行此事的决心，也反映了这是汉武帝本人的最高决策。

这一次推行告缗令能够实施并展开的原因与其手段严酷、恐怖有关。虽然这次的事件名为杨可告缗，但杨可此人，史载不详，所明确者是汉武帝把对藏匿财产者的处罚交给了酷吏杜周。杨可领告缗，杜周管治狱。那么杜周是何许人也？《汉书·杜周传》载：

周少言重迟，而内深次骨……其治大抵放张汤，而善候司。上所欲挤者，因而陷之；上所欲释，久系待问而微见其冤状……至周为廷尉，诏狱亦益多矣。二千石系者新故相因，不减百余人。郡吏大府举之廷尉，一岁至千余章。章大者连逮证案数百，小者数十人；远者数千里，近者数百里。会狱，吏因责如章告劾，不服，以掠笞定之。

按照班固的描述，杜周此人天性似乎并不聪敏，但对官场的规则条例却烂熟于心，善于看天子脸色而决狱。天子要排挤的人，就构陷罪名而治之；天子不欲治罪的人，就拖延判决，慢慢找出其"冤情"而释之。在他任廷尉期间，诏狱人满为患，仅是逮捕二千石级别的高官就不下百余人。各地郡国，丞相、御史之府，有大案都转送廷尉杜周处理，一年之间多者达上千件。这些案件，大者涉及数百人，小者也牵涉数十人。不管什么案件，只要进了诏狱，不服者重刑伺候，最后无不定罪结案。而这一次，汉武帝就是要利用杜周治狱之血腥去实现其目的。杜周也确实不负所望，《史记·平准书》关于这次推行告缗令中杜周的表现，用了八个字来描述："杜周治之，狱少反者。"凡是因告缗而入狱者，不管你是否是被诬告，少有能活着出来的，都定成了铁案。

那么，这次告缗最后取得了什么样的社会效果呢?《史记·平准书》说：

杨可告缗遍天下，中家以上大抵皆遇告。杜周治之，狱少反者。乃分遣御史廷尉正监分曹往，即治郡国缗钱，得民财物以亿计，奴婢以千万数，田大县数百顷，小县百余顷，宅亦如之。于是商贾中家以上大率破，民偷甘食好衣，不事畜藏之产业，而县官有盐铁缗钱之故，用益饶矣。

汉武帝的目的达到了，通过这次的算缗告缗政策，朝廷"得民财物以亿计"，"有盐铁缗钱之故，用益饶矣"。国库虽然充盈了，但却是通过对工商业者的剥削压榨而来实现的，这种做法对社会经济的发展造成了巨大的破坏。这也说明了由皇权专断做出的野蛮决策，不可能带来好的社会效果。著名汉史专家安作璋先生在《汉武帝大传》中评论此次事件的时候，就曾提到告缗也给社会经济留下了严重后果这个观点。安先生认为，其一，告缗使中等以上的商人和手工业主大都破产，不仅商业贸易、手工业制造败落，而且纳税大户也大大减少了。其二，告缗"搞得人心惶惶，不敢再置办产业，有了钱就挥霍掉，史称'民偷甘食好衣，不事畜藏之业'，并一度出现'商者少，物贵'的现象，迟滞了商品经济的发展"。

也有学者从中国历史发展的整体性过程出发，评价汉武帝行算缗告缗令的严重危害：这场斗争对中国历史的发展起了十分反动的作用。商品经济遭到了空前的浩劫，几乎所有的主要商品经济部门均被收归官营。这不仅极大地提高了各级封建统治机构的自给自足程度，也大大地削弱了整个社会的经济联系。它还产生了极其深远的影响。自此之后，获得土地成了工商业者的唯一出路，他们也就成了地主阶级的一员，所谓独立工商业者已不再是一个不可忽视的阶级了。而整个工商业也就被纳入为农牧业、为自给自足、为兼并土地服务的轨道。各种自给自足的成分在告缗令施行后获得良好的条件，自然迅速地成长起来，以至于到了东汉，货币经济基本上为实物经济所取代，自然经济实现了全面的复辟。这位学者还认为，商品经济的高度繁荣、工商业者的经济实力和政治力量的日益发展，是当时形势总的特点，这种局面与15世纪前后的西欧和倒幕前的日本的形势颇有相似之处。而汉武帝的算缗告缗则最终打断了中国帝制时代商品经济的发展进程，最终葬送了这个商品经济蓬勃发展的时代，对中国后世经济的发展产生了无可估量的影响。

在以往的研究中，人们总是站在所谓国家的立场上为其辩护，好像汉武帝算缗告缗也是不得已而为之，是对商人唯利是图、不佐国家之急的极端自私行为的应该的惩罚。但是从另一个角度来说，回答可能会不一样——论专制权力对经济的控制、影响极其蛮横干预，汉武帝的算缗告缗令算是一个典型的案例了。

汉武帝最初的算缗令行不通是有其政策本身的原因的。第一，此次算缗不是仅仅对工商业者的商业行为征税，而是算及不进入流通领域的财产。这已经超出了人们的认知范围，是一种赤裸裸的掠夺，人们一时难以接受。第二，算及无市籍者，波及面太大，也不符合传统的抑商政策，人们不好接受。第三，是禁止有市籍的商人及其子女拥有土地和仆人，违者罚没其财产。第四，隐匿财产而逃避税收是人的本性使然，可以适度处罚或合理引导，而完全没收财产则过于严苛而不得人心。第五，也是最重要的一点，在征收方式方法上存在缺陷，并非完全是商人自己的问题。此次征收算缗钱，其性质大抵属于财产税的范畴，从经济学的道理出发，应该属于地方税，但是政府则将之作为国家税来征收，导致地方政府积极性不高，从客观上为纳税人的逃税避税留下通道，也使其逃税避税的侥幸心理得到激励。综上所述，在这些因素的影响下，决定了算缗告缗令的最初执行是不可能顺利或成功的。但拥有无上权力的专制独裁者是不会去分析自身问题的，他所考虑的只是自己权力的神圣性，只是权力的威严。所以，伴随着专制皇权的肆虐，问题也必然地产生了。在算缗告缗令的决策与实行过程中，专制皇权在这其中的影响，甚至是危害，可以被看作帝制时代经济专制主义的一个典型案例。

北宋时期方田均税法的几次兴废，也是一个专制皇权支配经济政策的绝好例证。

宋代赋税制度沿袭唐代的两税法，而两税法正常运行的前提是核实田产数额。但是，拥有大量田产的富豪之家却总是隐瞒田产，逃避赋税，以致国家土地税收大量流失。方田均税法就是针对这个税赋不均与税赋流失而推出的一项土地税收政策。根据《续资治通鉴长编》的记载，方田均税法起源于仁宗时期大理寺丞郭谘发明的"千步方田法"。该书写道：

> （景祐年）初，洺州肥乡县田赋不平，久莫能治，转运使杨偕患之。大理寺丞郭谘曰："是无难者，得一往可立决也。"偕即以谘摄令，并遣秘书丞孙琳与共事。谘等用千步方田法，四出量括得其数，除无地之租者四百家，正无租之地者百家，收逋赋八十万，流民乃复。及王素为谏官，建均天下田赋，欧阳修即言谘与琳方田法简而易行，愿召二人者三司，亦以为然，且请于亳、寿、汝、蔡四州，择尤不均者均之。于是遣谘与琳先往蔡州，首括上蔡一县，得田二万六千九百三十余顷，均其赋于民。既而谘言，州县多逃田，未可尽括，朝廷亦重劳人，遂罢。

在这段史料中我们可以看到，郭谘和孙琳推行的千步方田法是切实可行的，所以谏官王素才建议把它推广到全国各地。欧阳修建议拥有实际经验的郭谘与孙琳参与推广事宜，建议由此二人会同三司，在亳、寿、汝、蔡四州试行。欧阳修为此事专门上了《论方田均税札子》，写道：

> 臣窃见近有臣寮上言均天下税赋，已送三司商量施行。臣尝闻自前诸处亦曾有均税者，多是不知均定之术，或严行刑法，或引惹词讼，或奸民欺隐，或官吏诛求，税未及均，民已大扰。臣前任通判滑州日，有秘书丞孙琳与臣同官。其人言先差往洺州肥乡县与郭谘均税，并立千步方田法，括定民田，并无欺隐，亦不行刑罚，民又绝无词讼。其时均定税后，逃户归业者五百余家，复得税数不少，公私皆利，简当易行。其千步

均田法，自有制度二十余条。臣在滑州时，因闻此事，遂略行
体问邻近州军，大率税赋失陷一半，方欲陈述，乞行琳等均田
之法。今来已有臣寮上言均税事，窃虑未得千步方田简当之
法。其孙琳见任滑州职官，郭谘为崇仪副使在外，欲乞召此二
人，送三司令一处商量。

欧阳修听到孙琳关于他与郭谘早年在洺州肥乡县推行千步方田
法的情况说明之后，认为效果确实很好，"公私皆利，简当易行"，
并且有制度性的规定二十余条，有切实可行的措施可以推广。《续
资治通鉴长编》中的材料也说明，在谏官王素建议"均天下田赋"，
欧阳修也建议由有实际经验的郭谘和孙琳会同三司一起参与推广千
步方田法的情况下，朝廷也确实考虑了把千步方田法推行全国的问
题，并选定了在亳、寿、汝、蔡四州试行。

但是，当郭谘他们在蔡州的推行初有收获并遇到困难的时候，
朝廷则选择了"遂罢"，最终搁置了千步方田法的推行。一个原本
可以收到良好效果的土地税收方案，由于不能得到皇权的强力支持
而最终废止。这也从侧面证明了皇权在经济生活中起着最终的决定
性作用。

而反面的例子也证明了这一点——欧阳修上"方田均税札"是
公元1043年，将近30年后的公元1072年，宋神宗任用王安石推
行新法，其方田均税法便是新法的基本内容之一。《宋史·食货志》
载其事曰：

神宗患田赋不均，熙宁五年，重修定方田法，诏司农
以《方田均税条约并式》颁之天下。以东西南北各千步，当
四十一顷六十六亩一百六十步，为一方；岁以九月，县委令、
佐分地计量，随陂原平泽而定其地，因赤淤黑垆而辨其色；方
量毕，以地及色参定肥瘠而分五等，以定税则；至明年三月毕，

揭以示民，一季无讼，即书户帖，连庄帐付之，以为地符。

均税之法，县各以其租额税数为限，旧尝收耗奇零，如米不及十合而收为升，绢不满十分而收为寸之类，今不得用其数均摊增展，致溢旧额，凡越额增数皆禁。若瘠卤不毛，及众所食利山林、陂塘、沟路、坟墓，皆不立税。

凡田方之角，立土为埻，植其野之所宜木以封表之。有方帐，有庄帐，有甲帖，有户帖，其分烟析产、典卖割移，官给契，县置簿，皆以今所方之田为正。令既具，乃以济州巨野尉王曼为指教官，先自京东路行之，诸路仿焉。

从仁宗到神宗，虽然经济形势没有发生任何实质性的变化，但人变了，仁宗换成了神宗。神宗要变法，再加之本次设计的方田均税方案合情合理、方便易行、公正透明，于是方田均税法便顺利推开，力行十余年而产生了良好的效果。

但很快，皇帝又变了。公元1085年三月，神宗驾崩，哲宗赵煦即皇帝位。同年冬十月，"丙戌，罢方田"。本来哲宗年少，是无力做出这样重大决策的，但此时是太皇太后摄政，"权同处分军国事"，掌握实际上的皇权。于是，太皇太后就从她的政治立场出发，在神宗尸骨未寒之时，断然改变国家重大经济政策，罢黜神宗推行的方田均税法。

同样的事情在哲宗死后三年多又再一次发生。徽宗赵佶即位后，对于方田均税法的政治态度又发生了翻转。公元1104年秋，"辛卯，行方田法"，方田均税法又被再度推行。

在几十年的时间里，国内经济形势没有变化，而其财政税收政策——方田均税法却几经兴废，究其原因，显而易见的是皇权这个绝对权力在起着决定性的作用。谁当皇帝谁说了算，无所谓道理可言。在经济领域里专制权力的作用，再次得到确证。在上述汉、宋两个例证中，皇权的随意性和绝对性对具体经济政策的制定，都起到了决定性的作用。帝制时代一切基本的经济制度，都具有皇权专制的特点。不管这种制度经历了多少人的建言或讨论，不经过皇帝本人的最后拍板，都是不可能形成的。哪怕是因为某些特殊的原因，皇帝极不情愿地服从了群臣的意愿，而在形成结果的时候，也必须是在形式上得到了皇帝的肯定。君主专制最大最显著的特点，就是不允许有超越皇权的权力或力量，不管是少数人还是多数人。

三　滥施赏赐，经济领域皇权专制的重要论据

在帝制时代，皇帝把天下财物都视为自己的囊中之物，肆意赏赐给自己喜欢的臣子。这是皇权把天下财富看作己物而专断支配的有力证据。诚然，在"朕即国家"的时代，国家赏赐和皇帝个人的私情赏赐在某些时候的确不好区分，但我们还是可以从中找出一些不同之处的。国家赏赐是从国家利益出发，给予对国家、民族做出重大贡献的人员的奖赏，这种奖赏虽然也是由皇帝赐予的形式颁发的，但其性质是赏予有功之臣，其程序和性质是正当的；而皇帝个人的私情赏赐，则是完全凭皇帝本人的喜好来定夺。即慎到批评的"君人者，舍法而以身治，则诛赏予夺，从君心出矣"。"从君心出"是判断是否滥施赏赐的基本标准。

在整个帝制时代，皇权专断、肆意赏赐的问题都非常突出。我们以汉代为例，来分析这一问题。汉初最典型的滥施赏赐的例子，莫属汉文帝对嬖幸邓通的赏赐，而邓通受汉文帝宠幸的理由非常荒唐。有一天汉文帝夜里做梦，梦到一个人能推着他上天，第二天就按照梦中那个人的相貌寻找推他上天的人，结果就找到了邓通。汉文帝仅仅因私情喜欢邓通，就"赏赐通巨万以十数，官至上大夫"，"赐通蜀严道铜山，得自铸钱。邓氏钱布天下，甚富如此"。

像汉文帝对邓通这样荒唐的私情赏赐，汉武帝时期也有发生。《汉书·佞幸传》说，汉武帝对韩嫣"赏赐拟邓通"。再一个皇帝

之嬖幸的典型是汉哀帝时期的董贤。《汉书·佞幸传》载："诏将作大匠为贤起大第北阙下，重殿洞门，木土之功穷极技巧，柱栏衣以绨锦。下至贤家僮仆皆受上赐，及武库禁兵，上方珍宝。其选物上第，尽在董氏，而乘舆所服乃其副也。及至东园秘器，珠襦玉柙，豫以赐贤，无不备具。"董贤死后抄其家，"县官斥卖董氏财凡四十三万万"。由此可见，皇帝对天下财富的私情挥霍、随意支配达到了多么令人吃惊的程度。

除了对嬖幸的赏赐，皇帝对一般所看重的大臣也滥赐无度，仅举几例：

> 《汉书·张禹传》载，汉元帝对宰相张禹，"数加赏赐，前后数千万"。
>
> 《汉书·杜延年传》载，杜延年"居九卿位十余年，赏赐赂遗，资数千万"。
>
> 《后汉书·郭皇后传》载，光武帝郭皇后之弟郭况，"帝数幸其第，会公卿诸侯，亲家饮燕，赏赐金钱缣帛，丰盛莫比，京师号况家为'金穴'"。
>
> 《后汉书·窦融列传》载，窦融之侄窦固，"久历大位，甚见尊贵，赏赐租禄，赀累巨亿"。
>
> 《后汉书·光武十王列传》载，明帝章帝时期，东平宪王刘苍多次接受赏赐，数目惊人。计有永平五年，"加赐钱五千万，布十万匹"；永平六年，"特赐宫人奴婢五百人，布二十五万匹，及珍宝服御器物"；永平十五年，"赐苍钱千五百万，布四万匹"；建元元年，"特赐王钱五百万"；建元七年正月，"特赐装钱千五百万"；同年三月，"复赐乘舆服御，珍宝舆马，钱布以亿计"。

皇帝完全凭着自己的喜好来赏赐，而这些赏赐大都出自国库，在西汉，名义上皇室的开支有自己的独立财务，管理皇室财务的机构叫"少府"。《汉书·百官公卿表》说："少府，秦官，掌山海池泽之税，以给供养。"也就是说，天下之山海池泽之税，是供给皇室开支的。管理国家财政的经济部门叫大司农，《后汉书·百官志》曰："掌诸钱谷金帛诸货币，郡国四时上月旦见钱谷薄，其逋未毕，各具别之。边郡诸官请调度者，皆为报给，损多益寡，取相给足。"虽然皇权对天下财富的垄断性通过山海池泽之税已经暴露无遗，但是，如果确能保持少府、大司农开支的明确划分，并且把皇帝的私情赏赐划定在少府支出的范围，确如《汉书·毋将隆传》所说："大司农钱自乘舆不以给供养，供养劳赐，壹出少府。盖不以本藏给末用，不以民力共浮费。"抑或确如颜师古注《急就篇》所云："司农领天下钱谷，以供国之常用，少府管池泽之税及关市之资，以供天子。"那么这种私情赏赐多少也还算管理有序，至少赏赐有名。但事实上却是，皇帝实际上对用于赏赐的钱与物的支配是不受少府财务限制的，赏赐即使出于国库之大司农，也极为正常。《史记·平准书》中，汉武帝时期就频见关于赏赐取之国库大司农的记载：

> 元朔六年大将军将六将军仍再出击胡，得首虏万九千级。捕斩首虏之士受赐黄金二十余万斤，虏数万人皆得厚赏，衣食仰给县官。而汉军之士马死者十余万，兵甲之财转漕之费不与焉。于是大农陈藏钱经耗，赋税既竭，犹不足以奉战士。
>
> 元狩四年大将军、骠骑大出击胡，得首虏八九万级，赏赐五十万金，汉军马死者十余万匹，转漕车甲之费不与焉。是时财匮，战士颇不得禄矣。
>
> 元封元年天子北至朔方，东到太山，巡海上，并北边以归。所过赏赐，用帛百余万匹，钱金以巨万计，皆取足大农。

这些对军功的赏赐，都是皇帝支配大司农收入的证据。虽然这些军功赏赐不是皇帝的私情赏赐，但毕竟这为赏赐的经费来源开辟了道路。事实上，我们并不能找到因赏赐性质不同而在经费来源上有所区分的有关规定。只要皇帝需要，少府也好，大司农也好，无论哪个库里的钱物，都不能限制皇帝的需求。

宣帝即位后，对霍光的赏赐，也很难说没有动用国库的帑藏。史载：

> 诏曰："夫褒有德，赏元功，古今通谊也。大司马大将军光宿卫忠正，宣德明恩，守节秉谊，以安宗庙。其以河北、东武阳益封光万七千户。"与故所食凡二万户。赏赐前后黄金七千斤，钱六千万，杂缯三万匹，奴婢百七十人，马二千匹，甲第一区。

此次赏赐有封户、金钱、布帛、奴婢、马匹、宅院府第等，各类名物混杂在一起，是不可能都出自少府的。而汉哀帝对董贤甚至还赏赐以兵甲之器，这些兵器属于国家武备，更是不可能出自少府。关于汉哀帝对董贤的赏赐，在当时也遭到一些大臣的抵制，毋将隆上书谏言曰：

> 时侍中董贤方贵，上使中黄门发武库兵，前后十辈，送董贤及上乳母王阿舍。隆奏言："武库兵器，天下公用，国家武备，缮治造作，皆度大司农钱。大司农钱自乘舆不以给共养，共养劳赐，一出少府。盖不以本藏给末用，不以民力共浮费，别公私，示正路也。古者诸侯方伯得颛征伐，乃赐斧钺。汉家边吏，职在距寇，亦赐武库兵，皆任其事然后蒙之。《春秋》之谊，家不藏甲，所以抑臣威，损私力也。今贤等便僻弄臣，私恩微妾，而以天下公用给其私门，契国威器共其家备。民力

分于弄臣，武兵设于微妾，建立非宜，以广骄僭，非所以示四
方也……臣请收还武库。"上不说。

毋将隆的这段话，是引用汉家制度"共养劳赐，一出少府"来说服
汉哀帝，收回对董贤的赏赐。但既是制度，哀帝岂能不知？既然知
道却还置之不顾，这本身就说明了所谓制度，在皇帝的专断性权力
面前，不过是一纸废文而已。什么"共养老赐"要出自少府，难道
大司农所管的钱物就不是朕的囊中之物？就不是皇土之上的物产所
出？专制制度给予哀帝充分的自信。所以，对于毋将隆的谏言，哀
帝很是不快，是否收回对董贤的兵甲赏赐史无明载，但此事起码反
映了皇帝赏赐并不受限制的事实。

正是由于皇帝的私情滥赐，过度空耗了国库，并由此造成了
财政危机，所以，也就不断有正直的士大夫官吏向皇帝提出这个问
题。前后汉史书中都有这方面的记载，如：

《汉书·鲍宣传》：侍中驸马都尉董贤本无葭莩之亲，但以
令色谀言自进，赏赐亡度，竭尽府臧，并合三第尚以为小，复
坏暴室。贤父子坐使天子使者将作治第，行夜吏卒皆得赏赐。
上冢有会，辄太官为供。海内贡献当养一君，今反尽之贤家，
岂天意与民意邪！

《汉书·谷永传》：建始、河平之际，许、班之贵，顷动前
朝，熏灼四方，赏赐无量，空虚内臧，女宠至极，不可上矣。

《后汉书·何敞传》：时（章帝驾崩时）窦氏专政，外戚奢
侈，赏赐过制，仓帑为虚。敞奏记（宋）由曰："……国恩覆
载，赏赉过度，但闻腊赐，自郎官以上，公卿王侯以下，至于
空竭帑藏，损耗国资。寻公家之用，皆百姓之力。明君赐赉，
宜有节制，忠臣受赏，亦应有度。"

《后汉书·翟酺传》：今自初政已来，日月未久，费用赏赐

> 已不可算。敛天下之财，积无功之家，帑藏单尽，民物凋伤，卒有不虞，复当重赋百姓，怨叛既生，危乱可待也。

这些谏言很直观地说明，因为皇帝的滥施赏赐，国库和国家财政的压力已经达到不堪承受的程度。同时，这也从侧面证明了本文的一个论题——在帝制时代，皇帝对天下财物的绝对支配权力。

皇帝能够尽情地私情赏赐的理论根据，其实还是"普天之下，莫非王土"的观念，皇帝本人是天下财富的最终所有者，具有天然的支配权力，而且这个权力并不是谁赋予皇帝的，在皇帝眼中这是天经地义的道理。就好比人们都熟悉刘邦在为他父亲祝寿的宴会上那段豪迈的言辞："始大人常以臣亡赖，不能治产业，不如仲力。今某之业所就孰与仲多？"在刘邦的头脑里，自从他坐了天下，整个天下就理所当然地属于他的个人产业，这是一个不容置疑的天经地义的道理。正是因为如此，汉文帝把整座铜山赐予邓通，也不曾感到有什么不妥，也未见有哪位大臣提出异议。不仅帝王们是这样认识的，大臣以至于整个天下，也无不如此看待。

再有，皇权专制在本质上就赋予了帝王不受任何制约的至上权力，大臣的谏言和不同的意见，皇帝高兴了听，不高兴了不听，没有什么根本的措施可以制约皇帝。宋初宋太祖处理对他的赏赐有所异议的川殿直事件，就非常典型。

宋太祖开宝四年（971）平蜀之后，对扈从御马直众人进行赏赐，每人五千，引起了平时与御马直享受同等待遇而此次没有得到赏赐的川殿直众人的不满。史载：

> 初，上择伪蜀亲兵习弓马者百余辈，伪川班内殿直，廪赐优给与御马直等。于是，郊礼毕，行赏。上以御马直扈从，特命增给钱，人五千。而川班内殿直不得如例，乃相率击登闻鼓陈乞。上怒，遣中使谓之曰："朕之所与，即为恩泽，又安有例

哉！"命斩其妄诉者四十余人，余悉配隶许州骁捷军，其都校皆决杖降职，遂废其班。

宋太祖曾挑选伪蜀亲兵百余人补充进内殿直，并许诺在廪赐优寄方面给他们与御马直同等待遇，可是在这次赏赐御马直每人五千钱，却没有给川殿直。也就是说，这次川殿直的"击登闻鼓陈乞"并非毫无道理，但结果却遭到了宋太祖的残酷弹压，四十余人被斩杀，都校决杖降职，其余配隶下军，并撤销了川殿直之建制。

　　宋太祖对此次邀赏事件的处罚之重，超乎人们想象。之所以这么做，一方面可能是宋太祖对这种要挟君权的行为不能容忍；另一方面，也表明皇权的赏赐行为是自家的独断权力，任何人不能干涉和质疑。

　　天下财富，一家独占。支配的独断性，赐予的随意性，所有权的专属性都体现着专制权力的秉性。这样的经济属性，不是专制经济又是什么呢？

四　皇权对主要经济资源的刻意控制

　　专制皇权在经济生活中的另一个重要表现，就是通过对经济资源的控制来实现对百姓的控制。李西堂先生曾经用《管子》书中的"利出一孔"来揭示皇权专制的统治秘密，他说：

　　　　所谓"利出一孔"，就是封建专制政府采用政治经济法律等手段，垄断全国所有资源，控制一切谋生渠道和社会财富，任何人要想获得生存和发展的"利益"，唯一途径或经济来源就是投靠和听命于专制政府，事事仰给于君主及其官府的恩赐，这样民众就不敢不服从专制君主奴役了。

这段话至为深刻，包含着真切的人生体验。笔者以下所论，实际上就是依据秦至清的经济史事实对这段话的思想意蕴进行阐发。

1. 先秦法家的"利出一孔"论

从思想史上看，《管子》是"利出一孔"专制统治思想的奠基者。《管子·国蓄》篇说：

> 利出于一孔者，其国无敌。出二孔者，其兵不诎。出三孔者，不可以举兵。出四孔者，其国必亡。先王知其然，故塞民之羡，隘其利途。故予之在君，夺之在君，贫之在君，富之在君。故民之戴上如日月，亲君若父母。

从这段话看，《管子·国蓄》篇的作者似乎是一个阴谋论者。他主张"利出一孔"，认为人们的生活资源，必须由国君一人垄断。如掌控粮食并堵塞民众得到粮食的其他途径，这样民众就只能听命于国君了。"予之在君，夺之在君"，生杀予夺之权全系于国君一身，于是，一国之人都只能对国君表现出奴隶般顺从。所以，《管子·国蓄》篇给国君设计的治国之道，就是国富民穷，把一切资源集中到国家甚至是皇帝个人手中，而老百姓则要使之贫穷。他说：

> 国有十年之蓄，而民不足于食，皆以其技能望君之禄也。君有山海之金，而民不罪于用，是皆以其事业交接于君上也。故人君挟其食，守其用，据有余而制不足，故民无不累于上也。五谷食米，民之司命也。黄金刀币，民之通施也。故善者执其通施，以御其司命，故民力可得而尽也。

只有国富民穷，粮食等资源集中在国君手中，老百姓才会效忠于国君，为国君卖命。治国之道就是"据有余而制不足"，或者说，控制资源实际上是一个政治问题，是能否保障专制权力有效实现社会控制的问题。可以说，《管子·国蓄》篇讲的"利出一孔"本身就是一个保障专制权力的政治问题。在历史上法家代表人物商鞅、韩非都主张利出一孔：

> 重刑少赏，上爱民，民死赏；重赏轻刑，上不爱民，民不死赏。利出一空者，其国无敌；利出二空者，国半利；利出十空者，其国不守。

由此可见，垄断资源以实现专制统治，是法家突出的政治主张，也是他们留给后世帝王的宝贵遗产。

2. 秦之后的土地皇权国家所有

在传统社会，土地是人民经济生活的基础，所以皇权在对资源的控制上首先要做的就是对土地的把控。在秦之前的战国时期，各国大体上都是实行的国家授田制。即土地控制在国家手中，所有权属于王者所有，亦即前边所谈"普天之下，莫非王土"；只不过战国时期的土地王有，已不是过去的周王，而是诸侯国的君王了。秦统一中国之后，王土变为皇土，继续推行国家授田制。

关于秦王朝的土地制度，历来颇有争议，不光是今天的意识形态需要为它的解读蒙上了阴影，而且也有古人布下的迷阵。现在学术界通行的说法，还是秦始皇统一之后，颁布了"使黔首自实田"的法令，并将此解读为在全国普遍推行土地私有制。但是这个说法目前还是有很大争议的。首先，这个"使黔首自实田"并非出自《史记》的记载，只是司马迁之后几百年的南朝刘宋人徐广的一条补注，其资料来源很成问题；其次，20 世纪 70 年代出土的秦代简牍文献确凿无疑地证明，秦是实行的"授田制"。云梦秦简《田律》中明明写着："入顷刍、稿，以其受田之数，无垦无不垦，顷入刍三石、稿二石。"秦自商鞅变法便开始实行国家授田，秦之国力也借此而强大。况且有商鞅、韩非法家著作的理论支撑，秦始皇为什么要废止国家授田而实行什么土地私有制呢？这于情于理都说不通，再加上出土简牍的确证，秦实行土地国有制应该是没有疑问的。

继秦而起的汉代，也是国家授田制，由国家掌握土地资源，并以国家的名义授给民众。这也是得到出土文献资料的证实的。张家山汉简中的《户律》，关于授田有详细的记载：

> 关内侯九十五顷，大庶长九十顷，驷车庶长八十八顷，大上造八十六顷，少上造八十四顷，右更八十二顷，中更八十顷，左更七十八顷，右庶长七十六顷，左庶长七十四顷，五大夫廿五顷，公乘廿顷，公大夫九顷，官大夫七顷，大夫五顷，不更四顷，簪褭三顷，上造二顷，公士一顷半顷，公卒、士五（伍）、庶人各一顷，司寇、隐官各五十亩。不幸死者，令其后先择田，乃行其余。它子男欲为户，以为其□田予之。其已前为户而无田宅，田宅不盈，得以盈。宅不比，不得。

张家山汉简《二年律令》一般认为是汉初的法律规定，所以汉初实行国家授田制应该是没有异议的。但这时的秦帝国和汉帝国的国家形态和土地经济关系，已经和西周、春秋时期大不相同，在这样的时代再实行像西周、春秋时期那样的授田，显然是不太现实的，并且在汉史上确实也看不到类似授田之后再还田的例证。这一时期的农民与土地的关系应该是国家一次性分配土地之后，农民对被授予的土地，具有了长期的占有权或使用权，不存在频繁地授田和还田。土地资源的相对固定和人口增长的相对迅速，使得土地分配不可能多次实行，国家不可能有大批的土地拿来分配。而对一块土地的长期占有的同时也会衍生土地买卖和兼并的问题，这使得土地的使用属性中又加入了一层土地私有的性质。但是这种私有只是表面上的，因为皇权仍然保有对土地的最终支配性权力。这使得在汉代中期之后，虽然看不到大规模授田的情景，但限制个人无限占有土地的呼声也不绝于耳。

董仲舒就提出过"古井田法虽难卒行，宜少近古，限民名田，以澹不足，塞并兼之路"的限田问题。汉成帝时，也确实又出台了限田逾制的政策法令。成帝绥和二年（公元前 7 年）六月诏：

> 诸侯王、列侯、公主、吏二千石及豪富民多畜奴婢，田宅亡限，与民争利，百姓失职，重困不足。其议限列。有司条奏："诸王、列侯得名田国中，列侯在长安及公主名田县道，关内侯、吏民名田，皆无得过三十顷。诸侯王奴婢二百人，列侯、公主百人，关内侯、吏民三十人。年六十以上，十岁以下，不在数中。贾人皆不得名田、为吏，犯者以律论。诸名田、畜、奴婢过品，皆没入县官。"

从汉代提出的限田逾制规定可以看出，汉代始终是有关于占田合法数量的制度性规定的，这从一个侧面证明了我们的观点。也就是说，真正的土地私有制是不存在的，至少是不彻底的，土地原则上是国有或皇权所有的。无论是官宦之家，还是平民百姓，都没有随意占有土地的权力。

晋代实行占田制，对占田数目有明确规定：男子一人占田七十亩，女子五十亩；为官者据其官品高低，各以贵贱占田，都有明确的数目规定。从北魏开始实行均田制，到唐代中叶大约三百年的时间。均田制，实际上就是国家授田制，而且国家所授之田，也禁止买卖，受田农民只有对土地的占有权和使用权，土地的最终支配权控制在国家或皇权手中。其实这种直接的国家土地所有制，在中国从秦至唐中期已经整整持续了一千年的时间。

对于国家要直接控制土地的原因，过去人们的解释，多是偏重于赋税徭役的征收或征发方面。国家以授予土地为根据，向老百姓征收赋税，征发力役。但问题是，即使是仅仅以国家的存在为根据，皇权也有足够的理由向老百姓征收赋税，征发力役。如唐中期实行两税法之后，土地在形式上是私有化了，国家的土地政策逐渐开始出现不立田制、不抑兼并的转向，但这一时期的赋税和力役也同样一直在征发。这说明，国家的赋税征收和徭役征发，不一定要以是否授予老百姓土地为根据，国家的存在本身就是征税的根据，它有足够的理由。如此看来，国家授田制本身，是可以有其另外的解释的。

应该说，从秦代开始实行的国家授田制，一方面是春秋战国时期授田制的历史传承；另一方面，其实也是国家对臣民百姓的控制的需要，是以《管子·国蓄》篇和《商君书》《韩非子》等法家的相关理论为根据的，是"利出一孔"的政治统治思想的落实。国家通过对主要生产资料的控制，间接性地把控了百姓，使其对国家产生了必需的依赖。也可以说是皇权通过对土地的控制，进而控制了百姓的生存之需，使得百姓心甘情愿地处于皇权的统治之下。从这个意义上说，国家土地所有制是皇权专制的制度设计。

3. 中国古代帝制社会持续不断的盐铁专卖

盐铁专卖制度是皇权通过对主要经济资源的控制而实现对民众的控制的另一例证，这一政策的执行，从秦至清两千多年一以贯之。铁是战略性物资，盐是人们生存生活之必需，皇权控制二者、专断经营的政治意图是十分明确的。从本文的问题意识出发，以下主要来讨论皇权专制对盐的控制问题。

20 世纪 30 年代，曾仰丰先生曾出版过一本《中国盐政史》，梳理了中国历史上的盐政传统。盐是一种生活必需品，且不是一般农户所可以自己生产，因而是需要并且能够流通的商品，盐业的发展，完全不需要政府的强力干预。但是，作为一个政府，为什么要有盐政呢？盐的管理如何成了为政者之需呢？这个盐政大概就是专制政治的特产了。

盐铁专卖的理论与实践都源之于春秋时期的齐国，这就是管仲相齐辅佐齐桓公实行的"官山海"政策。《管子·海王》篇载：

> 桓公曰："何谓官山海？"管子对曰："海王之国，谨正盐
> 策。"桓公曰："何谓正盐策？"管子对曰："十口之家十人食
> 盐，百口之家百人食盐。终月，大男食盐五升少半，大女食盐
> 三升少半，吾子食盐二升少半，此其大历也。盐百升而釜。令
> 盐之重升加分强，釜五十也；升加一强，釜百也；升加二强，
> 釜二百也。钟二千，十钟二万，百钟二十万，千钟二百万。万乘
> 之国，人数开口千万也，禺策之，商日二百万，十日二千万，一
> 月六千万。万乘之国，正九百万也。月人三十钱之籍，为钱
> 三千万。今吾非籍之诸君吾子，而有二国之籍者六千万。使君
> 施令曰：吾将籍于诸君吾子，则必嚣号。今夫给之盐策，则百
> 倍归于上，人无以避此者，数也。"

管仲给齐桓公设计了一个垄断食盐，使齐国民不加赋而收入倍增的
计划。从《管子·海王》篇的文字看，盐业专卖的确是一个单纯从
增加财政收入角度提出的问题。而在齐国之后，秦国在商鞅变法时
期也开始实行盐铁专卖。《盐铁论·非鞅》篇说：

> 大夫曰："昔商君相秦也，内立法度，严刑罚，饬政教，奸
> 伪无所容。外设百倍之利，收山泽之税，国富民强，器械完
> 饰，蓄积有余。是以征敌伐国，攘地斥境，不赋百姓而师以
> 赡。故利用不竭而民不知，地尽西河而民不苦。盐、铁之利，
> 所以佐百姓之急，足军旅之费，务蓄积以备乏绝，所给甚众，
> 有益于国，无害于人。"

从《盐铁论》这段文字看，商鞅变法实施的盐业专卖，其目的与
管仲相似，也是出于增加国家财政积蓄的考量。那么管仲、商君

之法到底有没有经济之外的考量呢？管仲的"官山海"，和其《管子·国蓄》篇讲的"利出一孔""据有余而制不足"的政治阴谋有没有联系呢？因为盐是人之所必须，控制了盐业，不光是可以通过垄断性经营提高利润，而同时也的确可以造成民众对国家的生存依赖，并最终迫使其向君主臣服。可以说，控制盐业在增加国家财富的同时，也是对民众生命的控制。

正是由于盐业专卖有如此的妙用，所以，在汉代经历了短暂的无为而治的经济放任之后，很快就在汉武帝时期恢复了前代的盐铁专卖之国策。而汉武帝的意图也比较明确，单从文献文字本身看，的确是出于经济方面的考虑。但我们在肯定传统认识正当性的同时，也认为盐铁专卖，特别是盐业专卖的政治企图被明显地忽略了。譬如《盐铁论》中大夫面对贤良文学对盐铁官营政策与民争利的质疑，答复说：

> 今意总一盐、铁，非独为利入也，将以建本抑末，离朋党，禁淫侈，绝并兼之路也。古者，名山大泽不以封，为下之专利也。山海之利，广泽之畜，天地之藏也，皆宜属少府；陛下不私，以属大司农，以佐助百姓。浮食奇民，好欲擅山海之货，以致富业，役利细民，故沮事议者众。铁器兵刃，天下之大用也，非众庶所宜事也。往者，豪强大家，得管山海之利，采铁石鼓铸，煮海为盐。一家聚众，或至千余人，大抵尽收放流人民也。远去乡里，弃坟墓，依倚大家，聚深山穷泽之中，成奸伪之业，遂朋党之权，其轻为非亦大矣！

这里大夫所讲已经非常明了，盐铁专卖不仅仅是个经济问题，还有着"离朋党，禁淫侈，绝并兼之路"的政治意图。但是它到底有没有通过控制人们的生活必需品，以达到控制百姓人身之目的，还是没有明讲。事情的发展就是这样，越到后来，越到它的更高级的发展阶段，其蕴含的本质就更能直观地显露出来。盐铁专卖发展到宋代，其控制百姓生活的意图就可以分析出来了，以下约略述之。

漆侠先生对宋代征榷制度有充分的研究，他在《中国经济通史·宋代经济卷》中曾提到，宋之所以把这些物资纳诸封建国家征榷的轨道上，根本在于这些物资同国计民生有着密切的关系，从中起着极其重要的作用。也就是说，国家控制这些与民生密切相关的问题，已经不仅仅是一个增加国库营收的问题，还有国计民生等多方面的考量。这触摸到了问题的本质，正因为宋代征榷涉及的是茶、盐、酒、醋等基本的生活必需品，是控制人们生活的物资，所以，统治者对之特别重视，有一系列严格的制度规定。

特别是宋代的"盐法"极其严格，既不准私人生产，也不准私人买卖，从生产到销售都由政府严格控制。宋立朝的第二年，宋太祖就下诏："私炼者三斤死，擅货官盐入禁法地分者十斤死，以蚕盐贸易及入城市者二十斤已上杖脊二十、配役一年。"在宋代，私自炼盐者都科罪甚重。根据漆侠先生的研究，宋代关于盐的产地和产量，政府都有严格的划分和规定。其相关研究，征引如下：

> 根据盐的产地和产量，封建国家划分了盐的供应、运销的范围，这个范围用宋代官府的语言说，谓之"地分"。各类盐的供应运销的"地分"是：
>
> （1）产于登、密二州的京东盐或东北盐，主要地供应京东路诸州军。
>
> （2）产于滨、沧二州的河北盐，主要地供应河北诸州军和青、淄、齐三州。
>
> （3）建盐，福建长清场之盐主要供应运销于福建路。
>
> （4）广南盐，东路广州诸场之盐供给本路外，还运销于西路之桂州、昭州以及江南西路之南安军；西路廉州两场盐供应西路诸州军，其中高州、宾州各鬻以自给。

（5）井盐，主要地供应川陕四路。

（6）浙盐，主要地供应两浙路和江东路之歙州。

（7）诸盐之中，解盐、淮盐供销的范围最大

…………

盐的供销地区划分之后，宋政府一直严令遵守。

至于宋代关于盐的生产和销售为什么要如此严格地"地分"控制，学术界主流的解释基本上都是从政府控制盐税、保障财政收入角度出发的，是出于垄断高额利润的目的。但是这里有一个问题，如果仅仅是为了攫取盐业的高额利润，那么，只要有官府一家垄断销售就可以保障了，为什么还要详细地规定销售地区。无论在哪里销售都利归官府不就成了吗？如此繁细的地区划分不是徒增管理上的麻烦吗？可见，宋政府盐业生产与销售的"地分"，还有另外的目的可以分析。这里就有一个不是卖多少钱，而是卖给谁的问题；不仅仅是一个钱的问题，而且还是一个人的问题。只有划分了地区，人的针对性才能够明确，才可以控制。

明代的盐业专卖，还有计口授盐的记载：

> 永乐二年……都御史陈瑛言："比岁钞法不通，皆缘朝廷出钞太多，收敛无法，以致物重钞轻。莫若暂行户口食盐法。天下人民不下千万户，官军不下二百万家，诚令计口纳钞食盐，可收五千余万锭。"帝令户部会群臣议。大口月食盐一斤，纳钞一贯，小口半之。从其议。

计口授盐政策的初衷，也可以从两个方面来考虑，一方面是为了保障盐业的收入，计口授盐最终转化为计口收费，按人征收盐税；另一方面，也可以用盐来实现对人的控制。既然是计口授盐，就明显有控制之意，不是随意卖盐或买盐，如果你有违政府的政策，政府

也可以取消对你的授盐，而你却没有别的渠道获取这种生活必需品。总之，皇权专制对盐业的控制，是应该从经济与政治控制两方面来理解的。中国的盐政无论如何演变，只要是皇权政府的专卖，就不能摆脱制度设计者"利出一孔"的初衷。

总体来说，土地是农业社会最珍贵的也是近乎唯一的生产资料，食盐是个体农户不可能自主生产的生活必需品，专制政府控制了与人们日常生活密切相关的这两个方面，就实现了对其治下臣民的掌控。在两千多年的帝制时代中，人们是不可能不仰仗于皇权而生存的，同样，人们也是不可能摆脱其专制之束缚的。皇权专制对特殊经济资源的刻意控制，其最终目的都在于对治下人民人身的支配，这是将专制进行到底的特殊途径。

五　天下臣民财产绝对所有权的缺失

以唐中叶均田制的破坏为标志，国家土地所有制已经崩溃，土地兼并现象严重。因此，在传统观念中，唐中叶以后基本上就进入了土地私有制的时代，土地可以自由买卖，这似乎是一个不容置疑的事实。但是，在"普天之下，莫非王土"的观念中，不管是基本的生产资料——土地本身，还是土地上所产出的所有物品，抑或是臣民用自己灵巧的双手、辛勤的劳作所创造，这些都是皇帝的所有物，皇帝对它们有着绝对的所有权。中国古代数千年的时间里，中国并没有形成宪法之类的历史文献，也没有现代意义上的民法、私法、物权法，翻遍五经四书，没有一处去阐述私有财产不可侵犯的道理。当没有任何法理规定私有财产不可侵犯的情况下，有关盗窃罪的法律条文，充其量保护的只是个人财产的占有权和使用权；而当非盗窃行为的剥夺驾临头上的时候，个人是无力抗拒也无法申辩的。

在现代史学史上，侯外庐先生一直坚持中国古代封建土地国有论，认为不存在所谓的土地私有制度，并有他独到而系统的研究。虽然侯先生的研究在学界不被广泛认同，但笔者认为则是很有见地的。本文无须再去阐发侯先生的学术思想，仅把侯先生对自己学说的重要说明摘引如下：

> 我的封建土地国有论，是在马克思和恩格斯所提示的，自由的土地私有的法律观念的缺乏，土地私有权的缺乏，甚至可以作为了解全东方的关键这一思想的启发下，结合中国的历史实际而得出的结论。我所讲的"国有"即马克思所指的"国家（例如东方专制的帝王）"，或"君主于皇权垄断的土地所有制形成"。历代党争以及历代君主直接利用宗教而无皇权教权之分的根源，都可以从这种经济基础上得到说明。我依据史实指出秦汉帝王对于豪族地主既可以赐田，又可以把他们占有的土地没为"公田"，说明皇帝是最高的地主，豪族的土地占有权是不固定的。而随着土地国有制的所有形式，在主要的手工业生产方面（例如盐铁）也实行国家管制，从而整个经济基础服务于封建专制主义。

侯先生所讲的封建土地国有制，是从一个最根本的角度解决了中国古代不存在财产私有的问题。本文不再多费笔墨，我们从另外的角度去说明一下中国历史上缺乏财产私有的观念和事实。

要想弄清楚中国帝制时代的法律对于私有财产观念和立法的缺失，只有在和其他文明的比较中才可能看得清楚。明确的财产权概念早在古罗马共和国时期的《十二铜表法》中便有体现。公元 6 世纪形成的罗马法《查士丁尼民法大全》中，就有了公法与私法的明确划分。其中详细规定了在商品生产与交换关系较为发达的条件下，买卖、借贷、债权、债务、抵押、委托、租赁、合同、契约、遗产继承等有关所有权的问题，确立了私有财产神圣不可侵犯的法律地位。正因为如此，马克思称赞说："罗马法是简单商品生产即资本主义前的商品生产的完善的法，但是它也包含着资本主义时期的大多数法权关系。"但在中国的专制社会，这种私有财产不可侵犯的原则是不可能实现的。诚如上文所说，中国古代关于个人财产问题，充其量也只是在一般社会关系中的占有权和使用权层次；而在政治领域和法权领域，我们则根本找不到任何法理证据。在财产关系中唯一的法律证据就只有"普天之下，莫非王土"。

在论证中国古代缺乏严格意义上的个人财产或私有财产权问题时，除去我们前边讨论的关于"普天之下，莫非王土"问题时的论证之外，还能作为论据来进行论证的，便是皇权或政府对个人财产的剥夺问题——其中最鲜明也最易说明问题的，便是臣民百姓没有随意拥有财产的权利以及官府有权对于触犯刑律的所谓罪犯的财产进行剥夺。对于罪犯而言，除了是经济犯罪，剥夺其财产权，是对其非法收益正当的惩罚性处置之外，对于政治性犯罪或一般性社会犯罪也要剥夺其财产，这就从根本上否定了个人财产权的私有性质。

有材料证明，在西汉时期，无论是王侯、官员还是一般的吏民百姓，是不能随意拥有财富的，并且不论获得财富的渠道或途径是否正当合法，其财富的占有都是有规定和限制的。从秦汉时期开始，这类问题就非常突出。前文征引《汉书·哀帝纪》中所载成帝绥和二年的限民名田诏，规定了诸王、列侯、关内侯及吏民合法占有土地的数量，不能随意占有，过品者要没入县官。其实不仅土地，在汉代，其他财产似乎也缺乏严格的个人所有权。《汉书》卷四五载，江充"为直指绣衣使者，督三辅盗贼，禁察逾侈。贵戚近臣多奢僭，充皆举劾，奏请没入车马，令身待北军击匈奴"。文中的"逾侈"和"奢僭"都说明了不能随意拥有财富的问题，逾侈，是说过于奢侈；奢僭，是说超过了身份等级的限定。臣民拥有的财产，如果被认定是奢侈或与你的身份地位不相称，就可以予以没收入官。不管你所拥有的财富是否有合法来源，都不能随便拥有，而这就意味着个人对财富的绝对的支配权是不存在的。

在东汉时期，我们经常可以看到一些对犯官财产进行剥夺的案例。

> 《后汉书》卷一〇《皇后纪》:（邓）统等亦系暴室，免官爵，归本郡，财物没入县官。
> 《后汉书》卷一六《邓寇列传》:建光元年……（邓）骘以不与谋，但免特进，遣就国。宗族皆免官归故郡，没入骘等赀财田宅，徙邓访及家属于远郡。

就此二例来讲，邓统属于桓帝邓皇后家族，待邓皇后失宠被废，邓统也遭受牵连，而被免官夺爵。邓骘，东汉开国功臣邓禹之孙、和帝邓皇后之兄，安帝建光元年（121），因牵涉后宫斗争之中被免官。从这两个例子我们可以看出，对邓统、邓骘的处理都是政治处理，但是为什么对一个人的政治权利的剥夺，也要附加对其财产权的剥夺呢？皇权是根据什么标准对他们处以"财物没入县官""没入骘等赀财田宅"的惩处呢？文献中并没有说明他们的财产是非法所得，特别是邓统和邓骘都非经济性犯罪，亦即财产财富来源合法，皇权剥夺其财产权的根据何在呢？这只能说明，在皇权专制时代，是不存在真正意义上的个人财产权的。所谓财产权或你个人对财产的占有，也像你的政治权利或官位一样，是皇权所赐予的，随着你的政治权利的被剥夺，皇权也同时要收回你对财产的占有权和使用权。只有这样解释才能从顺理成章。

在唐代，国家法律中明确规定了对某些重大犯罪的经济处理，公然宣明了没收臣民财产权的合法性。如《唐律》中规定："诸谋反及大逆者，皆斩；父子年十六以上皆绞，十五以下及母女、妻妾（子妻妾亦同）、祖孙、兄弟、姊妹若部曲、资财、田宅并没官。"

即犯谋反或大逆之罪的，在处死的同时也要将其资财、田宅并没入官。但唐律似乎并不对其他犯罪没收资财，譬如它也规定："虽谋反，词理不能动众，威力不足率人者，亦皆斩；父子、母女、妻妾并流三千里，资财不在没限。"而唐律之后，在对罪人财产没入官的规定方面，范围越来越宽泛，逐渐演变为只要犯罪，没入财产就是极其合法和正当的。

> 《大明律》卷一八"刑律一"："凡谋反，谓谋危社稷及大逆，谓谋毁宗庙山陵及宫阙，但共谋者，不分首从，皆凌迟处死……财产入官。""凡谋叛，谓谋背本国潜从他国，但共谋者，不分首从，皆斩。妻妾子女给付功臣之家为奴，财产并入官。"
>
> 《大明律》卷一九"刑律二"："凡造畜蛊毒，堪以杀人，及教令者斩，造意者财产入官。"
>
> 舒化《大明律附例》，《大明律》卷二"吏律一"："凡奸邪、进谗言，左使杀人者斩。若犯罪律该处死，其大臣小官巧言谏免，暗邀人心者，亦斩。若在朝官员交结朋党，紊乱朝政者，皆斩，妻子为奴，财产入官。"
>
> 舒化《大明律附例》，《大明律》卷三"吏律二"："凡诸衙门官吏及士庶人等，若有上言宰执大臣美政才德者，即是奸党，务要鞫问，穷究来历明白，犯人处斩，妻子为奴，财产入官。"

明律的法律精神，显然是远远超越了唐律，并且基本上为清律所继承。清人韩世琦在《抚吴疏草》中说："依谋叛律，不分首从，皆斩。所当亟正典刑以彰国法，并已故各犯，妻妾、子女、财产，查没入官。"越是到帝制时代的晚期，对犯官财产的查没越是普遍。清顺治时期有一个案例很是典型。顺治三十一年（1654），发生了一个考场作弊案，最后的处理，从主考、副主考，到一般的同考官，所有的参与者几十人都受到严厉查处：

> 主考方犹、副主考钱开宗俱着即正法，妻、子、家产，籍没入官。叶楚槐、周霖、张晋、刘廷桂、田俊民、郝惟训、商显仁、李祥光、银文灿、雷震声、李上林、朱建寅、王熙如、李大升、王国祯、龚勋俱着即处绞，妻、子、家产，籍没入官。已死卢铸鼎，妻、子、家产，亦籍没入官。方章钺、张明荐、伍成礼、姚其章、吴兰友、庄允堡、吴兆骞、钱威俱着责四十板，家产籍没入官，父母、兄弟、妻子并流徙。

笔者无意也无力来讲这方面的法制史，本文所关注的问题仅仅是"财产没入官"的问题。根据本文所示，既然财产可以因为非财产、非经济的原因而被剥夺，那是不是就表明了财产权的性质，并不是真正的所有权，而仅仅是占有权和使用权呢？它在所有权的意义上就不是臣民百姓的，而只是皇权的恩典赐予臣民百姓使用的权力，所以，皇权也可以根据它的意愿以特定的理由而收回。

笔者以为，所有权是指对于物的可以任意支配的权利。当指出某种物品的所有权归属于我的时候，是意味着它可以为我任意支配，而他人没有任何可以干涉的权力或理由。完全的所有权，应该包括使用权（以任何方式开发其价值）、控制权（排斥他人染指的权力）、支配权（任意处置权，比如以买卖、赠予等转移所有权益的行为）等三要素。这三要素中，最重要的是第三个要素"支配权"。从这样的三要素出发，中国帝制时代臣民对财产的权利，仅仅是使用权，你可以任何方式开发它的价值，以任何方式去使用自己名下的财产。但是，控制权则不完善了，你无法排斥他人染指的权力，特别是政治强权对财富的剥夺，不要说是犯罪之后很容易被查没入官，就是在正常情况下，政府的征用你也是无力拒绝的。至于三要素中最重要的"支配权",也只是你在做一个绝对的顺民的时候,在不去触犯政府所规定的犯罪条文的时候似乎才拥有;一旦你触及了这一点,那就不要说如何处置你的财产,就连使用权也被没收充公了。当然,犯法毕竟是不太正常的行为,大多数臣民还是不去触犯法律的,那么,你的名下的财富就可以永久性地归你使用,或者说占有。这是一种有条件地使用或占有,如果一定要说是所有权的话,中国人的所谓私有财产,至多也只能说是有条件的所有权,不是完全所有权、绝对所有权。像西方那样的私有财产不可侵犯,中国人是不可能有这样的观念的,因为,说到底,"普天之下,莫非王土",土地及其土地上的所有物产,归根到底都属于皇家。皇家对一切都具有最终的支配性权力,独断独占的权力,这即是皇权专制主义在经济领域的基本表现!

延伸阅读

冯天瑜:《"封建"考论(修订版)》,中国社会科学出版社,2010。

李振宏:《当代史学平议》,社会科学文献出版社,2015。

包伟民，1956 年生，教育部长江学者特聘教授，中国人民大学历史学院教授。1988 年于北京大学历史学系博士研究生毕业，曾在浙江大学任职多年。研究工作集中在宋代史、中国古代经济史及近代东南区域史研究等方面。代表作有《江南市镇及其近代命运》《宋代地方财政史研究》《传统国家与社会：960–1279 年》《宋代城市研究》等。

我们如何观察历史：从宋代城市发展水平说起

包伟民

解　题

　　为什么要讲这个问题，我先做一些解释：观察历史现象，这其实与我们观察当今的社会现象一样，人们的意见经常会有分歧。例如，目前针对全世界新冠疫情的发展，不同的人立场不同、观点不同、角度不同，因而产生了许许多多不同的意见。其实，对历史上各种现象的看法也一样。不过就中国历史而言，人们对历史对象观点分歧最大的一个案例，可能就是关于宋代社会的历史了。坦率说，当年我报考研究生，决心研究宋代历史的时候，怎么着都没想到，经过几十年的发展，在中国社会上竟然会冒出一大群号称"宋粉"的人。因为在当年，我们只知道在国人的心目中宋代的形象比较糟糕，它一直是被视为"积贫积弱"的一个王朝。结果经过几十年的社会演变，现在竟然有这么一群人，觉得宋代其实在我国历史上是一个最为辉煌的历史时期，实在是意料之外。

由此可见，关于宋代历史形象的变化，就是一个非常典型的案例。人们出于不同的方法与立场，对同一个观察对象可能会得出不同的意见。

所以我想举一个关于宋代历史的例子，来具体展示对于同一个研究对象，假如我们从不同的角度和不同的视角出发去做观察，可能会得出不同的结论。通过这个例子我想试图说明的是，摆脱片面的观察方式，尽可能综合分析，这就是历史学思维方式的特点。

我想要举的关于宋代历史的例子是：唐宋间城市真的是从"封闭"走向了"开放"吗？

所谓唐宋间城市从"封闭"走向了"开放"的说法，差不多已经成为全民常识。例如大家可能都十分熟悉的那本由福建人民出版社出版的大学历史教科书《中国古代史》，它对从唐代到宋代的城市发展就有一个归纳性的描述，认为中国古代城市的发展到北宋出现了一个根本性转折。北宋以前的城市一般是坊市分离，即住宅区跟商业市场区严格分开，而且坊区与市区的四周都筑有围墙，城市由道路分隔开来的各个地块都是筑有围墙的封闭单位，整个城市看起来就像一个大围棋棋盘。到北宋，随着商品经济的发展和城市人口的增加，彻底打破了坊与市的界限，商店可以随处沿街开设，不再采取集中的方式，坊与坊之间的围墙也都拆除了。现在差不多所有人在谈到唐宋之间的城市发展时，都会告诉你这样的"历史知识"，所以就有学者据此归纳出唐宋间城市发展就是从所谓的"封闭"走向"开放"的说法。

一 "加藤范式"及其影响

这个说法是怎么被提出来的呢？我们需要做一些介绍。最早研究唐宋城市发展史的是一个日本学者，那个人叫加藤繁，他在1931年发表了一篇论文，题作《宋代都市的发展》。就在那篇论文中，加藤繁提出了关于唐代城市坊市分离、封闭，到宋代坊墙倒塌，坊市制崩溃的论点。加藤繁此文所提出的关于唐宋城市史这些观点，差不多成了近一个世纪以来这个学术领域里最重要的命题，后人的研究基本上都是沿着加藤繁的观点向前推进，为他的说法增砖添瓦，进一步论证他的说法，然后慢慢就形成了上面所说的那个国民常识。我称它为"加藤范式"。

在学术史上，对于"加藤范式"后续推进的重要研究，一是英国学者伊懋可（Mark Elvin），他于1973年出版了一本专著，题作《中国过去的模式》（*The Pattern of the Chinese Past*）。我国近几十年翻译出版了大量的西文汉学著作，却没有把这本书引进来，有点奇怪。伊懋可此书其实是讨论古代中国为什么没有发生工业革命这个"李约瑟难题"式问题的。他认为从唐到宋发生了一场经济革命，他的确用了革命这个词，称之为"Economic Revolution"。伊懋可认为根据宋代的技术水平，它的经济发展已经达到了资源利用的极限，在此之后由于技术未能出现结构性的创新，中国经济也就陷入了"高水准平衡陷阱"，只有增长没有发展。在伊懋可所描述的宋代经济革命中，就包括 Urban Revolution。实际上他只不过是利用加滕繁的研究成果，给了它一个标识，即所谓"都市革命"。

二是到1981年，台湾大学的梁庚尧先生发表了一篇题为《南宋城市的发展》的论文，梁先生在一个侧面上将"加藤范式"向前推进了一步，他认为在中国古代城墙就是城市与乡村之间的分界线，但从唐到宋，由于城市的发展，不少城市扩张到了城墙外的郊区，俗称城市"溢出"，这样一来，城墙作为城市与乡村分界线的作用就消失了。

三是到了 20 世纪 90 年代，及至 21 世纪初，有几位学者进一步归纳并推进"加藤范式"，提出了唐宋间城市从坊市制走向街市制，实质就是从封闭走向开放这样的核心命题。

那么所谓封闭式的坊市制，究竟有哪些具体的内容呢？加藤繁做了一些描述，后来有人又不断补充，归纳得最全面的是美国学者施坚雅（William Skinner）。1977 年，施坚雅主编了一本论文集，题作《中华帝国晚期的城市》（*The City in Late Imperial China*）。他为此书写了很长的一篇导言，在这篇导言中，他专列一节，它的小标题就作"中世纪城市革命"。很显然他这是借用了伊懋可的概念。施坚雅在这一节中归纳了我国所谓的"中世纪城市革命"的具体内容，有如下几点：

　　（1）放松了每县一市，市须设在县城的限制；（2）官市组织衰替，终至瓦解；（3）坊市分隔制度消灭，而代之以"自由得多的街道规划，可以城内或四郊各处进行买卖交易"；（4）有的城市在迅速扩大，城外商业郊区蓬勃发展；（5）出现具有重要经济职能的"大批中小市镇"（中译本，第 24 页）。

这些就是施坚雅所归纳的所谓中国中世纪城市革命的具体内容。另一些学者也有类似的归纳，例如张泽咸先生在他的《唐代工商业》一书中说："五十年前，日本学者加藤繁在研究宋代的都市发展状况时，追溯研讨了赵宋以前的坊市制……其后，坊市制日趋破坏。但直至宋初，坊制仍存，经北宋中期以至北宋末年，坊制完全崩溃。前辈学者的意见，我认为可以成立。"（第 323 页）

从以上对学术史的梳理可见加藤范式影响之深远，大半个世纪以来，中外学界基本上都是遵循加藤范式的思路向前推进，为之增添注脚，少有反思与质疑。尤其例如张泽咸先生的论述使我们看到，在"加藤范式"的影响之下，使得一些唐史学者已经习惯于从宋代去反观唐代，即所谓"追溯研讨"，从宋代城市的进步来印证唐代城市的落后，而不是根据历史发展的过程从前向后梳理，来发现唐代城市相较于秦汉魏晋以来的进步。

如果我们利用图像资料来印证"加藤范式"，典型的资料可能就是唐代长安城的考古复原图，与北宋张泽端创作的《清明上河图》了。唐代长安城考古复原图让我们看到的城市面貌，恰如白居易的诗句所描写的，"百千家似围棋局，十二街如种菜畦"，像一个大围棋的棋盘，或者是一块块规规整整的菜地。而《清明上河图》所展示的城市景观，则与长安城有着结构性的差别，街市商业熙熙攘攘，似乎已经相当"近世"了。从这样的视角去观察当时的历史，唐宋之间的历史似乎存在着一种断裂。从"封闭"与"开放"这样的概念去体会，不就是意味着对立，或者说断裂吗？

那么，这样的归纳对不对呢？难说。在我看来大多数不一定对。错了吗？也难说。因为它也有对的地方。所以这其实是一个很复杂的历史现象。我们下面来做一些梳理。

二　坊市制城市的起源

我们先来讨论关于"坊"的问题。

"加藤范式"认为，到北宋前期随着坊墙倒塌，坊制也崩溃了。但是文献记载所呈现的历史事实似乎并非如此。例如北宋的开封城，文献中有关于存在着厢坊制的明确记载。宋真宗天禧五年（1021），开封城共有十个厢（大城区），121 个坊，总共 97750 户人口，平均每个坊 808 户。从北宋建立到它的最后灭亡，这一制度从未被废止。到了南宋，许多地方都有明确记载，城区内共设置有几

个坊。例如江南西路的兴国军，就是今天湖北省的阳新县，在 1170
年有一个记载，说它"为坊五于其郭，为乡十有三、为里六十有五
于其郊……"，就是在城里设有五个坊。另外例如在两浙路的明州
（今浙江宁波）、绍兴府（今属浙江）等许多城市，地方志都明确记
载了它们设置坊区的情况。我们都知道明代初年推行人口管理的重
要制度是编制赋役黄册。洪武十四年（1381）有诏："命天下郡县，
编赋役黄册……城中曰坊，近城曰厢，乡都为里。""城中曰坊"，
就是规定在城市里设置称作坊的居民区，这是全国性的制度。至于
明清时期州县城市中设置坊区的具体情况，在地方志中的记载可以
说是连篇累牍。这说明在城市中设置"坊"的制度，从宋代到元明
清从未废止。那么为什么还有许多学者认为从唐到宋坊制"崩溃"
了呢？其实，这无非是因为他们受到了"加藤范式"的影响，仅仅
看到了中国古代城市中"坊"的部分内容，而且还只是表面的一些
现象，忽略了它更为重要的内容。

从前面提到的关于北宋开封城的例子，我们可以清楚地看到，
坊就是指当时城市里的居民区，所以才会有每个坊有多少户人家那
样的记载。从唐宋到元明清，都是这样。但同时在中国古代，的确
有少数规划城市存在着在居民区（坊）外围筑有围墙的情况，即筑
有坊墙，唐代后期起那些坊墙慢慢消失。"加藤范式"中所谓从唐
到宋坊制崩溃之说，它所指的就是在少数规划城市中坊墙消失的情
况。认同"加藤范式"的学者们将坊区与坊墙这两个相互间有联
系、但又是不同的两个概念混淆起来了。

至于中国古代城市里的居民区为什么叫作"坊"？其中有一些
规划性大城市里面的坊区为什么会筑有围墙（坊墙），后来为什么
围墙又拆了，这些问题不能靠"追溯研讨"，也就是从宋代回头向
前看的办法来寻找答案，而必须从城市发展演变的全过程、由前向
后来做观察。

其实我们上古城市即唐以前城市里面居民区跟市场区分开来管

理，它是有非常悠久的历史的。我们这里说的所谓古代城市主要指都邑，即都城。

中国古代城市的起源，学术界已经有很多的讨论，但完全意义上的城市是经过城堡——都邑——城市这样的演化脉络逐步发展起来的，则几无异议。在早期，尤其在北方的平原地区城堡是封君（诸侯）的居住地。起初在城堡里面，除了宫殿和官寺之外，是不包括民居的。但是这些城堡往往占据着交通要道，而且有军事保护，种种便利，因而周边农村地区的人往往会靠近城堡，聚集起来，在城堡外围慢慢形成一些居民区，以及手工业区和商人聚集的区域。但是出于防御的需要，城外的居民与工商业人口，也并不是漫无规则地散居的，而是汇聚成一定的居住区域，并且往往筑有小规模的自卫性质的外墙。这种居住区在当时一般就称之为"里"。后来为了保护城外的居民，各地不断地拓展城墙，也就是在原先城堡的基础之上再修筑外城，把城外的居民区与市场区包裹进去，最后城堡才慢慢变成了我们习惯称呼的城市。所以古代的都城，往往有好几重城墙，内城、外城，等等。例如大家所熟悉的开封城就是这样的。

当然，从城堡到城市，这个过程非常的漫长，经过了两三千年。一直到秦汉时期，都城仍然是以宫殿与官寺为主的。现在学术界在梳理中国古代都邑城市发展的时候，经常被举为典型例证来讨论的是秦国故都雍城。根据雍城的考古资料，现在已经基本探明它有纵横各几条道路，将城区分成25个似乎像后代都城中坊区的结构，但它们究竟是不是已经成为居民区，无法确证。

文献记载中所说的汉代长安城的160个里，它们究竟是在城内还是城外，考古学界到现在还没有形成统一意见。不过多数学者觉得它们应该还是在城外。汉代的长安城还没有修筑起外城，把160个里的居民区完全包裹进去。而且，市场区与居民区也是相互分离的，这是很自然的现象。出于防御与管理的需要，它们一般都筑有外墙。我们从汉代的一些"市井"画像砖可以看到，在市场的外围筑有围墙，市场中央有一幢建筑，那是市司，相当于现在的市场管理处，它的四周则是规整的一排排的建筑，那就是商铺了。

　　中国古代坊市制城市的起源大致就是这样的。不过在这里我们必须再三强调，上面所说的是作为都邑的中心城市，一般地方性的城市不可能如此规整。

三　坊市制城市的发展

　　汉代以后坊市制城市的发展，具有里程碑意义的是曹操在东汉末年修建的都城邺城。邺城位于今天河北邯郸的临漳县，对这个遗址的考古发掘现在已经做得比较深入，探明了在它的城区里面已经形成了若干个坊区，三个市场区，此外还有手工作坊区等。我们说邺城具有里程碑意义，是因为考古学者们认为它结束了从三代秦汉以来，以宫殿官寺为主体的城市布局，开创了具有中轴线的封闭式里坊制的城市格局。也就是说由邺城所代表的都城，第一，它有中轴线，这是此后中国城市的一个特别明显的特征。第二，除了宫殿和官寺之外，有了明确的居民区了，居民区已经从原先位于城外被包裹进城里面去了，尽管它们还没有与市场区等其他城市区域有机地融合在一起，还是相互分离的。

　　邺城之后重要的是北魏的平城，现在的山西大同市。从公元398年到494年，北魏政权建都于此97年之久。根据《南齐书》卷五七《魏虏传》的记载，北魏政权在平城"大筑郭邑。截平城西为宫城……其郭城绕宫城南，悉筑为坊，坊开巷。坊大者容四五百家，小者六七十家。每南坊搜检，以备奸巧"。这是历史上首次在都城内全面建筑居民坊区的城市。一个小坊可住六七十户，大的则可以住四五百户人家。但是北魏政权为什么要将平城的居民区全部筑成坊区，并且用外墙围起来呢？学者们认为这是因为北魏政权是由鲜卑民族建立的，而它所统治的居民绝大部分是汉族。我们千万不要以为平城的坊墙是坊区里面的居民为了自卫修砌起来的，这跟早期在都城外面的里墙不是一回事。从北魏的平城开始，被包裹进城区的居民坊区，其外围的坊墙其主要功能已经变成了城市统治者监控居民的设施了，坊墙按规定设门，启闭有时，夜间宵禁。所以说"每南坊搜检，以备奸巧"。

平城之后则是北魏的洛阳城。公元494年，魏孝文帝从平城迁都到洛阳城，使得统治中心更加接近中原地区。魏孝文帝参照平城的布局设计了洛阳城，在洛阳城里一共设置有323个坊，发动民工"四旬而罢"，一共40天把洛阳城给造起来了。所以北魏洛阳城完全是经人为规划修建起来的坊市制都城。

再然后，才是隋唐的长安城与洛阳城，它们都是经人为的设计建造起来的。

总体看，以上关于上古城市地域功能演变的解读，主要是针对都城或曰规划性大城市的。早期城市考古中发现的、古城中以道路划分出来的地块，是否就是后世城市中"坊"区的源起，仍无法证明。目前学界更多的是将由规划兴建的城市坊区坊墙制度追溯至曹魏的都城邺城。

这里还需要解释一下城市居民区的名称，从早先的"里"演变成后来的"坊"的情况。早期帝制国家对基层社会的管理，并不区分城市与乡村，基层的管理单位都称为里，里之上的管理层级称为乡。到汉代末年，文献记载中已经发现在都城中有称坊的地域，三国曹魏以后，关于坊的记载更多。"坊"字本义通"防"，四周筑有围墙的封闭型区域称为坊，其本义就是"防"。鲜卑民族统治之下的北魏平城，它的城市管理更着重于监管城郭人口，因此秦汉的"里"也就终于被改称为"坊"了。

那么，这种将城市居民区称为坊、并在它的四周筑起围墙的管理制度，有没有从都城向全国推广呢？目前学者们大多同意都城的这种里坊模式，"还被地方城市遵循和移置"。但这里其实存在两个不同的层面。一是作为城市人口管理单位的坊区，它不但成了中古以后城市的基本制度，而且从隋唐到明清一直存在，从未被废止。另一则是起着强制监管与隔离人口作用的坊墙，却并不具备普遍性。一般讲，它只存在于规划性的大型都市。也有学者指出，在唐代后期，北方有一些大型藩镇城市，也存在着仿照都城而修筑坊墙的情况，不过地方州县城市一般都不筑坊墙。在南方地区，许多州县城市连城墙都没有，更不要说城区里面的坊墙了。从另一角度去观察，如果参照唐代长安城的例子，它一个坊区的规模差不多有地方上一般县城大小，我们不能设想，即便一个县城筑有城墙，它的里面还要用坊墙围起一个个小小的坊区，那样将会使得城区人们的生活十分不便。既不必要，也不可能。

事实上，现在我们也只在长安、洛阳以及极少数几个大型城市的遗址中发现有坊墙的遗存。此外，虽然也有一些地方城市的考古报告声称发现有"坊墙"遗存，但我以为那其实是因为考古工作者受到了"加藤范式"的影响，认定古代城市中"应该"有坊墙，所以当他们发现某些靠近道路的片断建筑外墙遗存时，每每将它们解释为坊墙。史学研究者又引用这些考古资料来论证坊墙的普遍性，以使得"加藤范式"更为强化。我称这种现象为史学观念与考古资料之间的相互"自激振荡"。

四　坊市制的新形态

接下来我们再来具体讨论一下城市市场的演变问题，因为"加藤范式"的主要结论有两个方面，一是所谓坊墙倒塌，另一就是认为古典市制崩溃。到了宋代商店可以沿街随便开设，而这之前商店只能开在限定的区域"市"，即长安城里的东市、西市那样的区域。

如果从这样的视角去做观察，唐宋之间城市的格局当然可以说有一个结构性的变化。

学术界对唐代城市市场管理制度的基本内容，有不少归纳。大致讲可以有坊市分离、市场官设、专司主管、市籍准入、经营监管、市券契约、赋役征发、治安管理等多个方面。

所谓坊市分离，指城市里面开店做买卖的市场区块必须与居民坊区相互分离，这是首要的，也是学者们最为重视的内容。市场官设，专司主管，指人们可以开店做买卖的场所必须由官府来开设，并由官府设立市司来管理。所谓市籍准入，则指进入"市"区做买卖者有官府设立专门的户籍，有专门的身份。最后才是对市场的经营监管等，就是由官府来监管市场上的商业活动，比如说如何签订商业契约，如何规范度量衡制度，以及如何监管商品质量，官府如何向商人征税等，各方面的内容都很详细。

在这些内容中，最为学者们所看重的是坊市分离制度，我们下面也主要从这一方面来略做分析。

有点奇怪的是，不少学者在讲到唐及唐以前城市的市场管理制度时，都会着重强调官府刻意"控制民间工商业发展"，总之是在如前面所说的"追溯研讨"的视角之下，站在宋代的基点上去比较唐及唐以前的城市商业，倾向于强调城市工商业之不自由，强调官府对它的管控。其原因无非是在一些学者看来，"封建制度"与商品经济存在着先天的矛盾，因为后者的进一步发展，具有最终瓦解"封建制度"的潜在影响力，以至封建政府对它处处防范。这样的认识，不过是出于经典理论的后事之明，而将帝制国家设想成具有洞察世事走向的历史自觉性，这自然与史实相去甚远。

就坊市分离制度而言，如果我们根据历史演变的进程一步步地从前向后来稍做梳理，就可以发现，城市市场区块从最初设置于城墙之外，到被包裹进城区，作为城市的一个单独的功能区块，而后随着城市的发展，再一步步地与其他区块相融合，是一个自然的演进过程。当然在每一个特定的历史阶段，城市功能区的设置都有其相应的背景基础。早期都城的市场区，它有两方面的基础性功能，第一是为了防御与监管，第二个非常重要的功能则是为了征收赋税。例如汉代国家基本税制是人头税，对商业也是如此，所以国家设置市籍，管控商业人口，其主要目的无非是为了按市籍向商贾征税。市籍准入制度是官府向商贾征发赋税的制度基础。

尽管如此，从秦汉到隋唐，坊市分离的城市结构也并非全无进步，归纳而言，大致经过了这样的几个阶段。

第一，处于城市外围的民众与工商业，逐渐地从前期被排挤在城外，慢慢被包裹进城区。

第二，假如我们举典型的都城例子来说，汉代长安东、西两市就比后来唐代长安两市的规模更大，因为汉代的商人大多数是住在两市里面，保持着商业区从城外被包裹进城区初期的状态。到后来商贾逐步散居到一般的居民区，东、西两市才慢慢变成单纯的营业区。而且我们如果拿汉代与唐代做比较的话，两者虽然都实行市籍制度，却还有一个重要的区别，即前者商贾不属于良家子，到了唐代商贾则已属良人，列入士农工商四民之中，他们的法律地位跟其他民众相同了。

第三，零售商业慢慢渗透进居民区。我经常开玩笑说，如果你生活在唐代的长安城，而且住在稍靠南一点的坊区，前去两市远得很，来回起码一二十华里，不管是东市还是西市，考虑到当时的交通条件下，半天都回不了家。很难想象长安城居民可以完全依赖东市、西市这样的市场来获取日用消费品。据此我们就可以推断，长安城东、西两市其实只是提供奢侈品消费与大宗商品交易的批发市场，在一般的居民坊区里面必然存在提供日用商品的零售店铺。在唐代后期的文献中，有一些居民坊区里存在着零售商业的记载，有些学者就据此作为到唐代后期坊市分离制度瓦解的论据。殊不知这里可能忽略了另一种可能性，就是前期居民坊区也存在零售商业，但其记载未被保存下来而已。

第四，尤其是姜伯勤先生的经典研究提示了我们，唐代市籍制度衰落的重要原因，在于8世纪末国家税制的变化。随着两税法的推行，国家税制的基本原则从以丁身为本，转向以资产为宗，转向财产税。即便是居无定所的商人，所在州县也要依照其收入征收三十分之一的经营税。这样一来，以管控人口为基点的市籍制度就失去了其存在的意义，与此同时，主要从城市设置特定区块"市"来征收商业税的做法也迎来了新的变化。

我们前面说了，帝制国家不太可能出于后事之明的历史自觉性，为了防止其对"封建制度"的腐蚀来限制商品经济的发展。从唐到宋，帝制国家非但没有因为市籍制度的衰落而减少从商业攫取财政收入，恰恰相反，它通过调整制度，商税收入从此前相对不重要慢慢成了国家财政收入的主项之一。如果按传统观点来做理解，岂非在"市制崩溃"的同时，国家对商品经济的"限制"反而加强了？

关于帝制国家如何调整征商制度，我们可以通过下面这个示意图来略做说明：

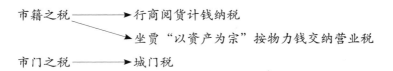

简单说，官府此前主要向市籍商人征取的市籍税演变成了两部分：一是针对行商，根据商人携带商品的价值征取商税；二是针对固定商铺，按照商铺财产多少（实即营业规模）征取营业税。而原先向临时入市经商者征取的市门税则演变成了城门税，实际上是传统的市场区块扩大了，从原来城市中的"市"区扩展到了整个城

区。宋代的制度规定："凡商贾之赋，小贾即门征之，大贾则输于务。"小商人，或者农民临时出售农产品，在进城门时需交纳门税。大商人长途贩运，历经商税关卡，到目的地向商税务合计纳税。现在我们可以看到存世宋代文物中有镌刻着"出门税"字样的银锭，那就是各地州县城市上缴给朝廷的城门商税。

与此同时，关于各地城市所设的"市"即商业区块，也值得讨论。一方面，我们完全没有理由假设唐以前城市中的"市"都像长安东、西两市那样规整，筑有围墙，中间设置市司机构，等等。在地方中小城市，市很可能就设在某个十字街头，甚或一条长街之上，市集之日，将街的两头一卡，就可以征税收费了。另一方面，在许多城市里，从唐到宋，市场制度虽然有演变递进，从原来的仅收市门税变成了征收城门税，但是为了商业经营的方便起见，也出于传统考虑，人们的商业活动仍然大多集中在原来的市场区块，存世的宋代资料可以证明，在当时这种情况广泛存在。早先的那些"市"，并非如加藤繁所说"已经化为单纯的地名"。例如南宋临安府富阳县的县市，据记载："旧在县西一里二百步，其地湫隘，唐万岁登封元年（696），县令李浚徙于西北隅一百步，周回二里五十步，今移于西门外苋浦大桥东。"可见这个县市基本格局从唐代到宋代，并没有大的变化，只是因为地理的缘故挪改过位置而已。又如盐官县的县市，在县衙西北一百步的位置，初置于唐代贞观四年（630），开元十年（722）挪移到了县衙西南二百五十步，直至南宋，一直沿用不变。这样的记载很多。所以我们在宋代文献中间就可以看到大量的关于州市、县市、市门、市心、市桥等跟"市"相关的名词与地名，有些城市的某个城门靠近市场，民间还有直接将这个城门俗称为叫市门的情况，例如南宋的婺州（今浙江金华）、饶州（今江西上饶）等就是这样。

总之，从以上的介绍可见，认为从唐到宋传统市制瓦解，城市市场出现结构性变化的看法是缺乏史实依据的。

结　语

最后，我们可以对本文的议题略做归纳。

第一，目前差不多已经成为国民常识的所谓唐代以前"封闭"的坊市分离制，随着坊墙的倒塌、坊制的崩溃，从宋代起进入所谓"开放"街市制的说法，是在过于强化的"发展"范式影响下形成的一种虚像。历史真实的演进比这种范式化的简单归纳要复杂得多。

最初由加藤繁主要依据都城的资料提出的关于唐宋间市制更革，人们已有了在城市内外随地开店设铺的自由的假说，有着一定的史实根据。不过至少在州县中小城市，在大多数情况下，并不存在"坊墙倒塌"、市制崩溃的史实。入宋以后，"市"作为城市的特殊地块，仍然扮演着一地商业中心的角色。至少在两宋时期，市尚未完全融汇于街衢之中。另外，古代城市建成之后，一般情况下很难做整体性的改动，作为城市骨架的街市系统更是如此。明人戚继光有言："城者成也，一成而不可毁也。"唐宋城市市场形制的演变过程，与其说是前后断裂的，还不如说延续性仍在其中占据着更为重要的地位，缓慢的进步是历史演变的基调。

第二，从方法论层面讲，我们必须指出，分析社会现象切忌简单、线性的观察思路，这一点尤其重要。

例如出于社会进化论的影响，今天人们的历史叙述经常强调它的发展，但是如果你只是告诉我某时某地的历史"发展了"，那是没有什么意义的。换句话说，"发展了"，只是一个线性的表述，对历史现象经过具体的前后比较，说清楚"发展"到怎样的水平，这才是更为立体的观察，才有意义。我们常说史学叙述应该把握"分寸"，避免线性表述，说清楚发展的"度"，这就是史学叙述中应该把握的"分寸"。

更进一步讲，正反两方面多角度的视角，是我们观察历史的基本方法，也是观察其他一切事物的重要方法。仅仅观察到历史现象的某个侧面，就试图对它的全貌做出归纳，难免不会出错。具体到我们在本文中提到的关于宋代社会的评价问题，简单地批评它"积贫积弱"而忽略它的巨大进步，或者仅仅因为喜爱宋代文化的某些内容而对它一味捧抬，都可能是站在了某种片面的立场与视角所致。如何更为综合、更为全面地来观察两宋历史，是学界今后需要面对的课题。

强调全面、综合地观察社会现象，是历史学的基本要求，也可以说这就是历史学思维方式的特点。历史学强调全面地观察某一特定时期的人类社会，而不是像社会科学那样，将人类社会分解开来，仅仅从各不同的侧面来做观察。在现今中国，"专家"之所以蜕变成了"砖家"，撇开其他因素不谈，从方法论层面看，过于"技术化"的社会科学思维方式，片面地观察社会是一个重要原因。归纳性越强的结论，其与复杂社会现象之间的距离可能越大，因而也是越危险的。从唐代到宋代城市的发展，从封闭走向了开放，这样的结论清晰明快，重点突出，实际上却是将复杂的历史演进过程简单化了，从而也就在很大程度上背离了历史事实。

所以，最后我建议大家，尽管历史学作为一门"无用之学"，只需要很少的人来从事专门研究就足够了，对于大多数人而言，不管我们可能从事哪一种工作，学一些历史知识，培养自己的综合观察能力，形成一定的历史学的思维习惯，都会受益终身的。

延伸阅读

包伟民：《宋代城市研究》，中华书局，2014。

包伟民：《陆游的乡村世界》，社会科学文献出版社，2020。

社会架构之运行机制

展龙，1976 年生，南开大学历史学博士，河南大学历史文化学院暨黄河文明省部共建协同创新中心教授、博士生导师，人文社科研究院院长，主要从事明史及历史文献学研究。在《中国史研究》等学术刊物发表论文近百篇，出版《元明之际士大夫政治生态研究》《张居正改革时期民族政策研究》《明清史料考论》等著作多部。

舆论史：中国历史场景中的公众意见与政治秩序

展　龙

舆论（Public Opinion）一词由公众与意见构成，舆即公众，论即意见，在现代西方，直至18世纪才独立成词。1762年，法国启蒙学者卢梭在其《社会契约论》中首次将公众与意见合为一词——公众意见。在中国古代文献中，舆论的文本形式名目繁多，举凡告讦、清议、公论、公议、民意、诬谤、众议、危言、讹言、闲话、激论、群议、群情、传闻、流言、物议、讼冤、时论、民舆、上书、党议、谏言、诣阙、谣言、谚语、妖言、妄论、纵议、众论、流说、谗言、巷议、传言、偶语等，皆是公众意见的表达方式，也是舆论一词的转换形式。现在看来，舆论是一种特殊的精神交往形式，时常与政治变动、社会关系、心理因素等交织在一起，但是，"公众舆论不是乱七八糟的意见，个人或几个人的意见还不能称作舆论。个人意见和广泛的群众意见趋于统一，个人才成为公众舆论的代表。……感受公众舆论总是先从一个或几个人那里听到议论，然后才慢慢领悟社会舆论的底蕴"。在中国传统社会，官方意见是主流意识与专制政治的混合体，具有一定的强制性，"专制时代之舆论，不过立于辅助之地位，虽稍庞杂而不为害"。舆论的绝对专制性长期是社会舆论的主调，专制王朝始终强调舆论的整齐划一，这一特殊现象更多预示着意识形态危机的到来，将窒息民众更具普遍意义的舆论话语，更将民众的意见看作"异端"，因人废言，又因言废人，民众的舆论便成了空话，甚而沦为"危言""妖言"。专制王朝强制维系"舆论一律"，使追随专制的文人学士的信仰增添了牢不可破的桎梏，也使置身于政治之外的普通民众成为真正的"没有语言的人"。然而，强制推行"舆论一律"，实际上难以达到意见的高度统一，所谓"一律"只是近乎空想的表面现象，人们迫于外力不得不把不同意见深藏心底，如此积聚过久，便会集中爆发。

一　舆论时代：从民主"众议"到专制性舆论主调

恩格斯说："我们不再怀疑，世界历史进入了舆论时代。"但实际上，中国很早就步入了"舆论时代"，"大权统于朝廷，庶政公诸舆论"。中国先贤认识到顺从民意是为政之道的重要准则。孔子发现舆论具有检验政治举措、政治功过的效果，认为"天下有道，则庶人不议"。孟子则提出舆论代表民心向背，"得天下有道，得其民，斯得天下矣。得其民有道，得其心，斯得民矣。得其心有道，所欲与之聚之，所恶勿施尔也"。管子更强调君主要"与民为一体"，为政之道在于与民同心，王朝至治在于顺乎民意。这些思想构成了中国古代民本主义舆论观，使人在认识到舆论的政

治功能之时，也产生了操控舆论的愿望。历代统治者都把驾驭舆
论作为一种重要的权术来对待，并逐步总结出一套严密的应对
系统。

远古时期，舆论主体为氏族成员，舆论客体则集中在人与自然
的关系上，舆论形态表现为简单的民意。民意的传播方式既表现为
庶民之间的意见交流，也表现为庶民与"首领"的政治互动，"凡
厥庶民，极之敷言，是训是行，以近天子之光"。当时，天子处理
公共事务或指定政令，时常征求庶民意见，如舜禹治天下，"询于
四岳，辟四门，明四目，达四聪"，"惟帝时举，敷纳以言"。尧舜
制定政令，也总是考察民情，尊重民意，听取民意，出现了"士
传言谏，庶人谤于道，商旅议于市"的舆论局面。不仅如此，为
避免政令之失，尧舜鼓励民众击鼓进言，评论时势，"尧置敢谏之
鼓，舜立诽谤之木"。由此，简单的民意有时表现为具有一定组织
性的"众议"，使得原始的议事制度表现出高度的权威性，其所塑
造的民主舆论观念空前高涨，并对社会管理产生了决定性意义。如
尧服从"众议"，派遣鲧治理洪水，某种程度上反映了远古社会舆
论民主的一般情况。正是由于舆论在远古社会具有调整社会关系的
重要作用，即使没有国家机器，社会成员也能和睦共处、安居乐
业。恩格斯说："氏族制度是从那种没有任何内部对立的社会中生
长出来的，而且只适合于这种社会。除了舆论以外，它没有任何强
制手段。"同时，在落后的远古时代，神秘的超自然力量时常影响
着舆论的生成和传播，"汝则有大疑，谋及乃心，谋及卿士，谋及
庶人，谋及卜筮"；当原始先民无法抽象地表达意见时，就会以神
话传说等象征性思维评价社会事务。当人们通过生动的故事称颂战
胜自然、征服敌人的英雄人物时，舆论便以神话传说的形态表达
出来。

至奴隶社会，古代先民逐渐摆脱巫术、神话、传说的束缚，自
觉寻求趋近理性的舆论途径以表达意愿、抒发情怀。如《诗经》中

的"美刺"作品，既是舆论对社会乱象的强烈谴责，又是舆论对承平世界的由衷赞誉，"论功颂德，所以将顺其美；刺过讥失，所以匡救其恶"。更重要的是，这一时期出现了一个具有自由民主性质的社会力量——"国人"和专门从事舆论传播的职业人——"舆人"，他们代表某个社会阶层的集体利益，从事舆论活动，发表政治主张，鼓吹思想说教，出现了盛于一时的"国人之议"、"国人之谤"和"舆人之诵"。周厉王肆意止谤导致的政变是国人登上政治舞台的标志，也是国人言论威力的重要体现。至春秋战国，国人地位日益凸显，凡国家大事，国人莫不参与，如郑子产作丘赋，国人谤之曰："其父死于路，己为虿尾。以令于国，国将若之何？"子产执政一年，舆人诵之曰："取我衣冠而褚之，取我田畴而伍之。孰杀子产，吾其与之！"战国时，"舆人"的含义进一步扩大，不仅包括国人庶民，也包括新兴士人。在此情况下，各路诸侯养士成风，君王、贵族、士人集聚一起，评骘时事，纵论学说，舆论气氛空前浓郁。天下士人周游列国，上说下教，传播意见，涌现出了孔子、孟子等一大批舆论活动家，催生了中国历史上最为活跃的舆论时代，"诸侯异政，百家异说，则必或是或非，或治或乱"。孔子褒贬春秋，孟子骂尽诸侯，老子昌言道德，墨子批评乱世，齐国稷下学宫游说之士，"皆赐列第，为上大夫，不治而议论"。故此，各路诸侯礼贤下士，吸纳言论，征求民心，力行改革，秦、吴、魏等国的改革变法，皆是广采民意的结果。正是在舆论的推动下，春秋战国出现了百家争鸣的局面，并孕育出伟大的历史变革。当然，当权者也时常压制舆论，迫害"异端"，"析言破律，乱名改作，执左道以乱政，杀。……行伪而坚，言伪而辩，学非而博，顺非而泽以疑众，杀"。

至帝制时代，随着一统王朝的建立，舆论活动呈现出新的历史形态。此时，贵族舆论、官僚舆论和地主舆论此起彼伏，错综交杂，冲突不绝，加上广大士人和农民起义的舆论推助，舆论高潮贯穿始终。在新的社会关系中，士人、地主和市民的思想日趋独立，城镇成为人们交换消息、公议时政的天然场域，显贵巨富、儒士说客云集于此，议论朝政，谈天论道，形成中国早期社会的公众舆论。

始皇建秦，统一思想，以法治国，但纵然如此，舆论批评仍然不绝，"人闻令下，则各以其学议之，入则心非，出则巷议，夸主以为名，异取以为高，率群下以造谤"。士大夫结党聚议，交游集会，使民间舆论偶有骚动。至汉代，以官僚、士人、市民、学生等为代表的"清流"势力，品评时政，裁量人物，掀起声势浩大的清议运动，"匹夫抗愤，处士横议，遂乃激扬名声，互相题拂，品核公卿，裁量执政"。当时，一大批讲气节、守道义的文人学士趋之若鹜，互相推崇，形成一股与宦官集团纷争对抗的舆论势力。同时，士大夫之间各树朋党，相互排异，明争暗斗，非议如潮，不断挑起舆论风波。其间，清议虽然屡次引发党锢之祸，招致残忍摧抑，并一度转向清谈，但作为一种代表集体"正义"的舆论形态，赓续不绝的清议运动一定程度上激发了舆论生成的思想动力，扩大了舆论活动的传播范围，增强了舆论影响的能量。

较之原始、奴隶社会，帝制时代的舆论对象更加广泛，内容更趋丰富，与此相联系，官方对待社会舆论的态度也有所不同。总体上，汉魏注重利用社会舆论，隋唐注重操控社会舆论，宋明以降则主要表现为压制社会舆论。可见，中国古代从"盛唐雄风"到晚清"病夫之国"的历史转变，恰恰与官方逐渐压制社会舆论直至万马齐喑的沉寂状态相一致。这也表明舆论环境的宽松与否直接关系王朝的盛衰存亡。

二 舆论形态：既是"喉舌"，也是"镜子"

在中国传统社会，社会舆论的存在形态具有较强的时代特征，这在舆论主体、舆论客体、舆论形式等方面皆有体现。首先，舆论主体是能够自主发表意见的人——广大民众和知识精英。其中，广大民众的舆论表达简单而直接，舆论诉求务实而真切；知识精英的舆论表达含蓄而深邃，舆论诉求宏远而致用。而且，在某些特定历史时期，广大民众和知识精英的舆论诉求交融相生，形成声势浩大的舆论洪流，掀起空前的舆论高潮，引发深刻的社会变革。其次，舆论客体是社会现象、社会事务、社会问题等。这些社会现象往往具有一定的"争议性"和"刺激性"，这些社会事务往往具有一定的"公共性"和"现实性"，这些社会问题往往具有一定的"冲突性"和"反常性"。只要民众对现实社会表现出的集体意见、社会态度、价值取向形成某种趋向，现实社会本身就会成为舆论客体。再次，舆论自身是信念、意见和情绪表现的总和，"舆论是公众对其关切的人物、事件、现象、问题和观念的信念、态度和意见的总和，具有一定的一致性、强烈程度和持续性，并对有关事态的发展产生影响"。最后，舆论强度是判断舆论功能和影响的主要指标。按照表达方式，舆论分为两种：一是可以直接体验和观察的行为舆论和言语舆论；一是没有行为和言语体现的内在态度，这种舆论表达方式表面含蓄收敛，实则潜藏种种危机。如若舆论主体未对客体产生任何影响，这种舆论的强度就较弱，不过是一种无足轻重的一般议论；相反，如若各种舆论相互交织、深刻影响着舆论客体，并使舆论客体朝着主流舆论的方向发展，这种舆论的强度就较高。

在中国传统社会，舆论的存在形态大体有官方舆论和民间舆论。官民舆论的交流融合是维持社会发展的重要条件，但在专制时代，统治者时常把不同于官方意识的言论视为谣言、危言和妖言，并采取高压政策加以管制；而统治者的意志却不受束缚，言出法随，一呼百应，民众稍应诺不及，便会祸降人身。缘此，倘若社会制度陷于衰微的泥潭，国家权力又不能及时缓解，民众意见就会直指官方意见而产生舆论冲突，并提出超越自身利益的价值诉求，不断发出天理民心的昭示，引发空前高涨的舆论热潮。在此情况下，官府便应适应舆论多样化、社会化的特点，积极营造良好的舆论环境，认同不同思想，听取不同意见。

官方舆论具有一定的制度规定性和政治权威性，其舆论主体是以言官为代表的官僚群体，舆论客体则主要是国家政治事务及其相关社会事务。在中国古代社会，官方舆论主体主要指君主和臣僚，但在实际政治生活中，言官群体是官方舆论的主要制造者和引导者。一方面，言官群体通过进谏制度匡正君主、谏诤得失。规谏制度萌发于先秦，确立于秦汉，发展于唐宋，衰落于明清。谏诤是言官规劝君主、封驳诏令、表达舆情、议论朝政的重要途径，统治者也深知"若无忠谏者为说，何由行得好事"。规谏制度的长期实施，一定程度上制约了君主权力，纠正了君主错误，规范了政治运作，维护了专制统治，也正因如此，统治者时常广开言路，鼓励进谏。不仅如此，专制王朝将"言路通塞"作为天下兴衰的重要标志，"言路通塞，天下治乱系焉。言路通，则虽乱易治也；言路塞，则虽治易乱也"。不过，规谏制度在发挥舆论监督作用之时，也与君主专制存在不可避免的矛盾冲突，最终伴随君主集权的极端强化而走向衰落。另一方面，言官群体通过监察制度监督百司、纠劾百官、肃清吏治、肃正纲纪。举凡文武百官、内外臣僚、皇亲贵胄，皆是言官监察弹劾的对象；举凡官吏滥用职权、袒护包庇、违法乱纪、失职渎职、徇私舞弊、铺张浪费、骄肆慢上、贪酷不法、无礼妄行等，皆在监察纠弹之列。早在秦汉时，即置御史大夫、御史中丞等掌纠察之任，使"逾垣者折肱，捷径者灭趾"。唐代御史大夫"掌肃清风俗，弹纠内外"。宋代监察御史"掌分察六曹及百司之事，纠其谬误，大事则奏劾，小事则举正"。元代御史大夫主要职责是"弹劾中书省、枢密院、制国用使司等内外百官奸邪非违"。明代监察御史则"主察纠内外百司之官邪，或露章面劾，或封章奏劾"。清代"设立科道寄以耳目重任，建言参劾乃其专责"。

同时，设有舆论机构。春秋战国时，即有"御史"之职，负责记载史事，记录功过，顾问国君。秦时置御史大夫，统领御史中丞、侍御史、监御史等，执掌监察百官、传达奏事、管理典籍、起草诏文等职。汉承秦制，设御史台，归属少府，执掌执法纠察。武帝时，又将全国分为十三部监察区，由刺史监察地方。魏晋以后，御史台成为独立的监察机构，并废除地方监察机构，改由朝廷派遣巡御史负责监察地方。隋唐时，"以法理天下，尤重宪官"，将御史台分为三院：台院"掌纠举百僚，推鞫狱讼"；殿院"掌殿廷供奉之仪式"；察院"掌分察百僚，巡按郡县，纠视刑狱，肃整朝仪"。至宋代，御史台仍设三院。地方设通判，奏报地方舆情，监察地方官员，为风纪之司。此外，地方转运使、提点刑狱公事等，也是监察州县的官员。元代监察机构由御史台、行御史台和诸道肃政廉访司等构成。其中，御史台与中书省互不统属，不仅监察百官，且可选任台官。明清监察官员监督范围不断扩大，权力更趋威重，掌持纠劾百司、审讯刑狱、分巡地方、纠察朝仪、供奉讽谏、监督军政、提督各道等职权。总之，中国古代监察机构的权限因时而变，日趋扩大，由最初的顾问君王、监察百官，逐渐发展为分级监察、弹劾监督、参与司法等。但万变不离其宗，历代监察机构的"闻风言事"功能决定了其始终是主导官方舆论的核心力量。

严格意义上说，谏官也属监察官员，只不过封驳、劝谏的是至上的君王，因而其行使官方舆论的方式更具特色。早在秦朝，已创言谏制度，由谏议大夫、给事中负责实施。其中，谏议大夫"掌论议，无常员"；给事中由大夫、博士、议郎兼领，"掌顾问应对"。两汉时，谏官有太中大夫、中大夫、谏大夫和给事中，虽属兼职加官，"皆名儒宿德为之"。魏晋时，建立专司谏议封驳的门下省，谏官统归门下省，给事中可以"随事为驳"。隋代门下省执掌封驳之权，凡皇帝诏敕，须经门下省审核方能生效，否则须退还中书省复议。唐承隋制，言谏制度日益完善，"谏有五：一曰讽谏，二曰顺谏，三曰规谏，四曰致谏，五曰直谏"；高宗时始设谏议大夫，武后时又置补阙、拾遗二官，以掌供奉讽谏；玄宗时复以谏议大夫属门下省；肃宗时，"敕谏议大夫论事，自今以后不须令宰相先知"。五代时，设谏院，以给事中为主官。宋代台谏分职，门下之外设封驳司，由宦官执掌；又设谏院，"谏官掌规谏讽谕，凡朝政阙失，大臣至百官任非其人，三省至百司事有失当，皆得谏正"。谏官上谏君主，下言百官，且享有"言者无罪"的特权。辽金时，设谏院，分隶中书、门下省，掌谏议，又设审官院，掌封驳。元代不设谏官，台谏合一，御史兼管言谏。明代设六科给事中，"掌侍从、规谏、补阙、拾遗、稽察六部百司之事"。清代六科给事中的职权有所削弱，"掌发科钞，稽查在京各衙门之政事"，军政大事、重要奏疏尽归军机处办理。自雍正后，六科隶属都察院，科道合并，台谏合一，谏官的封驳权彻底废除，谏官制度也随之终结。

官方重视舆论的采集，中国古代官方收集舆情的形式因时而异。先秦时，主要通过采集歌谣的方式采听舆情。夏朝有"采诗问政"制度，史官采集民歌，以观执政。承此制度，周朝专设"行人"采集民歌，"献之大师，比其音律，以闻于天子"。此后，官方舆情采集方式日趋多样，主要有以下三种。

一是巡按制度。早在尧舜时，即定期巡狩四方，考察地方。夏、商、周的巡狩期限趋于灵活，各有不同。战国时，始有"巡行"之制，国君、相国、郡守均可巡查地方。秦始皇统一天下，先后五次外出"巡行"。至汉代，州部特设刺史，职在传布政令、省察治状、黜陟能否、断治冤狱、举劾按章、教化民众、推荐人才等。唐代始有"巡按"之名，天宝以后，朝廷常派官员巡按天下，黜陟官吏。自是以后，历代王朝多派御史、谏议大夫、监司、按察使等，通过明察暗访，出巡地方政治，传递社会舆情。至明代，专派监察御史分巡各道，考察吏治，史称巡按御史，并出现具有巡按职能的总督、巡抚之职。清袭明制，虽废巡按御史，但仍有巡盐御史、巡漕御史、巡农御史等。明清御史品级虽低，但事权颇重，"所按藩服大臣、府州县官诸考察，举劾尤专，大事奏裁，小事立断。……凡政事得失，军民利病，皆得直言无避。有大政，集阙廷预议焉。盖六部至重，然有专司，而都察院总宪纲，惟所见闻得纠察。诸御史纠劾，务明著实迹，开写年月，毋虚文泛诋，讦拾细琐。出按复命，都御史覆劾其称职、不称职以闻"。

二是击鼓鸣冤。击鼓鸣冤是古代先民自诉、直诉的渠道。早在尧舜时，已有"进善旌"、"诽谤木"以及"敢谏鼓"，民众遇有不平之事，即可击鼓鸣冤。西周设"路鼓"和"肺石"。秦汉时设公车司马，接待直诉事务，并出现"诣阙上书""邀车驾"等形式。自魏晋开始，始设"登闻鼓"制度。唐武则天时设立匦使院，以受四方言事、诉冤之书。宋代设登闻鼓院，负责接受民间上诉、举告、请愿、议事等进状，是官府与民众沟通的重要途径。

三是钦差制度。"钦差"是受命皇帝外出办事官员的统称。钦差之制始自明代，此前只有"特使"。"特使"源于春秋战国，因战争频仍，"特使"主要负责军事外交活动。秦汉时，皇帝不断派遣"特使"处理监督军务、督修水利、督修堤防、征聘人才等事宜。魏晋时，"特使"主要负责观风采政、广求民瘼、案行灾害、巡行抚恤、督催赋税、督捕盗贼、治理案狱、刺举奸非等。隋唐"特使"职权进一步扩大，并出现了两税使、转运使、盐铁使、青苗使、铸铁使等专门"特使"。宋代"特使"沿袭唐朝，但名为"走马承受公事"，后改称"廉访使者"，继而恢复旧名。金元时，"特使"巡察地方成为常制，"凡数岁辄一遣黜陟之"。至明清，"钦差"正式成为临时官职，举凡由皇帝特派理事的官员，其职衔前均冠以"钦差"。其中，明代"钦差"的权限受自皇帝，权势显要，诸如督理税粮、总理河道、抚治流民、整饬边关、监理军事等，皆是"钦差"职权所在。清代"钦差"一般在职衔前冠以"钦差大臣"，钦差大臣多由封疆大吏兼任，承办事宜更显重大，多是关涉国家安危的大事。清亡后，钦差之制随之终结。

掌控舆论媒介，中国古代官方舆论的传布媒介较为有限，除进奏院、瓯使院、通政司、驿传、邮驿等传布舆论的机构及诏书、章奏、告示、榜文、塘报、揭帖等官方文书外，最重要的舆论媒介莫过于官方报纸了。报纸最早出现于唐代，诸如"开元杂报""敦煌邸报""邸吏报状"等，皆是在士大夫阶层和官僚机构内部发布的官方报纸。较之唐代报纸，宋代"邸报"更具官报的"喉舌"特征，进奏院发布的邸报有"邸状""邸钞""状报""朝报"之称。大体上，宋代邸报多载官方事务，且多粉饰之辞，带有官报固有的政治色彩。明代官报仍称"邸报"（现存《万历邸钞》《天变邸抄》《急选报》等），发布内容广涉政治、经济、文化、民族、军事、灾害等，所载人物上自皇帝，下至庶民。明代言禁严厉，但"邸报"对社会新闻、突发事件的报道，一定程度上拓展了古代官报舆论传播的路径。清初，官报主要在官府内部流通，禁止"胥役市贩"阅览。清中叶以后，出现了单页小报，但内容多是突发新闻和灾害报道。

在中国古代社会，非官方民众或组织就某些政治、经济、社会问题发表的集体性看法或意见，一定程度上反映民间社会的利益诉求，从而形成一股与官方舆论有别甚至对抗的舆论势力，此即民间舆论，主要有两种形式。

一是士人舆论。在士阶层产生之前，民间舆论的推动者主要为

国人、舆人等具有一定文化素养和社会担当的"自由民"。这些人
对政治的热切关注和积极评论，是其登上历史舞台的重要标志。春
秋以降直至明清，社会关系逐渐调整，社会阶层日益整合，以"文
化人"和"自由民"为主体构成了新的社会阶层——士人。从此，
士人成为民间舆论的主要制造者和核心引导者。总体上，士人舆
论表现出以下鲜明特点：集体性，即士人的舆论活动往往以群体
形式出现，他们胸怀天下、意气相投、联成朋党、结为文社、评
点人物、品评时事，舆论便以共同观念、集体意识的形式呈现出
来。正因如此，士人舆论往往能量强大、影响深远；政治性，对政
治的无限热忱是传统士人的根本志趣，凡逢突发政治事件、敏感政
治人物，总能激发士人评骘政治、臧否人物的极大热情。盖因如
此，士人的政治性言论大多会受到统治阶层的密切关注、严格监
控和严酷迫害；广泛性，即士人舆论所关注的时代话题不仅具有
广泛性，参与舆论活动的社会成员也具有广泛性。每逢某一舆论
活动发生，多有某一或某些权威士人成为舆论领袖，在他们的倡
导和推动下，不仅有大批士人参与其中，包括在朝官员、宗教人
士、普通庶民也会纷纷而来。因此，士人舆论一旦生成，便会迅速
传播，遍及朝野；敏锐性，士人大多是游离于政治边缘的特殊群
体，他们具有强烈的政治意识，但又无政治身份；他们具有深厚
的文化底蕴，但又难以跻身缙绅。缘于这种特殊的身份和价值取
向，士人舆论往往对时代话题、社会现象、现世人物表现出极强
的敏感性、敏锐性和预见性；公共性，士人舆论是在社会与国家
之间这一广阔公共场域内进行意见的自由交流，因此公共性是其
重要特征。若无公共性，士人舆论便是私下的议论，虽然可以在
一定范围内得以传播，但难以获得合法的舆论力量和有力的社会
支持，以便改变国家权力的运作和民众生活的处境；文化性，若
说士人具有两大功能，政治功能居其一，文化功能当居其二。士
人多是饱读经书的文人学士，立言立德、传道授业、著书立说是

其主业。与之相关，士人时常以文会友、交游唱和、谈天论地、谈古论今，平常的学术交流包含着深沉的政治关切和浓郁的文化意蕴。

二是民众舆论。在中国传统社会，普通民众（自耕农、商人、手工业者、市民、佃农等）属于"没有语言的人"，很难有说话的权利和表达意愿的渠道。但在某些历史时期，广大民众依然出于自身利益，自觉发起舆论活动，这些舆论的表达契机既有制度架构内的民意诉求，也有迫于时势而发起的对抗官府的舆论活动。前者如民众集体诣阙上访、乞留清官、表彰正义、状告贪官、灾害申诉、击鼓喊冤、民谣谚语等，此类舆论诉求往往充满着道德说教、法律批判和意识导向，既代表"道统"彰显了民心所向，也代表"政统"推扬了官方理念。较之上述，农民起义中的舆论活动则是民众表达舆论诉求的最为激烈的方式，而其提出实施的斗争纲领或口号，便成为民众舆论的集中反映。秦末陈胜、吴广起义，提出"王侯将相，宁有种乎"的口号，是早期民众平等意识的历史折射。西汉末年樊崇起义，提出"杀人者死，伤人者偿创"的口号。东汉末年张角、张鲁起义，广泛传播"太平道"，提出平均财富的思想，得到民众的纷纷响应，"众徒数十万，联结郡国，自青、徐、幽、冀、荆、扬、兖、豫八州之人，莫不毕应"。唐末农民起义时，王仙芝自称"平均大将军"，黄巢号称"冲天太保均平大将军"。平均与均平，都体现了一种素朴的平等主义精神。北宋王小波起义，提出"均贫富"口号；后继者李顺将其付诸实践："悉召乡里富人大姓，令具其家所有财粟，据其生齿足用之外，一切调发，大赈贫乏。"南宋钟相起义，继续以"等贵贱，均贫富"为号召，并见诸行动二十余年。元末红巾起义时，传唱诗谣，"天遣魔军杀不平，不平人杀不平人，不平人杀不平者，杀尽不平方太平"，也以均贫富为号召。明末李自成起义，"均贫富"的理想变为现实，深得人心，"吃他娘，着他娘，吃着不尽有闯王，不当差，不纳粮"。当然，较之官方舆论，民众舆论也时常表现出多变、杂沓、偏激等特点和不足。

三 舆论功能：公共意见的"正能量"与"负能量"

舆论是综合人们的集体意识而形成的共同意见和公共意见，时刻反映人们的呼唤，是感受社会冷暖的"皮肤"，是社会的晴雨表，是民心的反射镜，是公共行为的报警器。即使在君主专制时代，舆论也是官方制定政策的重要依据，发挥了监督行政、修正政令、规范道德、淳化风气、引领风尚等重要作用。

一是舆论是国家施政的重要根据。摩尔根（Lewis Henry Morgan）说：古代"民众对于一切重大问题必定会运用他们的智慧产生一种舆论，酋长会议感到很希望也很需要同舆论协商，一则是为了公众的利益，再则是为了维持他们自身的威信"。如汉朝对社会舆论比较开放，积极地利用舆论来为政治服务。以选官制度为例，当时选官的主要途径是征辟和察举，而民间清议是征辟、察举的根据。乡间宗党通过对某人品德、性格、才能、识度的长期观察而得出评价性舆论，官方则凭借这些舆论的褒贬来决定此人是否可以聘用。至魏晋，实行九品中正制，清议成为世家地主参加政权、品第人物以获取高位的舆论工具。三国时期，文帝曹丕执意兴兵伐吴，谏臣王朗上疏阻止，认为不宜轻率伐吴，否则"臣恐舆人未畅圣旨"，文帝听从其意见，就此罢兵。

二是舆论是规范道德的重要方式。道德作为一种深层的意识形态，必然与作为表层的意识形态——舆论存在密切联系。一方面，舆论表达了人心的向背，对于道德言论和行为有一定的约束作用；另一方面，舆论是一种精神力量，对社会秩序具有一定的调节作用，而伦理道德时常成为舆论说教的尺度和标准。在中国传统社会，风俗、道德、礼仪等文化价值观念都会对社会成员产生影响，这种影响往往会随着人们的说服、嘲笑、闲话、非难、蔑视等舆论行为而强化，以致舆论一定程度上成为整合时代精神、梳理道德规范的助推力量。如春秋时代，国人的舆论"谤言"具有较高威信，在此情况下，郑国的政治家子产顺应形势，实行开明政策，重视国人舆论，"作封洫，立谤政，制参辟，铸刑书"。子产提倡自由议政，听取舆论批评，使郑国由乱而治，舆人诵之曰："我有子弟，子产诲之。我有田畴，子产殖之。子产而死，谁其嗣之？"魏晋以后，官方越发重视对社会舆论的操纵，成为强化专制统治的重要手段。可以说，对社会舆论的操纵就变成了对社会舆论的压制。

三是舆论是抒发民意的重要渠道。儒家认为"民之所欲，天必从之"，但"天命"既然是王权的源泉，民众的不满既不能使"天命"失去效力，也同样不能使皇帝的统治合法化。因此，在专制时代，民众的舆论行为时常陷入困境。美国学者列文森（Joseph R.Levenson）说："民众的不满只是天命丧失的一种征兆，就如同一次洪水是天命丧失的一个征兆一样。同时，它也可能是皇帝失德的一个征兆。"但是，中国历史上"民为邦本，本固邦宁"的重民思想，一定程度上又成为民众发表言论的思想基础。《尚书·皋陶谟》："天聪明，自我民聪明。天明威，自我民明威，达于上下，敬哉有土。"上天的意志和民众的意见是一致的，只有敬天保民，才能保卫国土。《管子·君臣上》："夫民，别而听之则愚，合而听之则圣。虽有汤武之德，复合于市人之言。是以明君顺人心，安情性，而发于众心之所聚。"因此，古代明君主政，多能听取民意，搜集言论，顺从人心，适应人性，进而革新政治，制定国策，还政于民，这已是我国最古老的舆论规律之一。无数历史事实表明：即使在专制时代，在舆论与政治的关系上，广大民众绝非与政治毫无瓜葛的"局外人"。

四是舆论是引领时势的重要路径。舆论是观察社会的"晴雨表"，是某种共同社会意见和社会思潮的公开表达，是实现社会有效调控的重要制约力量。舆论一旦为大多数民众所接受，成为近乎时尚的社会话语，便有了影响和约束事态发展的功能。任何一项新制度的推行和社会思潮的泛起都必须以舆论为开路先锋，从而取得合法性与合理性。例如，历来的社会革命、社会改革大多通过舆论传播来获得民众的认同和支持。在广大人民群众中广泛地制造舆论，从而得到广大人民群众的理解和共鸣，使之对于这些思想主张心悦诚服地接受，进而结合舆论的力量，把这些思想主张及具体方针、政策变成广大民众向往改革的心理和投身改革的实际行动。同时，人们对于改革的向往之情，通过语言和行为表达出来，能使它超越内在的心理过程，强化其固有观念，并且能够变成一种普遍的社会呼声，成为一种社会力量。需要指出的是，公共舆论对社会改革的支持，必须是在社会改革与公众的心理预期相一致的情况下才会发生，否则将产生反作用。

当然，在专制时代，无论以言官为主体的官方舆论，还是以士人为主体的民间舆论，其舆论功能依然是有限的。一方面，专制权力压制舆论。中国古代素来重视社会舆论，"人言可畏"即是明证，故历代统治者重视调控社会舆论。战国时，魏国《法经》禁止非议国事，规定"议国法令者诛，籍其家及其妻氏"。此后，这种法律越来越严密，《秦律》规定"诽谤者族"，"偶语者弃市"，并"下焚书之令，行偶语之刑"。汉代实施"妖言令"，严控妖言惑众。豪族势力"诽讪朝廷"遭到打击，"清议"导致党锢之祸。至明清，文网密织，大兴文狱，民间稍有违逆言论，即被认为亵渎帝王、大逆不道，甚至士人的讲学结社活动也遭到压制。如晚明东林党人，以组织舆论、传播舆论和变革社会为己任，旨在斥责腐败、反对弊政，然而这些舆论活动引起朝廷憎忌，最终引起党狱之祸，成为政治的牺牲品。另一方面，统治阶层忽视政权的民众性和民主性，漠视甚至无视民众正当的舆论诉求和利益要求，导致舆论的对峙冲突，"天视自我民视，天听自我民听"；"民之所好好之，民之所恶恶之……道得众则得国，失众则失国"。在此过程中，随着王朝的兴衰存亡，政治形势"一治一乱"，相同的舆论在不同历史时期的周而复始，反复再现，时常成为神话皇帝、美化皇朝的舆论工具。大凡帝王出生或践阼之时，大都蕴含着浓郁的"君权神授"观念。同样的，中国历史上的农民起义，也往往以宗教神话、语言传说来号召群众，为反抗专制统治制造舆论。明清时期，广大民众和知识精英大胆冲破专制统治的樊篱和舆论"一律"的规则，不仅渴求舆论环境的开放民主，参与甚至引领舆论的风潮，而且空前提出了对权力的诉求，君臣之间要"君臣相师，君臣相友"，在权力分配上也要"大破常格，公天下以选举"。

在专制社会，压制舆论是普遍现象，但制度性地压制舆论则以明清尤甚。朱元璋经过一系列改革，操控一切军政大权，并宣布："后世有言更祖制者，以奸臣论。"因孟子言"民为贵，社稷次之，君为轻"，即命刘三吾等删《孟子》，定书名《孟子节文》。洪武三年（1370），定八股程式，士子应试只能参照《四书章句集注》，而不能有所发挥。如此，八股取士实际成为压制舆论的一项制度。洪武十五年（1382），颁行国子监学规，严控生员舆论，规定"军民一切利病，并不许生员建言"。清代更是大兴文狱，进一步强化了压制舆论的国家制度，自此以后，便不再有"开放"的舆论环境，"万马齐喑究可哀"便是真实写照。

然而，在中国传统社会，舆论依附于国家权力，稳定少变，功能有限。虽然随着时间的推移，舆论主体的独立意识不断加强，外界的细微变动在一定条件下可能引发舆论，进而成为对权力组织、政治活动的制约力量和监督力量。但在专制时代，舆论主体对政治自由的要求是微不足道的，种种限制将舆论的道义担当、政治批评统统逼进了政治的牢笼，显得颇为沉寂。那时，舆论的主体力量除了普通民众外，最具活力的当属士大夫。士大夫基于现实的考量，怀抱经世致用之志，时常以经典的叙述来比照现实政治，并从中寻找批判的理论依据，评论政事。因此，在传统社会的舆论结构中，士大夫是最能代表担负政治批判责任的群体，他们从旁观者的视角来审视政治之得失、时势之变迁、人物之善恶，形成独立的士人舆论。不仅如此，广大普通民众在现实的旋涡中，时常因为现实的激发，以民意、民怨的集体主义形式，发出更为浩大的舆论呼声，充分彰显了"群言千金，妙论兴邦"，"天下有道，则庶人不议"的舆论局面。很多时候，当权者纵然可以根据政治需要，压制或放纵言论，然"天下之是非，自当听之天下"，在舆论高涨之际，官方若默视舆论、压抑舆论，舆论的民主意识必将突破政治的强制牢笼，酿成混乱。历史证明：一个不重视民情、不尊重民意的官府，必将大失人心。但在文化环境严酷、专制统治严密的时代，忽视、压制舆论实为常态，社会舆论时常陷入窘境，充满悲剧；即使在时局动荡、形势紧迫之际，那些救世言论和道德舆论虽会骤然高涨，但此刻统治者极少关注这些言论与舆论。

当然，必须指出的是，传统社会的舆论活动并非皆有"正能量"，在某些时候，舆论活动的迷惑性、欺骗性、工具性、误导性、煽情性等弊端会张大泛滥，一定程度上成为扰乱政治秩序、破坏社会稳定、阻碍社会发展的"负能量"。一方面，在社会多变的时代，流言肆意泛起，这是群体议论和传播的结果，也是社会生活中常见的与传播有关的一种集群行为方式。另一方面，那些为了一己之私利、诱导民众情绪的舆论，更是充满危险，可能短期内会形成某种强烈的舆论风波，甚而演化为具有破坏性的集体行为。

延伸阅读

展龙:《元明之际士大夫政治生态研究》，人民出版社，2013。

彭勇:《中国古代的舆情收集与舆论监督》,《人民论坛》2018 年第 17 期。

张剑光，1964 年生，博士、教授、博士生导师，上海师范大学人文学院副院长，兼古籍整理研究所所长，中国唐史学会副会长，上海市历史学会副会长。出版著作主要有《唐五代江南工商业布局研究》《唐代经济与社会研究》《江南城镇通史（六朝隋唐五代卷）》《中古时期江南经济与文化论稿》等十多部。主要研究方向为隋唐五代史、江南经济史、历史文献学等。

开天盛世时期的江南经济

张剑光

本文的题目是《开天盛世时期的江南经济》，看到题目后，有人会问为什么叫开天？为什么不叫开元？其实这个是简称，开元、天宝连在一起，因而叫开天盛世。接下来讲一下本文写作的缘起。几年前，陕西师范大学开过一个会，会议主题是纪念开元盛世。当时他们要我去开会，我在答应以后，他们说要我做一个20分钟的发言，听到这我一下子就愣住了，因为开元我没有研究过。他们通知我开会的时候，大概还有一个多星期，要做20分钟的演讲，那么这个讲座我应该怎么讲呢？我觉得自己应该有一个技巧性的题目。我想大家都会谈到开天盛世，可能会有很多人从不同的角度谈论，但我并不擅长讲这样的题目。但转念一想，当我们在谈开天盛世的时期，南方到底是什么样子？这应该是没人会谈的，我就谈这个问题吧。

之所以我想从这个角度上来谈南方，其实以前我也思考过。我想安史之乱后南方经济增速，这是很多人都会谈到的。讲经济中心转移，说的最早的是在六朝。自张家驹先生认为两宋完成了经济重心的转移后，很多人都在往前推，有说北宋转移完成了，有说五代转移完成了，还有说唐末完成了，更早的说安史之乱完成了转移。各人站的角度不一样，所以观点不同。这些问题自己也想过，无论是讲转移还是没转移，首要问题是应搞清楚南方经济在这个时期到底是个什么样子。是不是说开天盛世的时候，南方经济是不行的，而到了安史之乱以后，南方经济就行了？好像并不是这样。其实经济重心南移是一个过程，有相当长的一段时间，从今天来讲的话，开天盛世时北方经济很发达，但并不是说南方经济很落后。所谓盛世是指一个时期，一个相对比较长的时期，整个国家的内政外交比较清明、平稳，包括我们谈的经济也是比较发达的，也就是说整个社会处于一个比较兴旺繁盛的阶段。要是各个方面都不行，当然是不能称为盛世的。在当时社会里，它的总体实力是怎么样的，这个要做横向比较，不能够只作纵向的比较。如果纵向比较，那么唐朝就可能没有宋朝好。如果有人问起唐宋的实力对比哪个时期是盛世，这样的比较我们就不知道怎么回答了。但是在这个时期，在唐朝的时候，我们对整个世界作横向比较的话，可以这么讲，是一个盛世的时期。

说它是一个盛世时期，放到唐玄宗的开元、天宝年间来看的话，我们始终会发现：第一，唐朝的户口顶峰就是在开元、天宝年间。第二，经济发展比较快，社会财富大量积聚，社会上不少老百姓，按照今天来讲的话，实际上已经进入了一个相对来说比较富裕的或者小康的状态，整个社会的秩序也比较平稳，所以王朝的发展是达到了顶峰。我们对开元、天宝时期，是这么来理解的。

如果我们看一下相关的记载，可以看到这种盛况。比如说杜甫的这首《忆昔》诗："忆昔开元全盛日，小邑犹藏万家室。稻米流脂粟米白，公私仓廪俱丰实。"他说看到开元的时候，在一个又一个小镇上都有万家户口。这个当然是夸张的，诗人的话我们不要当作实际来信，但是他讲到一个小镇或者一个小县城，当时有很多人口，仓库里面的粮食是满满的，所以社会上一些财富的积聚十分充实。开元的盛况，他在这首诗里面写得很清楚。那么，也许有人马上就会说，写这首诗的杜甫这个人有没有问题？这个现实主义诗人用今天一些人的看法心理是不健康的，总是写社会的阴暗面。他的诗常常会做一些对比，因为要对比（安史之乱对社会的破坏之后，社会发展就不行了），所以他就故意把安史之乱前的社会写得很好。不过我不这么认为，觉得他不至于故意把社会描绘得这样富裕，还是相对来讲是比较真实的一种社会态势。因为其他的诗和文章我们现在也是可以看到的，比如说在元结《问进士》这篇文章里面是这样说的："开元、天宝之中，耕者益力，四海之内，高山绝壑，耒耜亦满。人家粮储，皆及数岁，太仓委积陈腐，不可较量。"可以看到，他说开元、天宝时期，大家拼命种地。四海之内，高山绝壑，指全国各地，都有大量的人在耕种。所以粮食收获以后，家家都可以吃上几年，国家仓库里的粮食已经烂掉了很多。可见开元、天宝年间，整个社会是比较富裕的，对吧？

那么我们刚才讲的问题是，当全国经济富裕的时候，江南的经济是什么样的？或者是将这句话换一种说法，开天盛世的粮食中有没有江南的贡献，有一大部分或者是一小部分，会不会江南根本没什么贡献？我们主要是从这一个角度来看问题。我们讲江南经济，主要是问在安史之乱前还是安史之乱以后，才有了明显的进步？问这个问题的时候，我就会想到以前常用的一条资料。解读这条资料，实际上我们的角度是有所不一样的。《通典》卷六记载："（开元二十五年令）其江南诸州租，并回造纳布。"陈寅恪说江南诸州租，到了这时"并回造纳布"，是唐朝经济的江南化，也就是说这种做法是从南朝开始的。有人不同意或者有不一样的看法，但作为依据，下引这条史料是比较重要的：

> 按天宝中天下计帐……课丁八百二十余万……约出布郡县计四百五十余万丁，庸调输布约千三十五万余端。其租：约百九十余万丁江南郡县，折纳布约五百七十余万端。二百六十余万丁江北郡县，纳粟约五百二十余万石。

我们可以看到天宝中的这个天下"计帐"，因为杜佑在唐德宗的时候管过国家的经济，所以他在经济上的一些记录是十分重要的，对这部分内容也比较敏感。他用的"计帐"，我自己的感觉有可能是当时政府的档案材料，他把这些抄了以后就用到他自己的书里面来了。也就是说，全国应该要交赋税的有八百二十万丁，其中要交布郡县的丁一共是四百五十余万。那么，在这里面我们可以看前一半就是以生产布为主，一百九十余万丁是江南的，后一半二百六十余万丁是江北的。

南方和北方比，江南的丁是一百九十余万，北方的丁是二百六十余万，交的租是五百二十余万石；南方交布是五百七十余万端，北方交税是五百二十余万石。在天宝的"计帐"里面，江南的丁数约占全国总丁数的23.17%，丁数是全国的1/4。是全国纳布人数的42.2%，占全国输布总量的55.07%。那么我们就可以看出其他两个方面的重要性。第一个是户口占全国1/4，第二个是交的布比较多，这就是南方的经济基础。江南布的生产量很大，所以开元二十五年（737），政府出台了"回造纳布"，因为江南有了大量生产布的基础。在这里我们可以看到，开元、天宝年间，南方的经济已经很发达了。从布的产量上来讲，它比前朝发展更快，如果算一下的话，就可以发现这些布能满足整个南方人的需要还绰绰有余，已经占了这么高的比例，超过了全国的平均水平，全国一半的布来自江南。

所以学界不少人谈江南开发，讲到经济重心南移的时候，一般都是指经济中心什么时候开始南移的。安史之乱以后到唐末，基本上已经完成。以前我也是这个观点。所以我们通常会认为就江南的开发来说，那是安史之乱以后的事情。但上面的数据告诉了我们，江南经济总量在开元、天宝年间，最起码占全国 1/4 以上。开天盛世的时候，国家经济主体肯定是北方经济，北方经济的发展和繁荣是当时的主要内容；不过南方经济，实际上已经出现了崛起的势头，经济在快速发展。以往我们更多的是关注唐前期北方经济的发展，所以北方经济繁荣和发展的具体情况我们很清晰，但南方经济到底是怎么样的，发展到怎样的程度，我们反而并不是太注意。我们都关注北方的发展，掩盖了南方经济的真实情况。那么江南的经济到底是怎样的？

以下打算从人口、水利和农业、行政区划、城市建设、手工业等几方面进行一些观察，当然这是简单的观察。所以整个讲座是平面的，从几个方面围绕一个中心来谈问题，即开元、天宝年间江南经济到底是什么样的？

一 人口数量

我们首先看一下人口的数量。大家都知道在经济发展相对来说比较落后的时候，劳动力的数量就是经济发展的基础之一。经济的繁荣和劳动力数量成正比关系，人口数量的多少是衡量一个地区经济发展水平高低的一项重要标准。

也就是说经济发展的水平和人口数量有密切关系。以前人口太多，所以一直搞计划生育。但是在最近这几年政策又改变了，因为出生的人比较少了，对经济发展来说肯定是不利的，所以现在也逐渐放开计划生育。今天是如此，在古代社会就更加是这样了。经济的繁荣，实际上和劳动者的数量是成正比关系的。也就是说，这个地区人口数量到底有多少，基本上和这个地区经济发展水平的高低是同步的，这是衡量的标准。讲人口数量其实就是讲经济，在中国的古代，最起码明代以前是这样。明代以后出现了新情况，有的地区人口数量多了，反过来对生活品的消费造成了压力，但在唐朝肯定不存在这种情况。

唐朝人口的数量，有比较细致的统计，我们主要就是通过两《唐书》的记载可以看到。比如说贞观十三年（639），关于江南的资料（主要是指相对来说比较小一点的江南概念，对应于两浙地区。也就是我们后面谈到的，主要是唐朝中后期的浙东和浙西地区，包括今天的苏南地区、上海和浙江，这是经济较发达的地区），我列了表1。

表1　唐代江南诸州户口数

序号	州名	户数	口数
1	婺州	37819	228990
2	杭州	30571	153720
3	润州	25361	127104
4	越州	25890	124010
5	常州	21182	111606
6	括州	12899	101606
7	湖州	14135	76430
8	睦州	12064	59068
9	苏州	11859	54471
10	台州	6583	35383

从表1大家可以看到江南诸州的户口数量，其实总体上人数很少，最多的一个州就是婺州，人口就是二十几万。实际上这个时候的婺州茫茫一大片，占地相当广泛。再看下一个州，像苏州，只有一万多户，人数很少，农村和城市里的户口全包括在里面。表1所列的这些数字，是从《地理志》上抄下来的，大家可以粗略看一下，但是接下来要细讲的是每平方公里的人口数这个问题。

早些年前，首都师范大学有个学者叫翁俊雄，他写过好几本书，分别对唐代各个时期的经济发展情况进行统计，书中有人口数量的统计，这里我也是用了他的一个数据。他对贞观十三年江南道各州每平方公里人口密度做过统计，从高到低依次为杭州（18.97）、润州（16.05）、常州（13.17）、湖州（11.86）、婺州（10.81），越州、睦州、苏州、括州、台州都不到10人，最低的台州只有2.92人。翁俊雄先生的统计对不对？我们这里只是做个大致的参考。有人认为他这个数据不准。为什么？因为他统计每平方公里的人口，就要涉及一个州面积多大，翁先生实际上是根据谭其骧先生的《中国历史地图集》的进行计算的，所以有人认为不太准。但是我认为你要说一定是18.97还是18.98，这个自然是不准的。因此，这个数据说明的大致情况还是可以的，所以我们就用他的统计来看江南的人口密度。这里可以看到江南发达的地区每平方公里只有17~18个人，10个人以上的只有5个州。其他的州10个人都没有，最低的只有3个人。这是一个什么样的地方？完全是不毛之地。所以下面的问题来了，开天盛世的时候，我们刚才讲北方的经济达到了唐朝历史上的顶峰，因为有足够的人口数量，所以北方的农业生产是快速发展，这是基本条件。那么当开天盛世的时候，江南地区的人口到底怎么样？

我们要问的是这个问题，前面贞观十三年的时候户口数量肯定不行，少得可怜，那么到了开元和天宝时期是怎么样的，史书里面有记载，我们按照户数的高低进行排队（表2）。

表2　开元至天宝时期户口数

序号	州名	户数	增长率（%）	口数	增长率（%）	密度（人／平方公里）
1	婺州	144086	281.0	707152	208.8	67.4
2	常州	102631	384.5	690673	518.8	81.5
3	润州	102033	302.3	662706	421.4	83.7
4	苏州	76421	544.4	632655	1061.4	45.8
5	杭州	86258	182.2	585963	281.2	72.3
6	越州	90279	248.7	529589	327.0	57.5
7	台州	83868	1174.0	489015	1282.0	40.2
8	湖州	73306	418.6	477698	525.0	74.1
9	衢州	68472	——	440411	——	41.2
10	睦州	54961	355.6	382513	547.6	46.2
11	括州	42936	232.9	258248	154.2	14.5
12	温州	42814	——	241694	——	20.6
13	明州	42027	——	207032	——	40.2

　　表2里面我们要注意看的是户数和口数的增长率，大家可以看到好几个州是300%~400%。苏州和台州的户、口，常州、湖州、睦州的口，增长率都是在500%以上。这个足以说明各州的人口数量是在大量的增加。就整个江南地区而言，户增长率为381.2%，口增长率为538.3%，而同期全国户增长率为195%，口增长率为312.7%，江南户和口的增长远较全国快速。

　　另一个是每平方公里的人口数，江南的常州和润州，每平方公里人口都超过了80人。与贞观十三年相比，天宝年间常州每平方公里增长了68.3人，润州增长了67.7人，婺州增长了56.6人，杭州增长了53.3人，农业发展需要的基本人口数实际上已经足够。如果超过或接近每平方公里 100 人，大体已经满足了农业精耕细作的需要。而江南地区实际上在开元、天宝年间，不少地区的农业生产已经告别粗犷性的发展，开始向精耕细作的方式转变。这一点是特别重要的。

江南地区人口的增加远远超过了全国平均水平。从中可以推测，开元、天宝时期江南经济的发展必定快于全国平均速度。斯波义信《宋代江南经济史研究》认为天宝年间江南人口的猛增，"应是农田水利工程建设、育种史上的技术革命以及交通的发达"等原因导致的。反之，人口的快速增加，必然会导致经济的快速发展。

二 水利和农业

接下来我们讲一下水利和农业的问题。我们看到斯波义信在《宋代江南经济史研究》里面提到，水利是经济发展的一个重要内容。可以这么说，水利是交通、城市、商业和农业发展的重要基础。通常认为，唐代前期的水利建设主要集中在北方，唐代后期南方地区出现了水利建设的高潮，水利建设的重心应该是在南方。这个观点早就有学者提出来，大家要看书的话，可以看冀朝鼎的《中国历史上的基本经济区》，他对汉唐间水利事业的发展有总体的看法。而且通过列表格，我们可以清晰地看到唐朝前期北方有多少工程数，到后期南方有多少工程数。这样通过整体的大致情况来观察水利建设，是绝对没有问题的。但我们如果要仔细看的话，具体到每一个阶段，水利建设其实还是各有一定的特点。如果你划个时间段，将某一时间段拿出来看一下的话，就可能发现还有一些具体的问题没有揭示出来。我曾经对唐代两浙地区的水利进行研究，当时对这个问题自己有一些看法，后来我想在北方也研究两个道，要找两个经济好一点的北方两个道，选择了河南道和河东道。南北是两种水利建设的模式，所以北方选择了比较典型的这两个道。河南道主要是今河南地区，今天的山东地区不包含在里面。大家马上会问，为什么把河东道放进去？因为河东道是唐朝的粮仓，河东道的粮食产量其实是很高的，当然比不上河北道。但是河北道后期受藩镇影响，可能资料记载不是太全。我用了南北方各两个道进行比较，从中想看出唐代水利建设上的一些问题。这篇文章发表在《山西大学学报》2012 年第 4 期。我把这篇文章里面涉及和我在本文中所讲的内容拿了出来，并不是只划唐朝前期、后期两个时段，而是对开元、天宝年间水利建设的相关资料进行分析（表3）。

表3　开元、天宝年间水利建设

州	工程名称	修建时间	工程类别	工程作用
苏州	捍海塘	开元元年（713）	海塘	百二十四里，防海潮
衢州	神塘	开元五年	塘	溉田二百顷
湖州	荻塘	开元中	塘	溉田
明州	普济湖	开元中	湖	溉田
明州	水明湖	开元中	湖	溉田
越州	防海塘	开元十年	海塘	防海潮
润州	伊娄湖堨	开元二十六年	堨	长二十五里，置斗门，漕运
明州	西湖（东钱湖）	天宝二年（743）	湖	周回八十里，溉田五百顷
越州	诸暨湖塘	天宝中	塘	溉田二十余顷

我们如果纯粹把南方和北方的水利工程按照数量来统计的话，其实是有问题的。随便举个例子，大家可以看看像我们南方的这种水利工程都是叫什么"塘"，因为南方的很多水利工程，比如说两座山之间筑个坝就可以变成一个水库，水库的水就可以用来灌溉农业。这个坝其实相对来说工程量不算太大，工程的技术要求也不会太高。相反，北方很多水利工程就不一样。我们可以看到

很多记载，如 100~200 公里一个渠道，这个工程量就大了。第二
个北方和南方的区别，主要是北方的地势有高有低，这个渠道里
的水，如果碰到高的地方就流不过去了。这就需要技术上有所突
破，想办法让水往前流，不只是水往低处流这样简单。所以水利
工程我们用数量来统计，只能说明一定的问题，但不是全部，也
许北方某一个大工程做了很多年，实际用工量可以抵南方的 10 个
工程。所以，只是拿水利工程的数量多少来说明问题，就没什么
太大的意思。

　　这里有个统计，我们可以看到南方这四个道，在整个唐朝一共
有 96 项水利工程，具体分析一下，唐朝前期有 21 项，有一项时间
不明，其他的 20 项清清楚楚记载主要集中在高宗、武则天与玄宗时
期。我们主要是看玄宗时期。唐前期河南和河东地区的水利工程总
共有 46 项，所以刚才我们讲数量不少。那么现在有个问题，高宗、
武则天时期 15 项，唐玄宗时期有 11 项，两者加起来就 26 项，剩下
的 20 项在哪里？其实主要在贞观年间。所以北方水利工程不仅实
施得比较早，而且当社会的需要量满足了，农业灌溉量够了，可能
就放慢了建设水利工程的步伐，甚至不建造了，而南方的水利工程
还是接着在建造。当然接下来是看两个数据的比较，即主要在玄宗
时期，如果单单从书面上来比较的话，南方水利工程的数量也不亚
于北方的数量。也就是说，当北方水利工程建设比较成熟的时候，
南方也在快速地建。这告诉了我们这样一个事实：如果只是通过绝
对的数量来说明，南方的水利工程在不断建造，而且数量并不比北
方少。

　　表 3 里有两个海塘。海塘建设，对农业生产的影响更大。如杭
州盐官"有捍海塘堤，长百二十四里，开元元年重筑"（《新唐书》
卷四一《地理五》）。学术界争论这个海塘具体是哪一年建设的，但
不管怎样，我们可以看到在开元年间是重修了。这个海塘一般我们
认为是浙西海塘。海塘从今钱塘江杭州口岸到今上海金山区，据记

载就是 124 里的距离，当然如果今天我们来算一下的话，实际距离远远超过 124 里。南宋《云间志》谈到一条捍海塘，说："旧瀚海塘，西南抵海盐界，东北抵松江，长一百五十里。"(《绍熙云间志》卷中《堰闸》)"海盐界"就是说当年上海华亭县和海盐县交界的地方，东北抵松江，就是吴淞江（今天上海的外滩的苏州河口，实际上离当年吴淞江口还是有一定距离的），海塘长 150 里。所以这两段材料，有的人认为是指同一个海塘，但是也有学者认为是南北大致相连的两个不同的海塘。我自己的感觉，长度既然不一样，一个是 124 里，一个是 150 里，很有可能这两个捍海塘是南北相连的。这是从杭州到华亭县，整个沿海路线的距离。因为没有更多的资料记载，只有这么两条，所以我们只能够猜测当年的情况。具体来说，捍海塘修筑了以后，它主要的作用就是防止海水的入侵，抵挡海水淹没农田，海塘里面的人们生活就得到保障。如果没修筑海塘，海水就会漫淹上来。如果修筑了海塘限制海水漫淹以后，那么就可以把这些土地在几年以后改作良田。伴随不断的淡水冲刷，若干年以后，土地就可以耕种粮食，所以这些地区的垦田面积可能越来越大，那么人口也不断迁来，户口数量增加。所以苏州海塘的修筑对农业生产的开发作用特别大。大家也都知道，在安史之乱以后，唐代宗广德年间，在太湖的东南地区嘉兴县出现了屯田。

广德年间，在太湖东南地区有个嘉兴屯田，出现了"嘉禾在全吴之壤最腴"，"嘉禾一穰，江淮为之康；嘉禾一歉，江淮为之俭"的局面。当然这个是有点夸张，主要是赞美屯田生产的发展程度。前辈学者缪启愉先生认为这与海塘修筑密切相关。前面讲的海塘修建的确是在开元年间。可以断定，中唐安史之乱后江南之所以能迅速成为国家重要的财赋之地，与玄宗年间一系列重要的水利工程的修建密切相关。农业基础是奠定在开元年间，而成效显现在广德、大历年间。我们从大的方面来讲，水利工程的建

设不仅很重要，而且对人口导入都有很大影响。刚才我讲人口的
时候，发现苏州的人口很稀少，但我们没谈，避开了这个问题。
为什么没谈呢？因为太湖的东部地区，包括苏州和今浙江的一些
地区全部算进去的话，茫茫一大片，人口却很少。我们刚才说的
农业基础奠定在开元年间，而成效显现在广德、大历年间，对人
口来说也是如此。包括后面要提到的华亭县，设立于天宝十年
（751），为什么在天宝年间设立，而且设立了县以后，县南部的边
界和西部的边界就是现在上海和浙江的交界。华亭县的设立有着
经济基础，很有可能是和开元年间海塘的修建有关系。所以我们
提到水利工程，数量是一个方面，海塘的修建实际上对江南农业
的影响更大。

　　开元年间，关中地区因为人口增长太快，需要大量的粮食。中
原地区有大量粮食输出，但供应还是十分紧张，所以江南的粮食源
源不断地运往北方。裴耀卿改革漕运后，三年间从江南运粮七百万
石。以后崔希逸为转运使，每年转运一百八十万石，一直到开元
二十五年（737）。裴耀卿谈到江南漕运时说：

　　　　江南户口多，而无征防之役。然送租、庸、调物，以岁
　　二月至扬州入斗门，四月已后，始渡淮入汴……江南之人，
　　不习河事，转雇河师水手，重为劳费。其得行日少，阻滞日
　　多。……可于河口置武牢仓，巩县置洛口仓，使江南之舟，不
　　入黄河，黄河之舟不入洛口。

江南人口多，粮食产量大，粮食源源不断运往北方。南方的确是有
大量的粮食，通过运河往北方运。所以裴耀卿漕运的一个前提，也
就是说南方并不是安史之乱以后突然发展起来的，而是南方的粮食
生产已经有着较高的起点。天宝年间，韦坚在疏浚广运潭后，取小
斛底船二三百只置于潭侧，各船毕"署牌表之"，将粮食送到朝廷

去。这个虽然是象征性的，但各船都是装了各州郡的特产，"船中皆有米，吴郡即三破糯米"，说明南方的粮食最为丰富。糯米，北方人可能不太喜欢，因为主要是吃面粉的，而南方人比较喜欢吃圆子，圆子需要糯米来做。那么，我们为什么要特别提出糯米这个问题？南方人吃的大米饭是粳米，粳米相对来讲亩产量比较高，而如果种植糯稻的话产量就比较低。糯米做的圆子光滑柔软，比较好吃，但是糯稻的产量要比普通的稻米低 1/3 左右。然而为什么唐代前期人们就种植糯米了？之所以要生产这种糯米，是因为人们想提高生活质量。在吃饭这一问题基本解决以后，人们想要调换一下口味，接下来会种一些有特色的粮食，这样就生产出这种糯米了。如果基本口粮不够的时候，人们肯定希望哪一种产量高就种哪一种，不会生产这些提高生活品质的粮食。所以古代史书是不会讲这些问题的，但是我们基本上要弄明白苏州的"三破糯米"作为特产贡到都城的意义，那就是江南不但产粮有余，而且还生产有特殊品质的粮食。

除了这一点以外，糯米的生产还有另一层意义。大家都知道唐朝人好酒，各地都产名酒，而南方酿酒的重要原料是大米，如果是糯米的话质量更佳，生产的酒清澈透明。就是这种苏州的糯米，中唐以后当刘禹锡任苏州刺史时，曾寄到北方去，因为白居易会酿酒。恰好元稹给白居易寄来杨柳枝舞衫，白居易遂作诗云："柳枝慢踏试双袖，桑落初看尝一杯。金屑醅浓吴米酿，银泥衫稳越姓裁。"我们一般农村种过地的人都知道，整个粮食生产中糯稻只种一小部分，因为产量太低。首先是要吃饭，其次才是吃好，所以糯稻就控制着种，只起调换口味的作用。

可以看一下杜甫的诗，其中《舟中》谈到他在长江中曾见"连樯并米船"，长江里面全部是运粮船。一般来说这里谈长江的运输，它当然不只是指长江中游，但如果到了中下游的话，这船基本是从江西、皖江走一段，来到扬州进入运河运往北方。

像这首《后出塞》云："云帆转辽海，粳稻来东吴。"运粮船来到了渤海湾。那个时候大米就是粳稻，粳稻是从东吴来的，就是江南地区。江南地区来的粮食运到北方去，来到了辽海地区，这实际上是江南粮食远销。所以江南的粮食生产在安史之乱以前，也就是开元、天宝年间，已经达到一定的水准或者说是比较高的水准。并不是到了安史之乱以后，江南的农业发展才比较快，而是安史之乱以前，它已经有了一定的高度。这是我们讲的第二个方面。

三　行政区划析置

第三个方面，我们简单地来看一下行政区划的析置。很多学者都关注过新析州县这一问题。总体上来看，就是一个地区，比如说本来是一个大的县，突然划出一半，成为一个新的县，那么一般而言这是人口增加和经济发展的结果。谭其骧先生就讲过，县是历代地方行政区划的基本单位。一般来说县与时俱增，设置后很少有罢并，比较稳定。"一地方至于创建县治，大致即可以表示该地开发已臻成熟；而其设县以前所隶属之县，又大致即为开发此县动力所自来"。一个地方新析置一个县，大致上表明这个地区开发已经成熟了。还有一个就是说新设立的县和以前的这个县之间的关系，原来的县开发到一定程度，可能就是析置这个县的动力所在。所以，原来一个大的县，我们要有动力加快开发，开发了以后这个地方就会析置新县。谭先生主要讲的是浙江历史，这是他总的一个思路。他讲浙江的开发，说到南宋年间南部最核心的山区都已经开发了，比如说庆元县，就是南宋庆元年间设立的，就是在这个时期开发完成。因此，析置新县，就是一个地区的开发过程，是一个地区经济成熟的标志。

一个新的行政区划，它的设立可能和地理、环境和气候的变化有关系，但主要和经济关系更加密切。南方的行政区划在贞观元年（627）州县并省以后，行政区划大体上定型。贞观元年以前是比较特殊的时期，很多县变成州。贞观之后，从州的层面上来讲，南方新析的一共是三个，即上元元年（674）的温州；垂拱二年（686）的衢州，在今天浙江的西南部；玄宗开元二十六年（738），析越州东部地区设明州。明州的设立主要与海陆交通发展有关，另外实际上和制盐也有关系。明州的地位，宋人张津是这样谈的：

> 明之为州，实越之东部，观舆地图，则僻在一隅，虽非都会，乃海道辐凑之地，故南则闽广，东则倭人，北则高句丽，商舶往来，物货丰衍，东出定海，有蛟门虎蹲天设之险，亦东南之要会也。

明州就是今天的宁波，它算不上一个都会城市，但它是海道辐凑之地，也就是说海上交通的中心地区，所以它是"东南之要会"。而这些功能在唐朝就已经出现。也就是说开元二十六年明州的设立，是和海上交通有关系。我们应该知道唐后期的时候有很多日本人来华，实际上大家马上就会知道日本人过来的线路，开始经宁波到江南，有的再到中原。日本人过来了以后都是从明州，经浙东运河，然后转江南运河。为什么不是从海里或者长江口进来后往北走？主要是扬州的交通在唐后期出了一些问题，扬州离长江江面越来越远，所以扬州的优势在减少，因而日本人大多是走这样的路线，而且从内河走比海里和长江口走更安全，这样使明州的地位越来越高。开元二十六年时，还有一个制盐的问题，就是说在今天的舟山地区设立了一个盐监，生产和运输都要协调，沿海设立一个行政单位的需要就凸显出来，所以设立了明州。因此，明州的设立是符合了当时经济发展的具体需要。

县级行政的析置，唐前期两浙数量较多。就皇帝来说，高宗时七个，武则天时期最多，一共十七个，睿宗时两个。所以有很多学者专门写过这个文章，为什么高宗、武则天时期江南析置了这么多县。

我们来看开元年间，玄宗时新析县六个，即苏州的海盐、华亭，明州的奉化、慈溪、翁山，婺州的浦阳，如果再加上相邻安徽南部的话，有宁国、太平、青阳，歙州的婺源，玄宗时期共新置十个县。我们把这些新析县的地理位置观察一下，高宗和武则天时期，新析的县大部分都是在太湖的南岸和钱塘江流域，也就是说很多县实际上是位于平原开发的盲点。唐玄宗时期的六个县有五个县是设立在沿海地区，海盐、华亭、翁山、慈溪、奉化都在沿海。我们可以看到一个特点，江南的开发，县级行政单位武则天时期是在内陆平地上设立，而到了唐玄宗时期，实际上是走向了沿海地区。江南的开发，从内陆走向沿海，基本上在玄宗时期出现。

刚才讲到了华亭县，我们就以它的设立为例，看一下析县是江南经济发展的一个重要标志。

华亭县设立以前，太湖东部地区，包括今天的吴江和上海市的这些地区，如松江、金山、青浦等区，由于自然环境的恶劣，常受湖水浸漫，"从古为湖瀼，多风涛"，大水时期，常会淹没村落。唐代以前，冈身以西部分区域有一定的开发，但深受地表径流不畅的影响而使农田被淹，而冈身以东的部分受海浪冲击，只是小部分地区有人生活，大部分地区涨潮时被淹，退潮时露出水面。所以总体上来讲，在六朝以前，太湖东部地区，也就是冈身以西整个大片地区发展是比较缓慢的。之后有一个工程就是京杭大运河的开挖，挖河的泥土全部堆在河的两岸，成为高高的河堤。河堤的上面就是一条路，也是拉纤人走的路。由于河堤的出现，太湖流向下游各河道的河水被拦挡，湖水不再向四野漫泄，慢慢地今天的苏州东部地区，也就是吴江和昆山部分地区的低洼地有了耕种的可能。另外一个就是冈身以东，长江与钱塘江、海洋三面相汇合，泥沙在不断堆积，面积越来越大，成陆的地区越来越广阔。这种由泥沙堆积而成的陆地一步步向东推进、连续不断，使陆地增长的速度变得很快，造成大量农田需要有人来开垦。随着海塘的修建，海岸线固定下来，海潮已不再威胁海塘内的农田，农业发展迅速。在这种情况下，人口大量迁入，荒地不断开垦，华亭设县就有了可能。再举个例子，上海的东面，今天的临港新城地区，十几年前刚开发时我们去参观，看到的都是种在海滩上的棉花。海滩上不能种粮食，棉花是最合适的。而现在大家去看的话，那个地方早就已经全部被开发了。所以海滩的开发只要有人口导入，速度是非常快的。

当全国迎来"开天盛世"的时候，南方的经济在快速发展。南方的一些地方，比如说像今天在上海的这一块区域，吴郡太守即苏州的刺史赵居贞说，要割昆山县南境、嘉兴县东境和海盐县北境，新设立华亭县。《元和郡县图志》卷二五云："华亭县，上，西至州二百七十里。天宝十年，吴郡太守赵居贞奏割昆山、嘉兴、海盐三县置。"唐代县按人口分为上、中、下等级别，其中六千户以上为上县，三千户以上为中县，三千户以下为下县。也就是说，从三个县中各划出一部分地区设立的华亭县，其时户数在六千以上。华亭县的设立一方面是苏州东部地区经济重要的体现，另一方面官方行政触角伸向了沿海，对沿海地区能有效地进行管理。华亭因为是新设立的，经济上是苏州区域内最差、最落后的一个县，人口最少，只是个上县，但至唐末五代，华亭经济与相邻的海盐、昆山已十分接近，户口也在快速增加。也就是说，华亭县天宝以后经济发展比较快，靠的是海塘的修建。这是第三个方面。

四　城墙修筑

第四个方面我们要讲一下城墙的修筑。隋唐之际，南方没有什么大的战争，所以州县的城墙一般都是用前朝留下来的老城墙，因为经济上还不够富裕，先整修一下凑合着使用。到了开元、天宝年间是和平时期，即使如此，还是能看到当时是对一部分城墙进行了修建，大家可以看一下表 4。

表 4　开元、天宝年间州县城墙修筑

城　市	时　间	城　墙	城　门
睦　州	开元二十六年（738）	子城城墙	
华亭县	天宝十年（751）	高一丈二尺，厚九尺五寸	
海盐县	开元五年（717）	高一丈二尺五寸，厚一丈	
诸暨县	开元中	高一丈六尺，厚一丈	天宝中建东北门
乐清县	天宝中	筑城	
浦阳县	天宝十三年（754）	周一里二百四十步，高一丈三尺，厚亦如之	

睦州城最初筑于贞观二十年（646），城内“崎岖不平，展拓无地，置州筑城，东西南北，纵横才百余步”，是否有城墙没有明确记载。开元二十六年（738），因水患，遂将州城迁至桐江口的建德县。不过睦州只有子城，“东面濠上，西面临谷，南枕新安江，北连冈阜，周回二里二百五十步”。州城是依凭自然山势建立的，城东是利用了自然河道作为护城壕的。由于子城谈到了具体的周长，应是有城墙的。

新析的县级行政单位，一般是重建城池修筑城墙的。《绍熙云间志》卷上《道里》谈到华亭县：“县之有城，盖不多见。华亭邑于海壖，或者因戍守备御而有之。绍兴乙亥岁，酒务凿土，得唐燕冑妻朱氏墓碑，以咸通八年窆于华亭县城西一里，乡名修竹。是唐之置县，固有城矣。"虽然县城大小并不可知，但应该是有明确的界限。龚明之《中吴纪闻》卷四说："华亭，旧亦为苏之属邑。……县旧有城，《古图经》云，在县东三百步，今谓之东城者是也。近岁耕者于荐严寺田中，得城砖甚多。"这些都说明唐代华亭县是有城墙的，应在宋代华亭县偏东三百步之处，唐宋县城基址并没有太大的变化。南宋年间的华亭县，"周回一百六十丈，高一丈二尺，厚九尺五寸"。宋代并没有修城墙的记录，估计城墙是唐代设县时修建的。

江南地区的县城前前后后一共有 93 个，其中有 20 个州治设在县城里，这样的县一般叫附郭。扣除 20 个州治附郭县，江南共有县城 73 座，但这些县城中有很多是唐前期新析的，如高宗时期江南新析县 9 个，武则天时 17 个，睿宗时 3 个，玄宗开元、天宝时 10 个，可知江南县城占总量的一半左右是安史之乱前渐渐设立的，而这些逐步设立的县城一般都新筑城墙。

江南州县城墙的修筑是个渐进的过程，更何况一些城市是从来就没有城墙的，但不管怎么说，城市建设与商品经济的发展有一定的关联。开元、天宝年间的城市建设，无疑是十分重要的，对唐后期江南商品经济的发展起到较为重要的作用。城墙的修筑不仅是城市发展的结果，更是城市进一步走向繁荣的推动力，因而具有重要的积极意义。

城市建设，我们特别讲到城墙的修筑，这对城市的发展到底有什么推动呢？近代以后，人们发现城墙对城市的发展有一些问题。所以有很多城墙在 20 世纪五六十年代，或者更早的民国时期被拆掉了。为什么呢？因为发现城市的交通不方便，对城市的商业发展是有限制的。这个是对的，一定程度上的确是这样的，它的一个城门洞对汽车进入是不方便的，大大减慢了速度，而且宽度也不够。但要说清楚，我们在这里现在讲的是隋唐的事情，当隋唐的时候，城墙的修筑对城市商品经济的发展起到直接的推动作用。

首先，城墙的修筑在很大程度上决定了城市的空间规模和形状大小。城区面积的大小，多少能说明一个城市能容纳的人口数量，一个城市街道、桥梁、河道的布局状况及相应的城市工商服务行业发展程度。在没有修筑城墙之前，城市的发展是无序和杂乱的，城区是不固定的，一些城市主要是倚靠子城向外散状弥漫式的发展，但一旦修筑了城墙，就将城区范围硬性地确定下来，城市就会在一定的区域里发展。尽管城市各区域的发展有快有慢，但都是属于城市的一个组成部分，与城墙外的区域存在着很大不同。

其次，城墙的修筑，使城市管理者能根据城市的大小和形状，合理地规划城市内的河流、街道、坊里建设。城墙在很大程度上决定了城市内部交通的发展，决定里坊街区的形状，街道和桥梁等城市交通建设的布局。城墙修筑后城市的物质形态会更加完善，直接影响到城市内部人们的生存状态。

再次，城墙的修筑，城区面积的扩大，带来了人口数量增加，使城市人口的文化结构发生较大变化。江南城市的高城墙，使城市与农村的界限清晰起来。城市不但比农村安全，而且和政治机构相依偎，有更多的发展机会，这大大促进了人口向城市的涌入，使城市人口不断增加。唐五代江南州级城市大多有十万以上的人口，更有部分达二三十万人。

最后，城墙的修筑，促使了城市商业经营模式发生了一定的变化，促进了江南城市商业的发展，比如江南城市中的市在设立地点、市的形制上显现出了一定的灵活性。唐代江南城市实行市制，但一些城市中的市场设立地点，与城门的位置、道路和河道的走向有关。如越州城内设市，市边有河道，水边有堆置货物的平地，四周是民居，市离城墙不远，市场与城墙有一定的联系。城墙修筑后，城区面积有所扩大，迫使市场规模也要更加庞大，以保证城市生活用品的供应。但市场不可能无限制扩大规模，所以有的城市新的小规模的商业市场不断出现。

说到底，城墙修筑后，城市的物质形态会更加完善，直接影响到城市内部人们的生存状态，城市内外人们的生活差别越来越明显。城墙的修筑，带来了城区面积的扩大，人口数量的增加，使城市人口的文化结构发生较大的变化，加上商品经济的活跃，江南城市将会出现较为开放的城市文化氛围。城墙修筑的不断完备，既是江南城市发展的客观要求，同时也推动了江南城市进一步向前发展。

五 手工业

最后一点我就讲一下江南手工业的问题。我们来看一下开元、天宝年间江南手工业到底达到一个什么程度，看一下它是什么水平。和北方手工业相比较，我们发现南方的手工业也很发达。比如说丝织业，根据《唐六典》《元和郡县图志》《通典》《旧唐书》等书的统计，我们列出表5。

表5　开元、天宝年间江南手工业

州名	《唐六典》（开元贡）	《元和郡县图志》（开元赋）（开元贡）		《通典》（天宝贡）	《旧唐书·韦坚传》（天宝折造贡）
润州	方棋、水波绫	丝	纹绫	方丈绫十匹、水文绫十匹	京口绫、衫段
常州	紫纶巾		红紫二色绵布		折造官端绫绣
苏州	红纶巾				方丈（文）绫
湖州			丝布		
杭州	白编		绯绫、纹纱	白编绫十匹	
睦州	交梭	丝	交梭	交梭二十匹	
越州	白编、交梭、吴绫		交梭、白ය	白编绫十匹、交梭十匹、轻调十匹	罗、吴绫、绛纱
婺州	绵			绵六百两	
衢州	绵			绵百屯	
处州	绵		绵		
温州			绵		

南方的每一个州都有丝织品的生产，而生产特殊丝织品的有八个州。生产特殊丝织品，说明在全国有一定的影响力。汪篯先生曾经讲过，唐代前期主要丝织品生产区有三个，其中吴越是三个中的一个，当然他也指出江左的丝织品与河北、巴蜀地区相比"工妙犹不足"。唐代前期江南丝织业的确有较快的发展，到了唐朝后期发展就更快了。但是这个快速的基础，我们认为和开元、天宝年间的发展是有关系的。

接下来可以具体地看表5中关于丝织品的记录。这里引的《唐六典》是开元年间的，然后《元和郡县图志》里有开元赋、开元贡，尽管开元赋可能不太全，《通典》是天宝年间的。当然还得注意看《旧唐书》卷一〇五《韦坚传》中刚才讲过的特殊丝织品。大家可以看一下，表5中这个部分就是所谓的普通丝织品，而像所讲的白编绫、交梭就被认为是特殊的丝织品。在开元、天宝时期，有几个州的丝织品生产水准很高，比如润州、湖州、杭州。再如像睦州，水平也很高。一般情况下，我们谈到丝织品，往往先去讲河北地区的，很少有人谈江南地区。河北地区的丝织品生产地广、质量高，所以一般就很少注意其他地区的发展状况，而实际上江南地区的丝织业也是值得一书的。

另外，我们可以看到江南的丝织业在很多资料中都有记载。比如说李白的诗里有："吴地桑叶绿，吴蚕已三眠。"他曾在南方待过，对江南的丝织业有记录。谈到常州义兴县令李铭为政有方，得到老百姓的拥护："壶浆候君来，聚舞共讴吟。农人弃蓑笠，蚕妇堕缨簪。"诗中谈到义兴男人主要从事农活，女人主要从事养蚕丝织。也就是说，常州是一个盛产丝织的地方。开元时徐延寿在钱塘江岸看到："金钿越溪女，罗衣胡粉香。织缣春卷幔，采蕨暝提筐。"他讲到越州的女子，穿的是罗衣，涂的是胡粉，成了南方女子的典型模样。曲阿人开元进士丁仙芝云："东邻转谷五之利，西邻贩缯日已贵。"他看到的东邻和西邻都在贩卖粮食和丝织品，因为产量大，大家才会将多余的东西运进市场出售。《太平广记》卷一〇五引《广异记》"李惟燕"条谈到李惟燕天宝间从余姚郡参军任上卸职北归："舟中有吴绫数百匹，惧为贼所得。"这里说的"吴绫"，当然是江南的丝织品，以"吴"命名丝织品，说明是很有江南特点的一种产品。

回到前面提到的开元年间江南的"回造纳布"。两浙地区的布纺织特别的普及，如果用《唐六典》看各个州的记录，可以看到江南布纺织的大体情况。《唐六典》卷二〇"太府卿"对"诸州庸调及折租等物应送京者"进行了分等，其中江南的调布等级如下：

第一等：润州火麻
第二等：常州苎布
第三等：湖州苎布
第四等：苏、越、杭苎布
第五等：衢、婺苎布
第七等：台、括、睦、温苎布

江南有档次比较高的，如润州的火麻，西州的市场里面都有这种布。中间等级的，应该是第三等和第四等，共有四个州。整个江南地区，总体上多数地区生产的布为第五等、第七等的低档货，低水平的布很多，高层次的布有，但不是最多。但这个里面还有一个问题，我们必须指出，江南布的生产是十分普及的，每个地方都有，生产量很大，这是必须要看到的。利用《唐六典》和《元和郡县图志》《通典》上的记载，可以看到江南布生产是比较广泛的（表6）。

表6　开元、天宝年间江南布生产

州名	《唐六典》		《元和郡县图志》		《通典》
	开元贡	开元赋	开元贡	开元赋	天宝贡
润州		火麻		苎布	
常州	苎布	苎	细苎	苎布	细青苎布十匹
苏州		苎		苎布	丝葛十匹
湖州	苎布	苎	丝布	苎布	布三十端
杭州		苎		苎布	
睦州		苎		苎布	
越州		苎			
婺州		苎		苎布	
衢州		苎		苎布	
处州		苎		苎布	
温州		苎		苎布	
台州		苎			

　　把几个记录合起来看，就可以知道江南的"回造纳布"为何是有基础的，因为生产的地区是相当的广泛。在颜真卿的文集，即《颜鲁公文集》附录引殷亮《颜鲁公行状》谈到安禄山叛乱时，颜真卿为平原郡太守，清河郡寄客李华"为郡人来乞师"，他对颜真卿说："国家旧制，江淮郡布贮于清河，已备北军费用，为日久矣，相传为天下北库。今所贮者有江东布三百余万匹。"清河有贮放布的库，数量很大，战争来临，就当军费来用。清河单是江东布就有三百余万匹，是国家的战略储备。江东就是两浙地区，两浙地区布的生产在全国应该占有重要地位，开天年间江南布是政府财赋的重要部分。

　　我们再看一下开元、天宝年间的金属开采。江南铜的主要产地是睦州和相邻的宣州当涂、南陵二县。睦州建德县铜官山及遂安县洪洞山在唐以前就有出铜的记录，唐天宝中在遂安洪洞山置场，说明这个时候的产量极高，遂安铜进入产量的高峰期，设场管理开采主要是为了供应宣州铸钱。在宣州的当涂、南陵二县，唐前期是任民开挖，但至开元时，面对高品质的石绿和铁的诱惑，政府实在不能无动于衷，"自唐开元以来，立为石绿厂"和法门场。说明开元时政府加大了开采力度。江南铜开采后，政府主要是用来铸钱。开元时政府在江南的钱监设在润州。

　　开元二十五年，玄宗任命监察御史罗文信充诸道铸钱使，第二年，又在润州设立了铸钱监。玄宗时江南的铜器铸造水平很高。宋赵希鹄《洞天清录·古钟鼎彝器辨》云："句容器非古物，盖自唐天宝间至南唐后主时，于昇州句容县置官场以铸之，故其上多有监官花押。其轻薄漆黑款细虽可爱，然要非古器，岁久亦有微青色者。世所见天宝时大凤环瓶，此极品也。"这是官方铜器制造的花瓶。此外如华亭县天星观的开元钟，钟声巨洪，铸造时间为玄宗开元时期。1956年在西安东北郊出土了银铤四件和大小银盘各一件。四件银铤中，有两铤是两浙相邻的宣州生产，还有一铤是江南衢州生产的，其背面刻有铭文："信安郡专知山官丞议郎行录事参军智庭上。"该银铤应该是衢州银矿开采后，通过简单加工，直接被地方官员送到中央，最后由杨国忠献给玄宗。衢州开元、天宝年间已是重要产银区。并不否认，江南的金属开采和制造在唐代后期更为发达，技术更高，但我们可以看到玄宗时江南的真实面貌，玄宗时江南已有相当高的制造水平。

　　玄宗时期江南手工业的其他方面，就不再举例，总体的发展程度是相差不多的。

结　论

　　通过上述所列的五个方面，可以看到开天盛世时南方经济其实就已经出现了一种快速崛起的局面。我们当然可以这么讲，虽然北方的发展肯定超过江南地区，但南方也在发展，而且比较快速，所以到安史之乱以后，南方经济马上替代了北方，大量的粮食运向了北方。很多人就说江南的钱粮是占"国用大半"，这个当然有点夸张；不过说江南是国家重要的经济来源地，这大家都应该承认。单这方面称为经济重心南移，恐怕还不行，但说江南是唐朝的财赋中心，这个应该是可以的。国家的盐和粮食主要是靠南方，所谓"辇越而衣，漕吴而食"，就是说南方越州地区的布和衣服运到北方，北方就有衣服穿了，南方苏州地区的粮食运到北方，北方就可以有饭吃了。这个也是有些夸张，但大体上还是能说明南方经济的重要性。

这个倒过来可以说明一个问题，就是手工业的发展和粮食生产在唐玄宗时期如果没有奠定发展基础的话，中唐以后很难马上就能看到这样的一种局面，因为衣服和粮食南方是不会短时期出现这么大的产量。所以我认为开天盛世时期的南方，其实已经为国家财赋重心的转移准备好了基础条件。因为有了安史之乱这个偶然到来的事件，我们经常讲安史之乱以后财赋中心开始南移，但实际并不是如此。也就是说没有安史之乱，南方的经济也在慢慢地崛起，慢慢地达到和超过北方。当然什么时候能超过北方，那是另外一回事。北方主要经历了安史之乱，经济停滞不前甚至下降，而南方却有个快速崛起的过程，所以这两者之间实际上并不矛盾。当我们谈开元盛世的时候，必须看到江南经济是在快速发展，这一点是绝对不能忽略的。

延伸阅读

张剑光：《唐代经济与社会研究》，上海交通大学出版社，2013。

张剑光：《中古时期江南经济与文化论稿》，上海古籍出版社，2019。

耿元骊，1972 年生，河南大学历史文化学院教授，博士生导师。2007 年于东北师范大学获博士学位。现任中国唐史学会、中国宋史研究会、中国武则天研究会理事。曾至韩国首尔大学（2009~2010）、美国哈佛大学（2016~2017）访学，曾任辽宁特聘教授（2016~2018），现任河南省特聘教授，国家社科基金重大项目首席专家。出版专著《唐宋土地制度与政策演变研究》等，在《中国社会科学》等学术杂志发表论文 20 余篇，多篇被《新华文摘》等转载。

宋代乡村社会的生存秩序与权力结构

——以"纠役"为中心的考察

耿元骊

从秦汉到明清，社会基本结构的支撑者是乡村
百姓，乡村社会与国家（朝廷）之间的复杂关系，
一直都是学术界的研讨重点。国家权力如何渗透到
基层社会，地方政治运作以及其与基层社会（县
以下）的互动关系等主要问题，都得到了较为深入
的讨论。但是对于乡村社会内部，村民之间的微妙
关系，尤其是对乡村社会内部权力网络和秩序形成
机制的关注则尚嫌不足。作为一个在乡村管控策略
上承先启后的重要时期，在宋代，国家一方面继续
试图把行政控制强力深入乡村社会内部，另一方面
又允许乡村产生部分自发自治秩序。探讨宋代乡村
社会内部的权力结构，以及由乡村中所常见之"纠
役"纷争而展现出来的权力网络构成，对深入理解
乡村社会特质，探讨宋代乡村社会中的生存和秩序

问题，厘清宋代乡村社会的自我运转、人际关系、社会网络等均有相当重要的作用。同时，这也对深入了解地方性权力运作过程，进一步探讨基层社会与国家之间关系有着多重启发性的意义。

一　乡村权力网络建构

规划设置县以下乡村权力机构建制并将其形成网络，是中央政府、地方政府控制基层和提供管理服务的前提及手段。但囿于政治、经济、文化等多方面的条件限制，秦汉以来的乡官制，在隋唐时期逐步走向了瓦解。中央政府虽然逐步放弃了对县以下的行政建制直接管辖及建立正式行政机关，但是丝毫没有放松对县以下区域的行政控制，甚至在某些方面全面强化了统治网络以加强其管制能力。宋代的乡村权力网络，亦先在国家层面提出建设框架，然后交由地方（州县）根据本地情况去具体实施。所谓正规的"机构建制"虽然变化层出，但其基本演变脉络，经由学术界的多年研讨已初步清晰。主要是围绕着乡、里、都、管等机构是不是行政政权等问题展开，郑世刚、马新认为乡是基层政权；王棣认为乡是财政区划，里是行政区划；梁建国认为乡不具有完备的行政功能；夏维中认为宋代乡村基层组织是乡都制，但未涉及其行政地位问题；谭景玉认为乡是基层行政组织。要而言之，无论这些基层组织是不是正式机关，它的工作就是要把所有乡村百姓都纳入一个统一的网络当中，方便掌控，而主要目的则是最大程度的催驱赋役。

宋初若干年，基本承续了唐末五代的乡里制度，利用里正等原有体系作为主要管理方式。开宝七年（974），曾经提出"废乡分为管，置户长主纳赋，耆长主盗贼、词讼"，但是没有在全国推行开来。这与唐初"每乡置长一人，佐二人"的举措相类似，是一个试图把正规机构贯穿到县以下基层的尝试。两者均没有得到全面推行，则似乎意味着以唐宋时期的政治、经济条件，国家政权直接管理县以下地域还是一件非常困难的事情。试探之后，不得不收回。仍以"乡"作为县以下的管理层级，只不过这种管理层级并不是确定下来的一级权力机构。同时，里正作为基层头目，经过数十年的运行，从"主催税及预县差役之事，号为脂膏"的地位直线下降，"科禁渐密，凡差户役，皆令佐亲阅簿书，里正代纳逃户税租及应无名科率，亦有未曾催纳，已勾集上州主管纲运"，很难继续持续下去，到至和二年（1055），最终"罢诸路里正衙前"。里正作为一种职役名目，所承担的职役负担虽然没有了，但作为一个职务，仍然是"乡"的头领。"乡"的地位仍然存在，是县以下区域进行空间分隔的主体，主要为划分"役"而编排。在"乡"继续存在的同时，并有"耆"的设置，神宗时期，张方平在奏文中说："旧制：防禁盗贼之法，乡村即有耆长、壮丁、弓手。"《宋会要》中也提到，乾道八年（1172）时，"在法：乡村盗贼、斗殴、烟火、桥道公事并耆长干当"。说明"耆"一直都是作为一种社区单位，其职能主要以乡村治安和一般纠纷处理为主。

王安石变法以后，将原来已有部分运行的保甲法正式向全国推广。熙宁六年（1073），司农寺正式确立了保甲制度："开封府界保甲，以五家相近者为一保，五保为一大保，十大保为一都保。"虽然这个时期的保甲更偏于军事性质，可算是一种公共安全管理措施。不过既然形成有组织的成系统半（准）军事编制，就成为官员管控的有力工具，将其作用改造为催驱赋役："大保长皆选差物力高强、人丁众多者，其催科，则人丁既壮，可以遍走四远；物力既强，虽有逃亡死绝户，易于偿补……保长多有惯熟官司人，乡村亦颇畏之。"与此大约同时，废去户长、坊正，设置了甲头，"州县坊郭税赋、苗役钱，以邻近主户三二十家排成甲次，轮置甲头催纳"。都保和甲头很快合流，迅速成为基层政府权力下沉的管道。大体而言，宋代在县以下管理体制里面，多设置三层或者两层体系。这种二层或者三层的体系，并没有全盘依据人为划定的都、保规格，而是按照基层的具体情况排定的，甚至有的地方甚至很久都没有贯彻都保制而维持原来的乡里制。

元丰以后，司马光执政，废除了为战争而准备的保甲体系，特别是沿边地区，基本都加以裁撤。但是都保设置则维持了下来，和约定俗成的"乡"一起，成为官府管控下的乡村行政管理组织。南渡后，对保甲又加以调整，乾道九年（1173）规定：

> 诸村疃，五家相比为一小保，选保内有心力者一人为保长；五保为一大保，通选保内物力高者一人为大保长；十大保为一都保，通选都保内有行止材勇、物力最高者二人为都、副保正。余及三保者，亦置大保长一人，及五大保者，置都保正一人。若不及，即小保附大保，大保附都保。

大体上仍然是二级体制，进一步强化了都保作为基层管制组织的功能，一直沿用到宋代灭国。

总体而言，无论是乡里、保甲还是都保，都是乡村社会权力网络的最主要架构。不管基层管理组织体系如何变迁，其不变的基础一是民户，二是村落（自然聚落）。乡村社会权力网络，关键在于线与线之间的节点建置。通过这些节点，民户和村落即可采用某种方式组织起来，形成控制层级。在宋代来说，乡书手（乡司）和不同称呼的县以下二级或三级机构，是一类关键性的节点。通过乡书手和县以下机构，县得以接触、掌控乡村民户。而村落则构成了权力网络最基础的自然单位，国家权力的行使和落实就是针对这些村落。

在县以下管理机制变迁过程中，乡司的地位变化最为特殊。宋初，书手地位在里正之下，"国初，里正、户长掌课输，乡书手隶焉。……天圣后以第四等户差。熙宁行募法，以第三等以下户充，免户下役钱。无人就，即给雇钱。其后不限有无产业，招募吏有阙，与贴司依名次补充。元丰七年听投名，不支雇钱"。可见书手一直都是作为职役行事。熙宁三年时，韩琦谈及青苗钱操作时指出，如果借给乡民的青苗钱无法归还，则"必难催纳，将来必有行刑督索，及勒干系书手、典押、耆户长、同保人等均赔之患"，书手已位列负责者之首，似有地位提高之感。同时，由于书手所负责事务极为繁杂，具有相当的专业能力，特别是既要能计算账目也要能书写账目，在乡村中很难被取代，故而逐步纳入胥吏行列。比如有个叫周森的，虽然"罪如牛毛，阖县所疾视"，但是，"州县往往以此县户眼弊幸，皆在周森胸中，若行配去，恐向后欲整顿版籍，更无知首末乡胥"。因为他掌握了全乡的基本数据情况，以致多数官员会投鼠忌器不敢处理，如吴雨岩这样下定决心并最终将周森刺配的官员不会太多。据王棣分析，大概在王安石变法期间，乡书手成了胥吏，有了独立的办公机构"乡司"。南宋以后，对乡书手的惩罚性规定越发多了起来，其违纪作弊的可能性越大，可见其所掌握的权力也就越大。绍兴二年（1132），有官员指出，乡书手在乡村报灾时可以通同作弊：

人户田苗实有灾伤，自合检视分数蠲放。若本县界或邻近县分小有水旱，人户实无灾伤，未敢披诉，多是被本县书手、贴司先将税簿出外，雇人将逐户顷亩一面写灾伤状，依限随众赴县陈。其检灾官又不曾亲行检视，一例将省税蠲减，却于人户处敛掠钱物不赀。其乡书手等代人户陈诉灾伤，乞行立法。

绍兴十六年，户部规定：

诸典卖田宅，应推收税租，乡书手于人户契书户帖及税租簿内，并亲书推收税租数目并乡书手姓名，税租簿以朱书，令佐书押。又诸典卖田宅，应推收税租，乡书手不于人户契书户帖及税租簿内亲书推收税租数目、姓名、书押令佐者，杖一百，许人告。又，诸色人告获典卖田宅，应推收税租，乡书

> 手不于人户契书户帖及税租簿内亲书推收税租数目、姓名、书
> 押令佐者，赏钱一十贯。

这些规定，无不说明乡书手在乡村社会当中地位的重要。和乡书手发生关系最多的，大概就是这些普通的"人户"。又据王棣统计，《庆元条法事类》当中关于乡司运作的法条就有数十条，主要是针对乡司"走弄"两税的问题。这无不表明，乡司（乡书手）处于征税的核心位置。是乡村权力网络当中能把民户贯穿起来非常有代表性的关节点。权力网络之所以形成，其最大目的是从乡村中汲取赋税。乡书手成为官府和乡村民户之间的沟通渠道，也就是官府管控乡村民户的重要权力网络节点。无论是乡里还是耆、管、都保、乡书手等，都是基层管控的体系，里正等作为职役，取消和恢复，都是局限在县以下区域内，为了建立县和县以下的直接沟通管道，乡书手由于直接掌控各类数目，逐渐提升了地位，最后成为胥吏。

而无论是乡里、保甲还是都保，其所建立的基础一般很难针对分散的民户，而是建立在村落（自然聚落）的基础上。无论县以下采用什么样的管理方式，设置多少层级，它的基础都是自然村落。乡里、保甲、都保的最重要功能，就是把自然村落归并起来，使之形成网络。早自先秦以来，村落（聚落）就因各种因素而形成。宋代的村落（聚落）分布，当然已无法详细考证。但是大体上北方较少，南方较多；西部较少，东部较多，应为事实。四明地区的奉化县所辖乡，多记载其管、里、村名。如奉化乡，有记载其有一管一里四村，并详列村名：明化村、长汀村、茗山村，龙潭村。其他记载虽无村名，但多载村数。另外，宋代的县以下权力建制，经常没有全部贯彻基层，有的地方就依然以村落（聚落）为基础，如荆湖等路察访蒲宗孟言曾奏曰："湖北路保甲，无一县稍遵条诏，应排保甲村疃，并以大保、都保，止于逐村编排，更不通入别村，全不依元降指挥，其监司违法官乞施行。"因而要求"编排保甲不当职官并提举官并上簿"。

傅俊曾搜罗材料，列举了南宋 12 个村的情况，从其所列举数据来看，最多的有"七百户"，最少的有"数家"。数据虽然是南宋的，但是大体可以说宋代基本如此。乡村百姓以地缘或者血缘聚居在一起，按照距离分别为不同村落（聚落），其具体面貌又各不相同。王岩叟在上奏中说过，管城县孙张村，"本村旧七十余户，今所存者二十八家而已。皆自保甲起教后来消减至此，当时人人急于逃避，其家薄产，或委而不顾，听任官收；或贱以与人，自甘佣作。今虽荷至恩，得免冬教，而业已破荡，无由可归"。村落也有繁盛平静，如范成大所描绘村落景象："昼出耘田夜绩麻，村中儿女各当家。童孙未解供耕织，也傍桑阴学种瓜。"或者如韩琦所描写村落世界："山脚林成簇舍窠，门前流水养嘉禾。森森松柏围先陇，溅溅牛羊满近坡。官赋已供余岁备，村歌无节得天和。安全尽责廉平吏，三岁齐民更孰过。"或如王庭圭所住东村："避地东村深几许，青山窟里起炊烟。敢嫌茅屋绝低小，净扫土床堪醉眠。"且不论其衰败还是繁盛，这些自然聚集起来的村落，就是乡里、保甲或者都保所整合的对象。

从宋代乡村权力机构建制来看，有着诸如乡、里、耆、都、保、团、甲等名目，其间层级关系也十分复杂。均不是正式乡村管理权力机构，可确实有着乡村管理权限，也承担一定程度行政职能，在某种程度上也存在专门人员，但无论如何，的确不是正式权力设置。不过这不妨碍县及州府、朝廷的操控之权，既把管控体系深入县以下地域，又不必维持庞大官员队伍，可算一举多得。当然，朝廷不是没有掌控县以下全部地域的意图，只不过难以做到而已。总体来看，县以下一般设置两级管理组织，是宋代常态。而这两级机构之间关系又是虚虚实实，介于虚实之间。说它虚，它肯定没有实际得到认可的权力建制；说它实，它确确实实是朝廷掌控的工具。县以下权力，如果不经过这些机构是无法运行的，这些机构就是乡村权力网络主干。当然，乡村亦有隐蔽权力网络，这些所谓隐蔽"权力"或基于血缘，或基于文化，或基于地缘，但总体还是依附于由国家主导的"正式"网络当中。有时候隐蔽权力也会和这种正规网络发生矛盾，但更多时候双方可做到各取所需。官方在技术、经济、文化等条件不许可的前提下，满足于依赖权力网络取得赋税，催税足则其他大可放手。也正因如此，在基层管控网络当中，官府最重视的不是里正等"主管"人物，反而是"乡书手"一类账目知情者。通过乡书手，把民户（人户）连成了网络，通过各级组织，把自然聚落连成了网络。当然，这两者相辅相成，自然聚落先联成网络，然后乡书手在其中又把民户联系起来。最终指向目标，就是在农村中汲取赋税。其最明显的外在表现，就是役事纷争。

二 "纠役"纷争中的百姓

宋代乡村差役负担非常沉重，百姓采用类似孀母改嫁、亲族分居、弃田与人、非命求死等手段避役者虽层出不穷，但终归是少数。多数百姓还是躲避不开，只能被迫执役。不过民户又不是全然被动，执役只是一户，但是备选实有多户。何户当先，何户当后，其中就大有玄机。执役先后顺序，对于百姓来说可谓意义重大，不得不下死力以争之。在这种争执当中，乡村社会权力运作得以淋漓尽致地展现出来。

宋代役法初行，役出于民，各州县均有定额，各有其"职"。"宋因前代之制，以衙前主官物，以里正、户长、乡书手课督赋税，以耆长、弓手、壮丁逐捕盗贼，以承符、人力、手力、散从官给使令。县曹司至押、录，州曹司至孔目官，下至杂职、虞候、拣、掏等人，各以乡户等第定差。"这里所提到诸般职役，虽然不是宋代职役全部，但后来衍生者多只是变换名目，而实际负担并未有重大变化。其地位则各有升降，乡书手等职逐渐上升，而里正衙前地位逐步下降。到了王安石变法前后，在国家角度看来，乡户衙前役已难以持续。而在民众角度看来，衙前负担之沉重，已无可复加，这成为役法变革重要起因之一。王安石变法之后，变出"人"为出

"钱"，在朝廷上体现为关于役事争论，集中在"出钱"还是"出人"何者为好，除了一般政策取向性辩论，又在很大程度上掺杂了"站队"政治斗争因素。而在民间，就是百姓争诉户等高下。元祐更化之后，又折回差役，民间争执又变为服役先后之争。哲宗"绍述"之后，又改为免役。百姓之争，又随之而为争户等高下。徽宗当政后，也尊崇新党，所以在役法上只有微调，而无根本性改变，也是以"免役"为主。不过这时所出现的重要变化，就是官户"免役钱"问题，成为一大重要纠纷起源。南宋以后，对王安石政治态度又一大变，在役法上则差役、义役并行。但是此时免役钱仍强行收取，已经成为一种赋税。既收钱又轮差执役，实为重复汲取民力。而由于收取阻力，则不得不自"绍兴以来，讲究推割、推排之制：凡百姓典卖产业，税赋与物力一并推割。至于推排，则因其赀产"。总之，在宋代差役、免役、义役的政策反复当中，围绕乡村职役产生了一系列纠纷，在调处这些纠纷过程中，权力得以行使展开。

建隆初年，在国家政策层面，就鼓励和允许百姓"纠役"，并以之作为制约基层官吏的手段："诏县令佐检察差役，务底均平。或有不当者，许民自相纠举。"所谓"自相纠举"并非纠举官员，而是要百姓之间先互相纠举，然后才由官府处理。国家意图是通过两户之间纠举来对官吏进行核查。但是官府定夺不当，就是在两户之间排出了顺序，也就是涉及了另外的民户，其实也就等于两个民户之间互相纠举。范仲淹曾举了河西县一个例子：

> 河中府倚郭二县……河西县主户一千九百，内八百余户属乡村，本县尚差公吏三百四十人，内一百九十五人于乡村差到。缘乡村中等户只有一百三十户，更于以下抽差，是使堪役之家，无所休息。

按范仲淹所说，则河西县 800 乡村户，共要负担 195 名役人。无法考虑诡名等诸般避役手段，所以 130 户中等户是不是真中等户，暂不可辨识。只以总数计算，则每五户就要出一人。如果五户之间轮差，那就是五年。这五户绝无人要抢先应役，当然要一争先后。至和元年（1054），福建路转运使蔡襄也讨论过乡户衙前排序问题：

> 前转运使蔡襄上言本路差使衙前不均，请行重定。以产多少均重难分数，产钱五百者定如十九分重难，以上递加至三十三分止。其乡户衙前，岁以六十六人为额，以十二县产钱课排，共存留九百九十户。仍请罢里正，以宽衙前歇役年限。

因此，这 990 户分担了 66 人额度乡户衙前，大致是每 15 户出 1 人。从理论上来说，每户轮差概率就是 15 年一次。但是谁也不愿意带头服役，总想拖到最后。所以，在这些民户之间就会出现一个纠役问题。而排定顺序，其最后决断者均为县级机构。陈襄提到过胡真和丁怀两乡村户纠役问题。胡真户家业有 1865 贯，丁怀户家业有 1245 贯。虽然丁怀较低，不过胡真已经过一任重难，刚刚歇役 2 年 5 个月。根据嘉祐编敕，允许被差人户纠举一户物力高强者，而未规定已承役问题。所以丁怀依此，纠举胡真应役。陈襄认为，丁怀属于"白脚奸户"，专找法条空子。这对于刚刚经历过衙前重难的胡真户，实属不公。而且，丁怀本人也曾经签字画押同意承担衙前役。况且本县有第一等户 30 多人，丁怀都不敢纠其应役。可见在白脚户里面，丁怀一定是最高的。其反复纠举胡真户，内中一定有所由来。在陈襄看来，如果胡真再次应役，则显然不公。所以他建议派丁怀户承役，同时他考虑其他州军也可能有类似情况，可以同样依据嘉祐编敕纠举其他人户，因此他建议应该是歇役 5 年以上物力最高人户，方可按照"空闲人户"比较差役。

程颐为程颢写行状里面也指出："先时民惮差役，役及则互相纠诉，乡邻遂为仇雠。先生尽知民产厚薄，第其先后，按籍而命之，无有辞者。"这是程颢在泽州晋城县任县令时的事情，王安石变法之后，改为征收役钱而免役。随着役钱征收方式变化，百姓矛盾焦点则转移至户等高下。免役法初行，以京畿为样板，其规定是："乡户计产业若家赀之贫富，上户分甲乙五等，中户上中下三等，下户二等，坊郭十等，岁分夏秋随等输钱。乡户自四等，坊郭自六等以下，勿输。"民户之间的矛盾，已经转变为互相攀比户等高下。在北宋后期翻烧饼似政局演变当中，役法也随之翻来覆去。但是民户之间矛盾主线却从来没有变化，那就是如何自己少担役，让他人多承担。发生矛盾最终裁判者，均为县级官吏。

南宋以后，纠役依然如此，虽然表现形式不同，但所争仍同。乡村职役事务很多，在执行方式上非差即雇。而乡户作弊问题，仍与前此相同。绍兴三年（1133），提举淮南东路茶盐公事郭揖指出：

> 差役之法，比年以来，吏缘为奸，并不依法。五家相比者为一小保，却以五上户为一小保。于法数内选一名充小保长，其余四上户尽挟在保丁内。若大保长阙，合于小保长内选差；保正副阙，合于大保长内选差。其上户挟在保丁内者，皆不著差役，却致差及下户。故当保正副一次，辄至破产。

由此可见，避役之人早有准备。有作弊者，就有纠弊者。绍兴四年九月，在一件赦文中提道："比年以来，乡司案吏于造簿攒丁、差大小保长之际，预行作弊，致争讼不已，使已役之人久不承替，破荡家产，深可矜恤。仰常平司常切觉察差役不均之弊，如有违犯，重行按劾。"此可为郭揖所说作证，不作弊，已经纠役不止，再加有作弊者，更是争讼不已。

再如行义役之时，追述义役之所形成的原因，更对"纠役"有着淋漓尽致地展现：

今天下上无横敛，下无繁征，而民极困于保正长，则以保
甲催科之故也。民不能堪，虽叔伯兄弟，相讼以避役久矣。叔
伯兄弟，相讼以避役，非其愿相雠也，势使然也。……吾都不
过四五望族，凡庆吊问报之事，大抵相好，而又家务为学，人
务省事，其俗甚厚。独时以役讼失欢，一旦会集，割租以行仁
义，各以力厚薄，无勉强不得已之色。

文天祥也说过：

义役之不行，而差役之纷纷何甚也。民无以相友助，相扶
持。乙曰甲当役，甲推之乙，乙复曰甲，展转而听命于长民者之
一语。时则其权在于官……时则其权在于吏……时则其权在于乡
胥……时则其权在于奸民……

可见相互推脱，已成常态。再如张攀所言：

豪民挟诈，滑吏舞文，寄名窜籍，并缘为奸，一经代更，百
计规免，事力雄者以役近告，岁月远者以产薄辞，谍诉纷然，互
角已胜。甚而阃门不相爱，宗族不遑恤，况邻里乡党乎？

叶适也曾指出："其计较物力推排先后，流水鼠尾，白脚歇替之
差，乡胥高下其手，而民不惮出死力以争之。今天下之诉讼，其大
而难决者，无甚于差役。"这说明，无论是差役还是雇役甚至义役，
民户之间都有一个先后承役问题，没有人愿意首先应役，都想推迟
应役。这是一个常态的现象，贯穿于役法始终，是役事当中百姓间
最大的矛盾。汪应辰曾说："契勘催科户长，最为难事。寻常人户当
差役之际，不问当否，例须词诉。比及本州行下属县，往复取会，
迂回留滞，州县人吏，得以夤缘卖弄，尤为百姓之害。"袁说友曾

长期执掌役法事务，他特意强调，"诉枉伸屈，外若可念而中实为奸者，莫如纠役是也"。纠役对民众生活实为大扰，他认为：

> 今当官者，往往知有差役之弊，而不知纠役者，其弊尤甚于差役。差役之不公，害固及于一家也。纠役之不当，其害岂止一家哉！盖甲役已满而当替，则乙合充役，而妄奸被纠者不一人。官司与之追呼，与之审证，犹未肯已也，又诉之诸司省部焉。凡妄纠一人，有经涉一二年而不能决者。故甲之当替，则不容其去。于是破家荡产，益重其祸。逃亡避免，都分无见役之人；乙之当役，则久而不充。于是被纠者或一二家或三四家，其扰卒未已也。然则纠役之弊，其曰甚于差役，信矣！

正是在争执当中，权力得以展现出来。

《名公书判清明集》记载了南宋社会生活的方方面面，是最切实际的第一手资料，共收录了关于差役 17 个案件。其中 7 个案件是平民之间纠役问题，如果分别以纠役主要发起人为案件代表，则有张世昌、张茂、刘益、赵八郡主、赵姓、石才、熊澜等案。这些案件，牵连极广，不少乡户被迫参与其中，造成了很多无谓损耗。但是，从挑起纠役者心理来说，纠一下总比不纠强，万一胜诉，则可多拖延若干时日。即使纠役不成，也要给周遭多造成些麻烦，以备下次差役时可以理论。张世昌纠役案，就直接牵连了八户进来。这一纠役持续了一年多。张世昌列举了四条理由，认为自己不当执役，这些理由包括：曾卖出田产与鲍通、阿蔡，虽然没有过割，但是已经有了合同；明现已经买到了蔡海、郑汝贤产业，虽然没有过割到名下；张世昌当过保长，收取过十三年夏税；张世昌的产业里面有湖面，根据"芦场顷亩折半计数"的原则，应当折半计算。拟判者范应铃认为，首要原则是白脚为先。所以张世昌（36 贯）、明现（24 贯）、谢通（17 贯）同为白脚，应该在比较后承役。而其他人已负担过差役，物力又未达到一倍以上，所以不当再次牵连进来。虽然明现主动要承担差役，其他人愿意陪送钱物给他，范应铃还是认为不合适。他逐项批驳了张世昌各种理由，同时又要求乡司和役案当场举出应该负担差役一人，两者都认为应该是张世昌。范应铃对吏人表示了严重不信任之后，决定对张世昌杖一百，同时押赴执役。张世昌虽然纠役不成，且杖责一百，但已经拖延一年多，显然就是部分胜利。如果遇到的是其他不那么精明强干地方官员，甚至有可能纠役成功。

石才纠役王珍，又是另一种情况。他认为自己属于义役，而根据义役里面所定关约，产钱超过一贯才服役。而他有一部分土地已经卖出，卖出土地应该豁免计算产钱，所以他产钱已经达不到一贯。不过署名"人境"的官员从交易内容、交易数额、交易时间等方面都看出了破绽，被纠役王珍，又举报出土地交易双方及代书、牙人都是亲戚关系。地方官员认为，契约签订是在嘉定九年（1216）五月，当年秋天应该除割产钱，但是一直拖延到嘉定十年，面临应役时才提出要推割。被指出这个问题之后，石才又认为自己是朱脚，王珍是白脚，所以理当由王珍先执役。"人境"认为，石才、王珍双方都是义役，只凭关约。只根据原先所定的名次来排队，而不是以产钱高下、朱脚白脚论。而且，就算石才卖地合情合理，那么他较一贯产钱的标准也就仅低十文多，还是应该由他执役。上案是白脚问题，此案则是双方为义役人的问题。

总之，在纠役过程中，乡村权力得以运行起来发挥作用。村民之间互相推诿，原子化乡村，很难形成自治力量，基本都是依靠官府力量做出最后裁决。当然，可能有很大部分问题已经解决，而没能留存下来历史记载。但是从官员判词以及当事人记录来看，更多人倾向于认为，乡村社会纠纷非常麻烦，只有依赖于政府官员。这意味着正是在纠役当中，权力得以显性运行起来。

三 生存和秩序：权力序列

从"纠役"所展现出来乡村社会权力运作过程来看，县官对于县以下乡村社会关注点，不外乎稳定和赋役两个主要内容。完成额定赋役并保证县衙经费，同时不引起乡民直接反抗，就是最大成功。而从乡民角度来看，每减少一分赋役数量，都是关乎生存重大事项，在不进行武装反抗的前提下，少缴赋役是最大生存选择。也就是说，在县以下乡村社会当中，以县官为代表的国家和乡民之间，是一个生存和秩序问题。以县官为代表的国家权力从乡村汲取了越多赋役，乡民也要损失掉同样多财富（无论是粮食、现金或者人力）。因此，处于矛盾的双方总要进行公开或者隐性博弈。长期以来，学术界一般高度关注于朝廷对乡村社会的掠夺，这无疑是非常有必要加以深入探讨。但是在面对掠夺时，乡村社会中个体抵抗策略是不一致的。或者说，乡民之间也是有矛盾存在的。乡民基本无意或者不能拒绝赋役，但是尽量把赋役转嫁到其他人身上是最佳选择。而县官要尽量保证乡村社会稳定，同时也要最大程度完成赋役任务，需要建立一个管制秩序，但管制有成本也需要规则。对于县官来说，只要有人承担成本即可，但由何人承担管制成本并不重要。对于乡民来说，由其他人承担建立秩序所需成本并在规则允许情况下最大程度利用规则是最优选择。围绕着所付出"成本"和规则，在由县官所代表国家权力主导下，在乡村社会中村民中形成了不同类型多种权力序列。以官府主导序列为主，其他序列缠绕其中，形成了一个复杂而且相互影响的序列体系，这是以权力为中心生存和秩序结构状态。生存要依靠权力，秩序也要依靠权力。所有所谓自发秩序，都要面对强大的国家权力。当然，自发秩序在强大的国家面前，在帝制体系下，没有监督可能性，所以最终或倒向国家或由于失信而自然消亡。不过乡村社会内部权力序列还是在逐渐滋生，国家也因应情势，允许一部分自治力量作为辅助，特别是在江南地区。但是这种自治力量，仍不会形成自发管理秩序。

乡村社会主要权力是围绕着官府权力打转，或者说是严重依附于国家权力之下。熙宁时期，杨绘在奏章中举出一个酸枣县的例子：

> 乡村第一等，元申一百三十户，今司农寺抛降，却要二百四户，即是升起七十四户；第二等元申二百六十户，今司农寺却抛降三百六户，乃是升起四十六户；第三等元申三百三十九户，今司农寺却抛降四百五十九户，乃是升起一百二十户。臣窃谓凡等第升降，盖视人户家活高下，须凭本县，本县须凭户长、里正，户长、里正须凭邻里，自下而上，乃得其实。今来却自司农寺预先画下数目，令本县依数定簿。

一般常理，正如其中所说，应该是邻里、里正、本县、朝廷这样一个顺序来逐级申报核实。但是现在直接由司农寺划定乡村农户等级数量和比例，这说明了国家权力直接影响到了乡村。当然作为朝廷负责部门，虽然直接把目标划定到了乡村社会，它只需提出额度即可。但是具体到乡民中间，则人人利害攸关。本县第四等以下户，原来不需要承担更多赋役数量。但是司农寺直接规定了前三等户定额，意味着每个等级都有大量户要被提升户等。原来在乡村中第四等户为数甚多，到底具体何户成为第三等户，就是一个重大博弈过程。再如司农寺所要求升到第一等有 74 户，而原第二等有 260 户，那么意味着原二等户当中 28% 的户要升为一等。同时杨绘所说是静态增加，如果考虑到动态过程，增加数额还要更多。原一等户有 130户，提升到 204 户额度，只能从二等户当中提升，那么二等户减去 74 户是 186 户，从二等升级后仍有 186 户基础上，又要达到二等新标准 306 户，则原有三等户（339 户）中要有 120 户升为二等。如此则三等户当中只剩 219 户，要达到新定额的 459 户，则原四等户有 240户要升级为三等户。可以想见，没有人乐意升级户等，这个过程中，就是乡民之间纠纷过程。而胥吏、里正作为熟悉乡里情况基层执行者，他们意见很明显对于外来的县官是具有决定性意义，对乡村社会、对乡民矛盾真正决定权转移到了胥吏和里正手中。

又如，绍兴时期，因为战争所需马草的征发，王之道曾经很简明地概括了从朝廷到乡村社会权力路径：

> 最为扰民者马草一事，宣抚司行下安抚司，安抚司行下诸州，州行下县，县行下保正长。文移联函，继踵催督起发，而不言其受纳去处。州县既已责办保正长，更不肯为申明。保正长迫于程限，且畏军法。正当获稻艺麦之际，尽起保内丁壮，人负草四束，自朝至暮，彷徨道涂。东西南北，莫知所向，如是者几一月。后来寇退，既就庐州置场受纳。而其受纳官吏，务在请赇，竞为阻节。斯民既苦一月，无处交纳，幸有其交纳处，不复计较所费。由是每草一束，会计水运亦不下四百金。其负担者，往往至七倍。

由朝廷下发要求，到了保正长处就要开始执行。而乡村社会是毫无反抗能力，甚至对不合理要求都无法做出任何抵抗。保正长和保内丁壮，收获之时，抛家舍业，在外月余，就是因为莫名其妙的指令。乡村社会对于来自朝廷和县官压迫，几乎毫无反抗能力。在收取征草过程中，胥吏从中谋私十分常见，官府权力在胥吏执行中几乎变成没有任何约束的权力。它有行使的权力，而乡村百姓无法反抗，只有服从的义务。

胡宏也表示过："自都甸至于州，自州至于县，自县至于都保，自都保至于主户，自主户至于客户，递相听从，以供王事，不可一日废也。"可见与前述是同一逻辑，从朝廷到最基层的主客户，都在同一链条当中。在同一个"权力序列"当中发挥作用。而且这最主要的权力序列，也必须通过形成一个完善链条，才能形成一个序列并发挥作用。黄榦说："监司行下州郡，州郡行下县道，县道行下保正，保正敷之大小保长，大小保长抑勒百姓。既责以出草出木，又责以出钱湫结，又责以水脚般运。一丁之夫，一叶之舟，不得免也。为淮之民，何其重不幸也。"朝廷到县管理路径，姑且不论。县以下，直接指挥到保正，然后到大小保长。但保正系统，更多是偏于一种治安系统。在操作中，更多是因为这种治安系统成条理，有可供支配的基层壮丁。朝廷正式命令或者正式公文运转，到县就基本结束了。县以下运作，官府虽然操控不断，但是在正式制度上，可以把保正等看作非政府系统的组成。这种方式的好处，是官府而不用承担正式官府所应该有的行政道德，也就没有束缚。胥吏成为乡村权力行使关键，州县官员对于胥吏防范，说明它是乡村社会重要力量。越发严密地监控胥吏，意味着它已经在乡村社会里面成为重要力量，而且不可替代。从《名公书判清明集》中所展现地方官员选择来看看，他们宁可自己形成一套数据，按此数据征税，而不是派遣胥吏下乡。

在主导性权力序列之下，还有隐蔽权力序列。权力不仅仅是统治性权力，也包括微妙的人际关系权力、身份性的威慑软权力。乡村社会两个关键，一个是生存，一个是秩序。不仅官府要保证基层秩序，民间自发也要建立秩序，这种秩序未必是有规则的，但确实是乡村社会中所应遵循的。在官府管制不到或者不屑于管制的地方，留给了乡民，也就留给了宗教、宗族、礼俗等。如《名公书判清明集》中记载：

赵桂等抵负国税，今追到官，本合便行勘断，惩一戒百。当职又念尔等既为上户，平日在家，为奴仆之所敬畏，乡曲之所仰望，若一旦遭挞，市曹械系，则自今已后，奴仆皆得侮慢之，乡曲皆得欺虐之，终身抬头不起矣。当职于百姓身上，每事务从宽厚，不欲因此事遽生忿嫉之心，各人且免勘断。但保正、户长前后为催税尔等税钱不到，不知是受了几多荆杖，陪了几多钱财，若尔等今日只恁清脱而去，略不伤及毫毛，则非惟奸民得计，国赋益亏，而保正、户长亦不得吐气矣。案具各乡欠户姓名，锢身赵桂等以次人，承引下乡，逐户催追，立为三限，每限十日。其各人正身并寄收厢房，候催足日方与收纳本户税。如违不到，照户长例讯决。一则可以少纾户长之劳，一则可以薄为顽户之戒。

此案中可见，户长、保正在一些地方，很难掌控乡间上户。他们可以做到"数年不纳"，而前任地方官员又无可奈何，胡石壁显然也做不到"械系"，而这明显是他的权限。最大惩罚，就是把这些欠税者本人软禁起来，由其派人下乡逐户催税。这些地方官员难以惩罚村民，应该就是所谓"豪横"。赵桂此类人物，如果没有强有力又不乐于与其勾结的地方官员，则已然在当地建立了自己的秩序和规则。不仅"豪横"如此，在乡村社会中，一般村民为了争取利益，也采用各种手段以规避差役。如淳熙时，据基层官员观察：

夫差役以都而不以乡，此前人成法也。何法行既久，人伪滋起，于是有徙都之弊。谓如一乡有三都，其第一、第二都富者多而贫者少，则所差之役当及富者，而贫者得以安乐。若第三都，贫者多富者少，则富者虑役及己，巧生计较，预图迁徙于邻都以避，谓富者颇多，迭相循环，而充役之时少也。是以富少贫多之都，每遇点差，殊乏其人，才及数千之产，亦使之充役。

由于乡村社会中役次排定是在一都之内轮流，且只在富户当中轮流。如果某都富户较多，则轮流的频率降低不少。如果贫户居多，那么富户当然不乐居此，更乐于迁居到富者较多的都。而役额早已固定，贫之都亦必须出人，所以贫户也不得不填补富户迁走之后的空白。官员对策就是尽量不允许迁移，而且将差役平衡区域扩大到乡级。如果迁移，但是应该在原来都保执役。由此可见，乡村社会百姓并不是全然被动等待，而是采取各种办法规避政策。而能规避政策的肯定不是贫民下户，而是在乡村当中既有财富又具有一定身份地位的村民，这是另外一种隐性权力序列。又如义役，本身就是形成乡村社会内部稳定秩序的努力。但是在乡民博弈当中，最终又依附回到了官府管控。义役最终裁判者都是官府，这也就决定了最终都要败坏掉的命运。如处州曾经建立"义役"，但是：

　　本州却令下户只有田一二亩者，亦皆出田，或令出钱买田入官。而上户田多之人，却计会减缩，所出殊少。其下户，今既或被科出田，将来却无充役，无缘复收此田之租，乃是困贫民，以资上户，此一未尽善也。如逐都各立役首，管收田租，排定役次，此其出纳先后之间，亦未免却有不公之弊。将来难施刑罚，转添词诉，此二未尽善也。又如逐都所排役次，今日已是多有不公，而况三五年后，贫者或富，富者或贫，临事不免，却致争讼，此三未尽善也。所排役次，以上户轮充都副保正，中下户轮充夏秋户长。上户安逸，而下户赔费，此四未尽善也。凡此四事，是其大概目下词诉纷然，何况其间更有隐微曲折，未可猝见。若不兼采众论，熟加考究，窃恐将来弊病百出，词诉愈多。改之则枉费前功，不改则反贻后患。将使义役之名，重为异议者所笑，无复可行之日，诚有未便。臣昨见绍兴府山阴县，见行义役，只是本县劝谕人户，各出义田，均给保正户长。各有亩数，具载砧基。其保正户长，依旧只从本县定差，更不别置役首，亦不先排役次。而其当役之户，既有义田可收，自然乐于充应，不至甚相纠讦。但其割田未广，去处未免尚仍旧弊。若更葺理增置，便无此患。窃谓其法，虽似阔疏，然却简直易明，无他弊病。又且不须冲改见行条法，委实利便。故尝取其印本砧基行下州县。然以未经奏请，尽降指挥，州县往往未肯奉行。臣愚欲望圣慈详酌，行下处州，止令合当应役人户，及官户寺观均出义田。罢去役首，免排役次，止用山阴县法，官差保正副长，轮收义田。仍令上户兼充户长，俟处州行之有绪，却令诸州体仿施行，庶几一变义风，永息争竞。

其中所提到的办法未必高明，但是所展现的村民关系却十分确实。在乡村社会当中，役首依靠着官府权力，在乡村社会中占据了较高权力地位。而且按其所云，每一个弊端都会带来大量"争讼"，那也就意味着乡村社会村民并不是一味服从者。在所有环节上，都会给乡村管理者乃至官府带来极大麻烦。"而顽民得以援引条法，把持论诉，监司难以移文行下，冲改成法，大率归于豪猾得志，贫弱受弊。"在乡村社会权力序列里面，官府一方面占据了最大的优势地位，另一方面也不得不面对民众各类反抗。同时，民众内部也不是同一面貌，在面对共同的"朝廷"时，呈现了不同面貌。每个个体都试图寻找利益最大化，同时又不能突破冒犯和非公开反抗的底线。当然，在役事过程中所展现权力序列是乡村权力结构当中最重要一方面，与此同时，在乡村社会其他方面（宗族、宗教、民间信仰等等）也展示出了权力序列运作过程，此不赘述。

总之，宋代乡村社会最重大的社会矛盾来自役事纠纷，这种纠纷几乎贯穿两宋始终。既显示为村民与朝廷、村民与胥吏，更显示为村民与村民之间的矛盾过程。这是为了生存而展开博弈，在博弈当中展现了各种"权力"运作过程。其中有正规显性权力序列运作，也有非正规非显性权力序列运作。这既呈现了宋代乡村社会生活的多面相，更为思考宋代乡村社会内部关系提供了新的讨论基础。

延伸阅读

吴雅婷:《回顾 1980 年以来宋代的基层社会研究——中文论著的讨论》,《中国史学》第 12 卷, 2002。

黄宽重主编《中国史新论：基层社会分册》, 台北, 联经出版公司, 2009。

倪玉平，1975 年生，清华大学历史系教授、博士生导师。曾任哈佛燕京访问学者、格罗宁根大学客座教授、UCLA 访问学者等，"全国百篇优秀博士学位论文"获得者、国家社科基金重大项目首席专家、教育部青年长江学者。出版《清代漕粮海运与社会变迁》、*Customs Duties in the Qing Dynasty, ca.1644-1911* 等多部专著，在《中国社会科学》、《历史研究》、*Australian Economic History Review* 等刊物发表论文数十篇。

清代财政的近代转型

倪玉平

我主要围绕着清代财政的一个转型,讲几个方面的问题。简单地说围绕这四个方面,第一个是清代财政前期的一个收支结构,第二个是中后期之后发生了一个奏销和租税结构的转变,第三个是收入和分配格局的变化,第四个是财政指导思想的一个变化。

研究清代财政其实并不是我原来的设想。2003年博士毕业,2005年博士后出站,博士论文写的是漕运,博士后报告写的是两淮盐政改革。在做完这两个题目之后,我其实面临了一个困惑,不太清楚以后的研究向哪个方向走。虽然我一直在做经济史研究,但我总觉得历史是非常生动活泼的,所以很希望能和人打交道,和事件打交道,而不愿意面对一些枯燥而冷冰冰的数字。不过,随后发生了一个我没有想到的变化。2005 年的时候，我参加一次会议，在会上碰到吴承明先生，他讲到了当时清代存在两次经济萧条，一次是康熙萧条，一次是道光萧条。康熙萧条是岸本美绪教授首先提出来的，道光萧条是吴承明先生提出来的。听过吴先生的介绍，我有些怀疑，想看看道光萧条是怎么一回事。在思考的过程中，我又碰到了魏源写的一段话，他说考财富之源流不难于入数而难于出数，就是说研究当时的财政，想了解收入是很容易的，但是想了解怎么支出却不太可能。我推测他的朋友写了一本清代财政收支方面的书，寄给魏请他提意见。结果魏源很不客气地批评他的朋友，说救时务之书，宜简易不宜繁难，研究钱谷这些事情非常让人讨厌，写这些东西无文行远，还不如多约举大纲，作为数论之易览而有裨。我当时看到后非常不同意魏源的观点，心想清代财政不难于入数而难于出数，那我来把这个出数搞清楚。这是 15 年以前的一个非常可笑的想法和引子。随着时间的进展和研究的深入，我发现自己慢慢回落到了他们两人设定的框架之中，尤其是入数不太容易搞清楚，出数更是难上加难。从 2005 年开始研究清代嘉道时期的财政，此后陆陆续续围绕着关税和财政做了一些分析，本文的一些想法主要是在这几本书里提炼出来的。当然了，今天的研究其实又开始遇到新的问题，又开始不知道下一步朝哪个方向走，也是在思考的过程之中，我对未来的研究路数也是充满期待。

一　清前期财政收支结构

我对嘉道财政做了一个大致的统计，当时的财政收入总体上说每年是 4500 万两银子，其中有 2000 万~2500 万两由田赋而来的，占了 60%~70% 的比重。第二个比较大的收入是来自于盐税和关税，各自 500 万两的样子，其他还有一些杂税。由于盐税、杂税很难做明确的统计，所以在做财政收支统计的时候，我用了银库的收和支来作趋势图。大致来说，1850 年之前，整个清政府的财政收入和支出基本上处于平稳状态，始终保持 4000 万~4500 万两。尽管中间发生了第一次鸦片战争，发生了银库失窃案，但总体上财政仍然能够做到收支相抵。到了太平天国起义之后，情况发生逆转。由于打仗，不到三年的时间，清政府拨出的军饷就达到 3000 万两，户部存银一度只有 22 万两，连一个月的工资都发不出来了。在这种情况之下，清政府除了传统的田赋、关税收入之外，推行了很多挽救财政的措施，比如捐输、铸大钱、发宝钞、创办厘金制度等。

　　我在研究财政收支里面，用力比较多的是田赋和关税。当时我曾试图把整个清代十八行省的每年地丁起征量做统计，但在花了两年多的时间之后放弃了这一想法，因为发现我很难从中看到变化，数据也极为复杂。每个省每年都有上忙下忙数据，而每个省的地丁数据包含的细则又不尽相同，没有办法简单相加。但是总体上，咸丰、同治时期的地丁钱粮征收量的下降趋势还是能够看得很清楚，从道光时期的 2000 万~2500 万两，下降到 1400 万~1500 万两，差不多下降了一半。征收量下降的原因也很清楚，因为太平天国起义横扫江南地区，这些地区又是地丁钱粮征收的大户。该征的征不上来，再加上灾害频发，所以清政府最大的一块收入受到严重削弱。第二个就是关税，整个清代一共有 40 多个税关，分布在边疆、运河长江一线，以及沿海一线。从关税征收量的分布地可以看出来，当时中国的经济重心基本上还是在运河长江一线，但是它的重心逐步向沿海扩展。当然，我现在又在思考一篇文章，觉得在向沿海扩展的过程之中，可能又慢慢回移到内陆。

　　做历史研究最基本的是史料选择问题。我和大家一样，当决定要统计财政收入，特别是要统计关税收入的时候，首先就要考虑用什么样的史料。我喜欢第一手史料。清代关税史料非常多，良莠不齐，存在着很多问题，我做过一些考证，越做考证越觉得史料还只能由自己去搜集，不然的话很容易出问题。最重要的当然是中国第一档案馆的档案，但我去档案馆查档案之前有一个习惯，先把其他的外围材料给搜集好，再到档案馆去做核对或者是做摘抄。因为去档案馆的时间不自由，路途又远。外围资料第一个是大量出版的清代档案材料，比如说光绪朝朱批奏折，我花了好多年的时间才一一看完。第二个也是非常重要的材料，存于中国社科院经济所图书馆的抄档，是 20 世纪二三十年代汤象龙这些先生组织人手，把它们摘抄出来的，大部分是把数字汇总成报表，还有一部分是照抄档案。我也去经济所做了好几个月的摘抄整理。抄档里面整理过出来的档案，比如说江海关，大家从表格上可以看得出来，一个页面上就有 30 份档案，每一份档案都包括哪一年的详细信息，比如第一条是道光三十年十月二十一日，江苏巡抚傅绳勋，他奏报江海关那一年的征收情况。抄档的量很大，从表上大家可以看得出来，20 世纪二三十年代的汤象龙先生，他们做抄档的雄心和所取得的巨大成就。这批抄档应该说是经济所的镇馆之宝，但是现在学术界利用的还不算特别多，据我所了解的应该除了雨水钱粮单之外，有史志宏老师整理过其中的户部银库资料，有彭泽益先生根据抄档研究过 19 世纪的财政。另外还有许檀老师、邓亦兵老师等人做过研究，总体上使用量还不充分，大家如果有兴趣可以接着去使用。此外还有很多史料，比如各朝的上谕档。台湾也出版了比较多的宫中档朱批奏折，当然还有一部分没有出版。北京社科院历史所邓亦兵研究员还把她所搜集的台湾档案寄给我使用。最大量的当然还是藏于中国第一历史档案馆的朱批、录副和题本。我把这些数据都汇总到 Excel 表格，03 开头的是军机处录副奏折，04 开头的是朱批奏折，02 开头的是题本，这些档案就是一个关一个关、一年一年地进行统计，最后汇总出清代关税的收支情况。

整个清代的关税是以 1850 年为界，之前是 400 万～500 万两征收量。统计时有两条线了，蓝色的线是从档案或者根据我认为比较可靠的数据里摘抄出来的数据，粉红色的线是估测，因为有的年份有些关的档案找不到了，没有的情况下我就会用抄档的数据进行补，如果抄档也没有的话，那么就会根据正额盈余进行估测，因为那一年不可能没有征收，所以存在着两条曲线。尤其是到清朝结束之前的几年，数据缺失得比较多。1850 年之后，因为战乱的原因，太平天国起义导致整个清代的关税发生了比较大的一个停顿，尤其是很多关一度停征，有的关甚至彻底关闭。有些关停征之后又重新恢复，但又很快地停下来，比如说南新关、北新关都在杭州，一个是户部关，一个是工部关，咸丰十一年（1861）时停征了。后来左宗棠收复杭州，又恢复关税的征收，但是征收了几个月，发现收的钱还比不上征收官员的开销，所以就又把它停掉了。总体而言，太平天国起义期间，关税受到了比较大的挑战，税收由以前的每年400 万～500 万两，变成了 200 万两。等战争结束后，常关税的数量才有一个缓慢的提升，社会经济条件已经发生了变化。常关税一个很大的变化是到义和团运动之后，西方强迫清廷签订辛丑条约，规定中国赔款 4.5 亿两白银，因为清政府没有钱，还本计息，一共赔了 9.8 亿两。由于清政府财政破产，列强要求抵押，规定通商口岸 50 里以内的常关都划归洋关管理和征收，其实是作为一个抵还赔款的一个税源。因为海关已经被赫德给掌控了，是当时比较稳定可靠的一个税源。这些洋关 50 里附近的常关税收总额有 300 万两。把它们交由洋关托管后，常关的税收马上成倍增长，跟海关的情况一模一样。粤海关和五口通商之后，洋关的税收刚开始并不是很多，最多也就 500 多万两。但交给赫德之后，连续增长了好几倍。这其实不仅是一个民族自尊心的问题，还牵涉管理技术、官员操守等复杂的问题。

帮助清政府缓解财政危机的，有两个重要的方面，第一个是海关，赫德改造海关，第二个原因就是厘金的产生，这两个方面对清政府的影响是特别的大。第一鸦片战争之后，清政府被迫五口通商，广州、上海、厦门、福州和宁波征收洋税。随着局势的变化，又在沿海和内地城市开放了一系列的洋关，特别是第二次鸦片战争，学中国近代史的同学应该对这一块都比较了解。赫德出任总税务司，他当时雇用西方人 400 位，中国人上千人。1861 年，海关的税收是 496 万两，不到 500 万两；到 1871 年，也就是 10 年之后，海关税收变成 1120 万两；1902 年的时候，海关税收已经上升到 3000 万两。不到 40 年的时间，整个清代的关税收入翻了 6 倍，这也顺理成章地成为清政府最稳定最可靠的来源。因为赫德做得非常好，所以他死了之后被封为太子太保。同时，因为在征收和管理海关的过程之中，赫德感觉到中国传统的驿站传递方式不太好，所以他借助海关就创办了中国的邮政总局，这是我们今天邮局的前身。有学者对他做过这样一个评价，在腐败的晚清行政体系之中，赫德管理的海关是最有秩序和效率的一个机构，他引进了整套的英国行政管理经验，无论是行政组织、人事管理还是征税章程，都置于一个严格的统一的体系之内，海关的财务制度是由英国财政部官员制定的，数十年很少发生舞弊的行为，各部门的主管人员一般都有较高的文化水平，有的还是硕士、博士，海关实行西方公务员制度，薪金制度待遇很高，但不额外支取费用，所以他的管理值得我们学习。

　　关于海关的征税，以汤象龙先生的《中国近代海关税收和分配统计》最为经典。这是当时包括梁方仲、吴晗等人也就是刚刚大学和研究生毕业，20 多岁的年轻人，在一起成立了中国经济史研究会，他们的雄心非常大，又以汤象龙先生为首。因为我对所有人的统计数据都心存一些怀疑，所以曾经试着对汤象龙先生那本书里的数据做过一些复原。比如说江海关，根据军机处录副奏折可以看到，汤先生的统计数据有些是一样的，有些经过了四舍五入，有的也没有四舍五入，还有一个数据由 2926402 变成了 2927400，中间存在着 998 的误差。我再去核对抄档，发现是其中有一笔数据抄错了，这个当然也可以理解，因为任何一个经济史数据，只要是数字，就很容易出错。总体上说，汤先生的数据比较可靠，但存在着一些小的瑕疵。后来我又写了一篇文章，专门做了一些补证，结论是说在 30 多个关、长达 50 年的统计范围中，汤先生存在着偶尔笔误等小问题，准确率 62%，排除小笔误的准确率在 90% 以上。由于有汤先生的数据在，晚清海关我没有自己做统计，只是对汤先生的数据做了一个修正。

需要指出的是，当我们面对这样一个 40 多年的数据变化时，如果非常贸然地说，整个清代的洋关税收由 500 万两增加到了 3500 万两，增长了七倍，背后一定要考虑到物价的因素和通货膨胀的因素，否则这种增长就有太多的水分在里面。研究清代关税时，为了弥补这样一个误差，我一方面是用物价做了修正，另一方面也有意识地用人均来看变化，当然今天没有时间细讲。如果考虑到人均，清代的人均关税收入在太平天国起义时间下降得很快，此后它的增长幅度远远地超过清前期的。从这个角度来说，晚清的经济财政还是有比较大的一个发展。整个清代的关税，包括常关和洋关，太平天国起义之前是 500 万两左右，太平天国起义之后由 500 万两涨到了 3500 万~4000 万两，其中常关税基本上保持不变，但是洋关税或者说海关税，其实也是对外贸易这一块增长幅度非常大。

晚清财政收入的另外一个很重要的变化是厘金。厘金的创办应该说是神来之笔了，在那之前整个清政府是非常困窘的，由在扬州帮办军务的刑部右侍郎雷以诚创办。当时因为没有钱，他就以筹措军饷为由，对当时的那些米店抽厘 1%，当然每个地方比例有所不一样，创办厘金之后，清政府发现这一笔收入非常的大。到光绪十一年（1885）的时候，黑龙江开始办理抽厘，除了西藏和蒙古不抽，其他的全国各地都抽，而这个抽厘每个省都抽，每个县也抽。我的厘金数据参考了罗玉东先生的研究。罗先生 20 世纪 30 年代的时候出版《中国厘金史》，迄今为止，大家都认为这还是一个非常经典的著作，还没有被后代的学者所超越，后人只是对中国厘金史做了一些细节的补充。清代既有征收于日用百货的普通厘金，也有专门征收于盐、茶、洋药、土药、鸦片的特种厘金。按征收地点来区分，则可分为出产地厘金、通过地厘金和销售地厘金；征收的方式则有官征和商人包缴两种。晚清按 1.25%、1.5%、1.625%、5.5%、6%、7.5% 征收的各有一个省，按 1%、4%、5% 征收的分别有二个省，按 10% 征收的有四个省，按 2% 征收的有六个省，不详的二个省，可见超过 2% 是主流。最近对厘金数据做比较大的修正、也是比较可靠的是周育民先生。根据周先生的统计，1853 年厘金被创办，它的税收到第二次鸦片战争之后增长很快，然后一直就保持着 2000 万两的水平。

回过头来看一下，在太平天国起义之前，清政府的整个地丁收入也就是 2000 万两。这个时候则出现了厘金、海关和田赋三足鼎立的格局。还有一个我还没有涉及的领域就是杂税，杂税的征收数量无从考证，数量更大。从简单的非常枯燥的数字上，大家也能看得出来晚清的财政发生了一个比较大的变化。我曾经专门统计过咸丰、同治时期的主要财政收支趋势，大家从图片上可以看得出来，咸丰同治时期主要的财政收支比较大的下降是田赋下降，厘金和关税都超过了田赋，一下子就改变了以前以农业税为主体的格局。我的估计是同治时期，清代的财政已经由前面的 4500 万两增加到 7500 万 ~8000 万两，增长了近一倍。当然支出也是 7500 万 ~8000 万两，也就是说它的收入和支出都变大了。到了清朝末年，收入进一步膨胀，收入的主体已经变成了四股力量：地丁、盐税、厘金和关税。

二　奏销与租税结构的演变

再来看清代财政的奏销体制。咸丰之前，清代财政的奏销是由户部代表中央来管理全国的财政收支，每个省要把钱粮向中央汇报，报告收支的情况，通过钱粮奏销，中央就掌握了各个省每年的收支情况。在此基础上，中央再做分配。当时分配的流向分为两部分，一个是京饷，一个是协饷。所谓"京饷"就是把银子从各个地方运到北京来，存放到北京户部的银库里。不过中国面积太大，各省情况不一，有的省份富裕，有的省份贫瘠，贫瘠省份的收入就不够花，比如说新疆、甘肃，清政府就会就近从富裕的省份把钱粮转拨过去，称为"协饷"。咸丰以前，这个奏销制度一直非常良好地运行着。彭雨新先生在他的《清代田赋起运存留制度的演进》论文中曾经说过，在太平天国起义之前，清政府就像一个神奇的下棋棋手，在棋盘上左右指挥，能够把全国的财政收支整理得井井有条。但是太平天国起义之后，中央掌握全国地方财政的奏销制度就完全的失效了。之所以会失效，其实非常容易理解。第一，各个地方都缺钱，没有办法再拿钱去支持中央。特别是像曾国藩、李鸿章这样的地方大员，他们在领兵打仗的过程中又兼任地方官，军权行政权一把抓，为了军饷，一定会大量截留，不太可能给中央缴钱，有时还会不顾一切地截留，把别的省份打算上缴中央的钱财和实物就地拦截下来。第二，厘金的创办，完全变成了一个地方性的收入。中央想掌握厘金的收和支情况，但总会有被地方以各种各样的理由回绝，这样一来，户部也就没有办法掌握中央的全国的财政了。所以有人说到了太平天国起义之后，中国的财政发生了很大的变化。以前基本上是只有中央财政，地方几乎没有什么发言权；但是太平天国起义之后，地方财政就确确实实地形成了，大量的收入中央是掌握不了，导致奏销制度失效。当然，奏销制度还包括冬天的时候要向朝廷奏报，估计明年要收多少支多少，然后在粮食丰收的时候，做一个征收的报告制度，称为冬估和春秋拨，这个时候也完全变成具文了。

税收结构方面，在太平天国起义之前，清政府的财政收入主体是农业税，这个时候由于太平天国起义的影响，农业税基本上收不上来，而且征收的数量已经远远不足以支撑开支，所以出现了厘金和海关，而厘金海关又不属于农业税，而是工商业税，所以这一时期它的财政收支主体由农业税变成了厘金和海关，变成了工商业税。

另外，就税收的分配主体来说，以厘金为代表的地方财政兴起，中央财政染指不了，税收开始变成了中央与地方双强并立的格局。在指导思想上，清政府也在事实上抛弃了"量入为出"的理念，变成了"量出为入"。大家如果看晚清的奏折，会发现一直到清朝政府灭亡，奏折里还是在说一定要"量入为出"，但背地里却不这么干。一般来说，"量入为出"是根据每年的收入来决定来年的支出，它通常会是比较节俭的。如果要根据支出来决定收入，则会比较激进一点。关于中央财政和地方财政双强并立的格局，晚清学界有一个非常重要的论断，叫督抚专政，或者是地方尾大不掉。但根据我对中央和地方财政的理解，这时候还很难用中央集权削弱、地方开始尾大不掉来形容晚清的政治格局。我更愿意将中国的专制集权制度理解为一个逐步膨胀的过程，而不是一成不变。到了晚期的时候，这种专制集权所能控制的财政已经变成一个大蛋糕，中央所能够控制的那一块收入基本上还是控制在手里，只不过是滋生出了新的收入，新的收入变成了地方的，而不是地方强行从中央进行了切割。从财权的角度来看，督抚专政其实可能还有值得进一步思考的空间。

三　征收与分配格局演变与财政指导思想

晚清的财政由内敛走向扩张，从保守走向激进，由传统的农业型财政向工商业型财政转变。但是因为当时工业化还没有展开，农业财政又难以维系，所以只能走中间道路，重征商业税。我曾经试图比较过欧洲范围内从 17 世纪到 19 世纪的财政转型，感觉农业型财政向工商业型财政的转变是一个普遍的趋势。我刚刚完成了一个英文的稿子，是围绕着彭慕兰的《大分流》展开讨论，我仍然坚持这样一个观点，即晚清时期的财政转型，主要是内生性的，而不是外生性的，西方的影响倒在其次；即便如此，他们的转型道路和西方又是比较接近的，并不是一个特殊的转型。

晚清财政预决算制度，也是新的变化。太平天国起义之后，因为旧的奏销体制崩溃，清政府被迫进行改革，造册报销改为开单报销，"惟将收支款目总数，分年分起开具简单清单，奏明存案，免其造册报销"。当然这也不是一步到位的。在太平天国起义结束之后，因为十余年来各省都忙于打仗，每个省没有办法把每年的财政收支情况向中央汇报。现在战争结束了，中央就打算旧账新账一起算，户部的官员都已经做好各种各样的准备，打算去各省大捞一笔。结果王文韶他们做了一个预案，说如果强行一一清查，估计曾国藩、李鸿章这些人都要受到处分，因为很多账目都不符合报销条目。他们以不能让功臣受辱为由，奏请慈禧太后，慈禧太后拍板把这一笔大账勾销。这些户部的书吏听到这个消息后，不禁抱头痛哭。

清末的时候，学习西方采取预决算制度，后来又变成民国财政改革的基础。预决算制度出台以前，都是国用、度支代替。光绪十三年（1887），黄遵宪刊刻《日本国志》，说西方的理财制度有预算结算，应该向西方学习。戊戌变法期间，光绪皇帝下诏编制预决算制度，让所有人都知道国家税入之大计。光绪三十四年，清理财政章程，以每年正月初一至十二月底为预算年度。宣统二年（1910），编制了宣统三年的总预算，这是中国首次采用西方模式进行预决算制度，标志着传统的财政会计制度迈入了近代的轨迹。当然，这个预决算和西方的也有不同之处。清政府的预决算是每年的正月初一到十二月底，国外则是从阳历的 4 月 15 日开始或者 7 月开始。

财政出支也有很大的变化。晚清时期，军政开支多，投资性开支少，公共事业的支出更是少得可怜。那么之所以军政开支比较多，还是因为太平天国起义等军事支出增多。军事变革也带来财政制度的演变，首先是购买和制造了很多的枪炮，武器装备的变化需要社会生产方式的变革来加以支持，生产方式的变革又需要财政系统的支撑配套。造枪造炮需要钢和铁，运钢铁需要铁路，铁路需要民生配套，总之是一个系统工程。第二次鸦片战争之后，引起一个非常大的变化，就是洋务运动，成为晚清财政支出的标志性变化。清朝统治者为了求强求富，设立总理各国事务衙门协调各国关系，进行外交活动，还向西方学习军事科技和文化，如购买船炮、训练新军、兴办工业、创办学堂、派出游学等，这些都是清朝财政支出方面的新现象。咸丰、同治时期创办的军工企业非常多。同治时期，用于造船的经费也非常巨大。《清史稿》记载说同治十三年（1874）报销造船的经费就花了500多万两，养船花了十几万两。同治末年，清政府的财政收入逐步好转，洋务运动上的支出也不断扩大。平均来看，同治时期每年政府在江南制造局及福州船政局就投入不下100万两，成为新政开支中最大的一笔支出。福州船政局造的船多，也不太好用，李鸿章他们想出一个变通的办法，说船不光可以做军舰，也可以用来运漕粮。他们打出的旗号是当时的漕粮运输中，传统的海运沙船不够用了，把其中的一部分粮食拨出来，交给新成立的轮船招商局来进行漕粮运输，其实当时沙船是够用的。轮船招商局承运漕粮，这一部分收入在前期非常稳定，占招商局纯收入的20%。在漕粮海运的支撑下，轮船招商局逐步度过危险期。张国辉先生估计过1886～1895年的10年间，清政府在军工企业上的财政支出为4000万两。吴承明先生估计过晚清时期的清政府在军工业投资下不下于5000万两，大约有6000万两。总而言之，在晚清这30年的时间里，清政府花了5000万两子，每年100多万两。

随着军事企业规模的扩大，必然需要足够的原料和燃料。西方列强要求在中国开矿修路，洋务派觉得求富，还要建立自己的企业，进行一些民用企业的投资。清政府对民用企业的投资，19世纪七八十年代之后逐步增加。1872～1894年开办了30多家企业，比如轮船招商局、台湾的基隆煤矿、湖北的汉阳铁厂等，投资在1500万两左右。一个大致的统计是，在甲午战争之前，清政府的财政投资中，3/4是用于军工企业，1/4用于民用企业。这个数字看上去数目挺大，但如果平摊到每个人头上，好像每个人连10文钱都不到，非常可怜。甲午战争之后，清政府的财政危机加剧，洋务运动陷入停顿。1895～1899年，只有三家企业共投资11万两，非常萧条。还有一些新的项目支出。洋务投入除了洋务企业经费，还有使臣出访。赫德请假回国，清政府就派人带着学生跟随他到英国去。同治六年（1867），清廷派卸任的美国驻华公使蒲安臣充当出使钦差大臣，访问欧美各国，记名海关道志刚和礼部郎中孙家穀等随同前往，两次出使经费皆由海关洋税开支。其中前者出使经费24948两，后者出使经费16万两。同治九年"天津教案"善后，清廷派崇厚出使法国"道歉"，开销也属出使经费。同治十一年，清廷开始选派幼童赴美学习，其经费据《挑选幼童前赴泰西肄业章程》预算，"每年驻洋薪水膏火等费，约给库平银六万两"。

近代银行是金融业，和财政有密切的关系。中国传统的金融业主要是票号和钱庄，票号是以山西商人经营的为主，钱庄是宁波等地的商人为主，以汇兑为主。特别是票号，在太平天国起义的时候得到了巨大发展。当时各个省财政收入的运输路线被太平天国起义阻断，他们就委托票号来做这样一个事情。票号通过钱粮汇兑，获得了比较大的利润，一度发展很快。不过到了清末就逐步陷入比较保守的状态，当清政府打算创办银行，一度想让票号接办，但票号经过讨论后拒绝。无奈之下，清政府只能自己动手去办。1897年4月26日，中国的第一家银行——通商银行成立，由盛宣怀向户部借100万两银子，仿照汇丰银行的章程合股创办。创办银行，一是为了和外国银行竞争，二是为了发展中国的对外贸易。1904年户部试办银行，1908年改名为大清银行，辛亥革命之后成为中国银行。另外一个和财政相关的事是发行货币。清代的白银极其复杂，库平银、关平银、漕平银、豆规银，每个地方都不一样，流通起来很不方便。但是西方的银圆是统一的，一块银圆就是一块银圆。清末政府也开始逐步铸币，所以金融方面有了很多的变化。

财政思想也出现了变化。随着时代的发展，商人的地位逐步提高。

很多人开始觉得以前是以农为本，现在觉得商业和商人也很重要。改良主义思想家，比如黄遵宪这些人，他们提出了中国练兵同外国进行兵战，可以谋求国家的独立和平等；发展民族工商业和外国进行商战，可能通过商战立国，谋求人民的富足和自由。郑观应甚至认为商战比兵战更为重要："彼不患我练兵讲武，特患我之夺其利权，凡致力商务者，在所必急。可知欲制西人以自强，莫如振兴商务。"王韬提出了"恃商为国本"的主张，薛福成提出"商握四民之纲"的思想，马建忠有"富民"说，陈炽有"富国"策，都反映了这种思想变化。

　　以上就是清代财政的大致回顾。总体上来说，晚清时期财政的变化，对中国近代化走向还是起了很大的作用，两者互相影响。晚清财政的转型既受中国近代走向的影响，同时也反过来塑造了中国近代的走向。从武器到交通，从军工到民用，从管理到思想，是全方位的转型。同时，我还相信中国近代财政的转型，更多的是内生性的变化，而且这种转型还是在遵循着与西方相类似的发展道路。

附　录

　　问题一：近代转型的内生性是否意味着在没有西方介入的情况下，中国也会最终步入现代化。如果是这样，那么现代化会在多久之后发生？

　　倪玉平教授：历史确实没有办法假设，因为它是已经发生的人和事。根据我对清代财政中的嘉道时期和咸同时期的研究，我有一个很强烈的感受，就是财政转型迫在眉睫。我在《嘉道财政与社会》一书的结论是，嘉道财政已经发生了很大的变化，虽然财政的收入与支出之间还能保持平衡，但这个平衡是极其脆弱的。所以我说，即便是没有发生太平天国起义，清代的财政也到了必须要进行改变的时候，否则一定会崩溃。因为越到道光后期，它的财政碰到的问题越大，传统收入如田赋、关税基本都停滞不前，但它的支出却在逐步扩大。支出加大，而收入没有增加，不变是不可能的。咸丰、同治时期，财政发生那么大的变化，最重要的原因是太平天国起义摧毁了清代前期的财政基础，这时候才会有厘金的引入，有关税的扩张，其实西方的介入反而有限。所以我说，即便是没有太平天国起义，清代的财政转型仍然会发生。不过至于具体时间会是什么时候，我就不好说了，根据中国社会的惯性，很难说。但我相信，清政府只要推行财政转型，就不大可能直接在农业税上面下手。农业税收当时能够给予拓展的空间不大，而且政府又深受传统儒家思想的影响。即使到清朝结束，我们仍然可以看得出来，清政府还是在宣称不加税，农业税本身也确实没有增加多少。如果没有西方介入，中国的现代化转型不可能那么快速，但是也不可能从农业上转型，一定会从工商业方面着手。因为咸丰、同治时期还没有什么工业，那就只好从商业和商人身上下手，而中国的舆情恰恰又完全支持对商业和商人下手，这是非常合乎逻辑的选择。

问题二：财税向现代转变的主要因素是什么？

倪玉平教授：当政府的支出扩大，为了平衡收入，一定会扩大税源。为了扩大税源，就会采取相应的配套制度，否则收不上来税。财税的现代转变，还是受到时代的影响，时代的需要会推动它向前走。具体到清朝，这种转变最主要的因素应该还是太平天国起义。太平天国起义摧毁旧有的体制，因为战争大量开支。清前期的财政支出有两大块，一个是军饷，一个是河工。太平天国起义兴起，在传统的军饷之外又出现了湘军、淮军，他们也成为支出的重点。前一段时间我在写文章讲到人口，有人说洪亮吉是中国的马尔萨斯，如果看晚清到民国这段时间的人口变化，可以发现还是战争和瘟疫对它的影响最大。

问题三：怎么看孟森先生在《清史讲义》里讲到的"终清一代，以永不加赋为大训"？

倪玉平教授：清朝其实是继承了明朝的三饷加派，并把它固定下来。如果是从客观的角度来看，明清农民的负担是很重的，除了交正常的田赋外，还有很多的额外负担以及各种徭役。当然，清代农民交给国家的田赋实际上没有太大的增长。我曾经在一篇文章里进行过中西比较。1823 年清朝发生大洪水，而同时期坦博拉火山爆发后的英国发生饥荒，我通过比较清朝和英国的救荒支出，发现清政府的"永不加赋"，一方面是保护了农民，另一方面也是束缚了政府的手脚。受儒家思想的影响，中国的皇帝是天子，中国的官员是父母官，是所有的老百姓的父母，它只能"永不加赋"，有道义上的无限责任，所以碰到灾荒的时候政府只能大包大揽，把所有的事情全部扛下来。如果不能扛下来，就是在道德上有瑕疵。同样，对老百姓多收税，也是道德上有瑕疵。这样一来，政府的税收很难扩张，新的税源很难开拓，自然也就拿不出钱来做更多的经济发展规划，比如清代的公共事业投入一直不大。所以我感觉孟森先生的这句话还是比较准确的。

问题四：万明老师的《万历会计录》认为晚明财政体系向以白银货币为主的财政体系转型，这一划时代的变革标志着中国由古代富裕国家向近代赋税国家转型的开端。清代的转型是不是延续和突破？

倪玉平教授：明代财政特别是白银货币的争论现在比较热闹，今天群里好多老师都在关注这个问题，比如说万明老师，还有中山大学的刘志伟老师，还有江西财大的邱永志老师，还有加州学派的万志英老师，很多人都在研究白银问题。不过我本人不研究这个，我觉得白银问题太复杂，但是如果从赋税演变的角度来看，显然是有延续性的。中国古代的延续性问题很多，比如唐宋变革论、清承明制等。历史本来就是延续的过程，不可能说突然就发生了裂变，至少清代前期的很多财政制度是沿袭了明朝的做法。

问题五：是否认为从"量入为出"到"量出为入"的转变是中国财政的正常发展？

倪玉平教授："量入为出"和"量出为入"，不能算是明朝或者清朝所独有的现象。王安石变法就是非常典型的想做到"量出为入"。不过可惜的是,"量入为出"和"量出为入",在中国被贴上了标签,成了固化的观念。传统上主张"量入为出"好,因为节俭过日子;"量出为入"坏,因为花销无度,所以历史上凡是要采取"量出为入"的财政变革,大多都容易受到批评。王安石变法就非常典型。不过,当一个财政收支处于非常紧张的状态下,统治者必须转变,那么要转变的话就一定会突破指导思想上变化,一定会在实践上突破"量入为出"的传统,偷偷实行"量出为入"。明朝的三饷加派其实是想偷偷地做"量出为入",但不会公开地说。中国有很多事情都是这样,可以偷偷摸摸地做,但不能光明正大地说。

问题六:洋务运动在甲午战争之后的顿挫,20世纪初又实行新政,从财政上看,两个时期的经费来源和使用上有很大的区别吗?

倪玉平教授:从经费来源上看还是有一点区别的,使用上也有所区别。洋务运动时期的经费来源以厘金和海关为主,我们从档案里能够看到非常清楚的支出和支出方式记录。清末新政我没有专门的研究,但是从财政的角度来看,新政的很多东西不是从海关里面直接拨款的,有很多支出是地方政府开的源,更多的来自杂捐杂税,是从民间老百姓那里抠出来的,所以有一些小的变化。另外,新政时期,清政府在财政上更加失控,所以也没有更多的主导权。地方督抚影响力逐步加大,谁能弄到更多的钱,就能创办更多的实业。

问题七:"史无定法"对于研究财政有什么启示吗?

倪玉平教授:吴承明先生提出的"史无定法"是一个特别好的说法,做研究不能固守某一派的做法。每个学校每个老师都有自己的风格,有自己的传统,但是仍然要做到海纳百川。"史无定法"还给我一个启示,就是研究任何问题,我们都要尊重前辈,尊重学术的积累和延续,但也要坚持不要迷信任何权威,所有的研究其实都值得商榷,所有的结论都值得怀疑。

问题八:如何看待数据造假背后的逻辑?

倪玉平教授：研究经济史有非常好玩的地方，这也是它的魅力所在。有时候你知道它是假的，提供数据的人也知道它是假的。最典型的例子是在研究嘉道财政时，曾经碰到一个例子。有一年的河工开支，当时的预算是 50000 两白银，结果实际报销了 49999 两，正好少一两。道光皇帝看到奏折之后大骂官员，但最后也不了了之。有时候数据造假也是迫不得已，有客观原因。

问题九：请问如果你有机会和清政府户部或者是海关机构直接对话，就您目前的研究方向，你最想弄明白的是什么问题？

倪玉平教授：如果有这个机会，我最想弄明白的是每一年的财政收支数据。不过清代的户部可能也无法回答我，因为他们是不做这样统计的，也没有我们今天这种每年每个省归类的记载。

延伸阅读

倪玉平:《从国家财政到财政国家——清朝咸同年间的财政与社会》，科学出版社，2017。

倪玉平:《清史（1616~1840）》，人民出版社，2020。

日常生活之官民人等

侯旭东，1968 年生，北京师范大学历史系学习十年，毕业后，前十二年任职中国社会科学院历史研究所，后十二年执教清华大学人文学院历史系。研究上，早先致力魏晋南北朝史，目前侧重秦汉史与出土文书简牍，偶及中国近现代史。努力吸收文化人类学、社会学等的思考，拓宽史学研究范围。最近十多年关注秦汉以降王朝的运行机制与形态，探讨历史上的日常统治。出版论著数部，发表论文七十余篇。

不朽的纪念：东汉《乙瑛碑》与守庙卒史

侯旭东

本文所讲的内容是围绕一块碑展开的，这块碑在山东曲阜孔庙，是一方千年的名碑，与宋代有非常深厚的历史渊源。因为在宋代，这个碑开始被广泛注意，从宋到现在将近一千年，不断地被学术界关心。碑文内容文字并不复杂，但是文字背后还有什么信息，可以去关心和挖掘？

一 东汉《乙瑛碑》的基本情况

下面我先把碑的情况作一些介绍，这方碑实际上是东汉时期的，至今近两千年了，原先安放在曲阜孔庙大成殿的东边走廊里，放了很长时间，最近一二十年，在曲阜建立了一个汉碑刻博物馆，把它搬到了这个博物馆里面（图1）。

图 1A　东汉《乙瑛碑》

图 1B　东汉《乙瑛碑》

　　上面图 1A 是碑的照片。我们看碑的正面，不断被人蘸墨捶拓，白色的石头都变成了墨色；图 1B 是碑的拓片，中间有石花，但是在宋代还是完整的，后来不断风化，变得不完整了。现在根据南宋学者洪适《隶释》的记载可以将其补全，这方碑主要内容是文书，包括皇帝下的诏书，大臣的回复，除末尾两行的赞之外，主体是文书，记录了请求增设孔庙官吏一事的处理经过。

　　这方碑跟大部分汉碑不太一样，汉代的碑多半是记人的，像墓碑之类的，也有几方文书碑，这个碑就是当时保存下来比较完整的文书碑。大家有机会可以去看看，此外曲阜还保留了很多汉代以来包括北魏时期，以及隋唐时期的碑刻，记载了我国过去很多的重要信息。

　　我们知道，清朝中叶以前，书法家致力于临摹字帖，比如王羲之《兰亭集序》等，清朝中叶以后，书法家们开始临碑，主要就是汉代的碑刻，从那时候开始书法家开始重视碑刻上的书法，包括东汉的碑石、北魏的墓志等，直到现在，这方碑也是被书法家们所注意，当代还发行了此碑的邮票，其实也是从书法的角度。关于这方碑的研究也相当多，中国大陆、中国台湾以及日本，都有不少。

　　我们先来看一下这个碑的形状。很有意思，它就是一个长方形的竖石，跟东汉时期的碑还不太一样。东汉时期的碑，常见的是上面一个半圆形的额，这方碑没有；另外一类，是有一个三角形的圭首。碑首中间还常常会有一个洞，这个洞叫"穿"。

　　这张照片是西安碑林藏的仓颉庙碑（图 2），西汉时期的，另外像这种（孔宙碑，图 3）也是，上面也是有一个半圆形的额，中间还有穿，上面还有几道"晕"。汉碑通常如此。

　　下面这个也是有额、有穿，上面应该是雕像的，是在修长江三峡水库前在重庆市云阳县旧县坪遗址进行考古挖掘发现的，现在

图 2　西汉《仓颉庙碑》(朱旭亮摄)

安放在重庆的三峡博物馆里，是东汉时期曾任巴郡朐忍令的景云碑（图 4）。

　　而"乙瑛碑"的形状与它们不太一样，就是长方形，上面到底有没有额呢？现在还不能确定。有人说有，丢了；有人说，没有。我没有爬上去看过，不知道有没有痕迹。因为没见到额，也不清楚上面有额的话会写些什么，会不会写碑的名字，现在多简称《乙瑛碑》，是依据提出建议的鲁国国相的姓名。也有人叫《孔子庙置卒史碑》或者《百石卒史孔龢碑》等，名称并不固定。

图 3　东汉《孔宙碑》（刘伟摄）

　　"乙瑛碑"立于东汉桓帝永兴元年（153），高 250cm，宽 129cm，
一共 18 行，每行是 40 个字，碑文字比较小，把内容摘出来让大家参
考，内容比较简单，里面带框的是现在已经看不清了，根据当初宋代
的录文补充的，内容看得比较完整（图 5）。前面说过，这方碑主要
镌刻了两份文书，记录了增设孔子庙官吏的事情，及其缘由和处理的
经过。

　　在元嘉三年（153）三月廿七日或更早，鲁相乙瑛向朝廷提议，
为孔子庙增设一名百石卒史来守庙并掌管礼器，司徒吴雄与司空赵

图 4　东汉《景云碑》

戒接到乙瑛上书后，经咨询太常祠曹掾、史，了解祭孔故事后，赞同增设，并上奏桓帝，得到批准。司徒与司空复下书鲁相提出了选任卒史的具体要求。鲁相平（时乙瑛已卸任）等接到诏书后按照要求，选定守文学掾孔龢补卒史，并写文书上报司空府。

18　17　16　15　14　13　12　11　10　9　8　7　6　5　4　3　2　1

1. 司徒臣雄、司空臣戒稽首言：魯前相瑛書言：「詔書崇聖道，勉□藝，孔子作春秋，制孝經，□□五經，演易繫

2. 辭，經緯天地，幽讚神明，故特立廟，褒成侯四時來祠，事已即去，廟有禮器，無常人掌領，請置百石卒史一

3. 人，典主守廟，春秋饗禮，財出王家錢，給犬酒直。」須報。謹問大常，祠曹掾馮牟、史郭玄辭對：「故事：辟雍禮未

4. 行，祠先聖師。侍祠者，孔子子孫，大宰、大祝令各一人，皆備爵。大常丞監祠，河南尹給牛羊豕雞□各一，

5. 大司農給米祠。」臣愚以為，如瑛言，孔子大聖，則象乾坤，為漢制作，先世所尊。祠用眾牲，長吏備，今欲加

6. 寵子孫，敬恭明祀，傳于罔極。可許。臣請魯相為孔子廟置百石卒史一人，掌領禮器，出王家錢，給犬酒直，

7. 他如故事。臣雄、臣戒愚戇誠惶誠恐，頓首頓首，死罪死罪，臣稽首以聞。

8. 制曰可。

9. 元嘉三年三月廿七日壬寅奏雒陽宮。／司徒公河南□□□□字季高／司空公蜀郡成都□□□□字文□

10. 元嘉三年三月丙子朔廿七日壬寅，司徒雄、司空戒下魯相，承書從事，下當用者，選其年卅以上，經通一

11. 藝，雜試通利，能奉弘先聖之禮，為宗所歸者，如詔書。書到言。

12. 永興元年六月甲辰朔十八日辛酉，魯相平、行長史事卞守長擅叩頭死罪敢言之：

13. 司徒司空府壬寅詔書，為孔子廟置百石卒史一人，掌主禮器，選年卌以上，經通一藝，雜試能奉弘先聖

14. 之禮，為宗所歸者。平叩頭叩頭，死罪死罪，謹案文書，守文學掾魯孔龢，師孔憲，戶曹史孔寬等雜試，龢脩

15. 春秋嚴氏，經通高第，事親至孝，能奉先聖之禮，為宗所歸，除龢，補名狀如牒。平惶恐叩頭，死罪死罪，上。

16. 司空府。

17. 讚曰：巍巍大聖，赫赫彌章，相乙瑛字少卿，平原高唐人，令鮑疊字文公，上黨屯留人，政教稽古，若重規矩

18. 乙君察舉、守宅，除吏孔子十九世孫麟廉，請置百石卒史一人，鮑君造作百石吏舍，功垂無窮，於是始□。

图5　"乙瑛碑"碑文

这其实是件很细碎的小事，对当时的朝廷而言也是如此，自然不会见于《后汉书》等传世文献。过去，长期以来，大家关注此碑，主要用来研究书法，谈论文书内容的很少。

这里先把两份文书中出场人物给大家梳理一下。

有两位是司徒吴雄和司空赵戒，在这件事之前刚担任，这件事在永兴元年（1531）六月份发生，十月份就被罢免。

碑石的主人公是：鲁相乙瑛。褒成侯是孔子后代，东汉时期封号为褒成侯，其封地在瑕丘，今天济宁市兖州区北，距离曲阜有几十公里，所以他一年中春夏秋冬四时来曲阜祭祀后便返回封国，难以时时照看孔子庙。

另外两位管祭祀的太常属史，祠曹掾冯牟、史郭玄，还有一位是皇帝，当时的汉桓帝。此外是鲁国国相平，以及行长史事，就是卞县的临时守长擅。还有孔氏负责教化的孔宪以及户曹史孔宽，最后担任百石卒史的人叫孔龢，之前是守文学掾。

这些人中除了桓帝，司徒、司空在文献里面出现过，但是并没有传记，其他人都是名不见经传的，依靠这块碑把这些人几十年人生中一瞬间的事情记录下来，而且传颂了将近两千多年，直到今天我们还能看到、知道历史上存在过，这也是这方碑存在的意义，有不朽的纪念，将历史的一幕定格下来，以供去回味。但是这件事在史书里面，比如《后汉书》里面都没有记载。

从地图上看，褒成侯封地瑕丘到鲁国曲阜有些距离，这就出现了问题，需要有人看守孔庙。

再来解释一下卒史，卒史是汉代官府属吏，西汉时规定，一个郡只有十个人，工资大概 100 石。

东汉时十六级官员等级，最高级是三公，司徒、司空等人，俸禄是 350 斛；100 石大概是倒数第三等，一个月的俸禄是 16 斛，下面还有两等，属于最低官吏，大概就相当于科级的小人物。

东汉时期的三公，简单来说，太尉主兵，司徒主民，司空主地，司空以前的名称是御史大夫。汉代的铜镜铭文上时常刻有"位至三公"，体现了时人的理想。

那么为什么选任一个科级的小人物，需要经过司徒、司空，需要皇帝下诏，最后还把这件事刻在碑上，并且放在孔庙的大成殿走廊里呢？照理说，今天不太可能在县里面选任一个科长，要请示国务院总理或总书记批准。为什么汉代要请示，是不是那时候专制集权的表现？这个问题就很值得探讨。

以上都属于开场白，下面我们主要从五个方面开讲，第一个就是刚才对卒史的介绍。后面主要围绕四个词——"请"、"须报"、"可许"与"书到言"为中心讨论。这四个词是文书用语，通过给大家分析四个词背后的意义，体现出君臣互动关系及意义。

首先鲁相乙瑛提出建议，孔子庙守庙掌管礼器而设。孔子的地位很高，作《春秋》《诗》《孝经》等等，在东汉被奉为先圣师，地位尊崇，东汉朝廷为其立庙，褒成侯是他的子孙，其封地瑕丘离孔庙还有一定距离，四时来曲阜祭祀过后便返回封国，难以时时照看孔子庙，需要一名百石卒史守庙。并且，乙瑛提出"财出王家钱，给犬酒直"，不但是祭祀用品，包括卒史的俸禄均由东海王承担，不增加朝廷在财政上的开销。

仔细分析，乙瑛提请增设孔庙中的守庙百石卒史应属鲁国的属吏，名义上是一人，其实并不只是增加一个人而是要增加一个卒史的编制，这牵涉当时官制中另一重要问题"吏员"，即今天所说的编制。

自秦建立官僚制帝国直至今天，官吏管理中始终都是存在"编制"。朝廷对郡县的吏员管理也相当严格。

如果在现有的编制内出现了官缺，根据《汉旧仪》的记载，会按照官秩的高下，由不同的机构来任命，只有六百石以上的才由尚书调，即皇帝任命，不到六百石的则由郡国长吏与丞相分别任命，西汉如此，东汉也应承袭此分工方式。即便到了唐宋以后，也存在任命上的分工。如果有官缺，任命某人为卒史，是无须经过皇帝的。而国家对增加一个编制是有严格控制的。不仅控制中央，也控制郡县的编制。根据《尹湾汉简》木牍，西汉末东海郡及下属县级机构的吏员总数，每年都要向朝廷汇报，可见朝廷对吏员变动的关注。东海郡如此，其他郡国亦应如此。

设置"吏员"，目的有多种，很重要的一点是财政上的考虑。官吏数量如果失控，意味着吏俸支出以及其他支出将大大增加，在收入增长相对有限的情况下，显然要冲击其他方面的开支。尽管朝廷严格控制吏员，亦非无法变动。不过，因吏员数载于律令，增减势必要变更律令，因此要经过皇帝批准。

二　关于"请"

以下来分析文书中的"请"字。

文书中云"褒成侯四时来祠，事已即去。庙有礼器，无常人掌领，请置百石□□一人，典主守庙……臣请鲁相为孔子庙置百石卒史一人"，"请置"中用了"请"字，后面一处类似。这是今天的常见字，文献里出现次数也非常多，稀松平常，却往往被忽视。在这里面的"请"恰恰体现了大臣们在政务上的作用，值得我们去思考。

"请"字最常见的一义是"请求"，是言者对听者提出建议或要求，或提出自己某种行为的建议，体现了一种人际间的互动。各类史料中常常见到臣下，乃至民众以"请"的方式，对皇帝提出某种建议或意见。出现的"请"不仅君臣之间常见，亦广泛用于人际间的书面与言谈往来。陈请者下自平民，上到丞相、三公，普天之下的臣民均可。不妨举几个例子。

秦统一后，丞相（王）绾等言："诸侯初破，燕、齐、荆地远，不为置王，毋以填之。请立诸子，唯上幸许。"便是丞相领衔请求分封诸子为王。当然，这一建议遭到秦始皇的否定。

再看另外一个例子，齐人徐市等上书，说"海中有三神山，名曰蓬莱、方丈、瀛洲，仙人居之。请得斋戒，与童男女求之"，打动了始皇，于是遣徐市发童男女数千人，入海求仙人。这是百姓给始皇建议而获准的例子。

汉代亦是如此。《后汉书》卷一四《宗室·成武孝侯顺传》，"（建武）八年（公元 32 年），……因拜（刘顺）为六安太守。数年，帝欲征之，吏人上书请留"，则是皇帝因吏民陈请而令官员留任的例子。

陈请的事由亦颇为多样，可谓事无巨细，均可陈请。大到建议皇帝立太子、立皇后。如《史记·孝文本纪》元年（前 179）正月，有司言曰："蚤建太子，所以尊宗庙。请立太子。"同年三月，"有司请立皇后"；二年三月，"有司请立皇子为诸侯王"。《史记·三王世家》详细记载了武帝时从议立皇子到最后庙立册封的诸文书，可见君臣间就此事的往复陈请、拒绝，到最终半推半就的同意。最初的起意，则是大司马霍去病上疏的建议。

甚至包括废立皇帝。《汉书·宣帝纪》：元平元年（公元前 74年）四月，昭帝崩，毋嗣。大将军霍光请皇后征昌邑王。后"（霍）光奏王贺淫乱，请废"。后又请废刘贺，又议立宣帝。

具体的设立是大事，改变一项制度也是如此，此点在汉初《二年律令·置吏律》中就有明确规定：

> 县道官有请而当为律令者，各请属所二千石官，二千石官上相国、御史，相国、御史案致，当请，请之，毋得径请。径请者（者——衍文），罚金四两。

此条律文规定县、道官员若请求制定某种律令，要逐级上报，先上报到二千石，再上报到相国，之后经过御史大夫审查是否应当定为律令，最后由相国与御史大夫请示皇帝定夺；而不能由县道官员直接向皇帝请示，这样是要有罚金的。规定这一程序性的要求，层层上报，增加了审查的次数，其间亦会否定一些提议。恐怕与减少皇帝的工作量不无关系。

由此看出律令的制定，不一定都是由皇帝自上而下，也有可能是自下而上，由下级向上级提出建议，最后审查经过皇帝同意而形成律令。

再来看个具体例子。《二年律令·津关令》中由于下级官员陈请建议，逐级上报，最终得到皇帝批准而成为"令"的规定在十八条现存令文中占了九条；而由相国与御史（或御史个人）商议后奏请，或不经商议直接奏请，得到皇帝批准而成为令的只有六条；直接由皇帝下制诏形成的令只有两条。由此看出十八条令里面大部分是由臣下建议，皇帝批准之后形成令，最后颁布于全国。其中出自皇帝想法的只有两条，可以思考一下这个比例。另外，湖北荆州纪南松柏一号汉墓出土的西汉木牍中有孝文帝十六年（前164）颁发的"令丙第九"，亦是丞相提议"请令……"，御史奏请"御史奏，请许"，皇帝批准之后出台的。

当然，《津关令》只是现在仅存的汉代比较完整的令的一种，只能算是管中窥豹。要是有更多的保留下来，应该还是可以发现有更多的这种由下级向上级提出建议，所形成的令。从制度的设置，可以看出大臣们发挥了很重要的作用。

另外看政策的制定。秦代、汉代均有例子，包括兴建工程、官员的任免，还有一些小事。

比如张释之的任命，《史记·张释之列传》：释之为郎多年不调，打算回家，"中郎将袁盎知其贤，惜其去，乃请徙释之补谒者"。武帝时，公孙弘为丞相，对武帝说："右内史界部中多贵人宗室，难治，非素重臣不能任，请徙（汲）黯为右内史。"还有对重要案件的处理意见。比如，文帝时，对于淮南王谋反，丞相张苍等说：

"（刘）长有大死罪，陛下不忍致法，幸赦，废勿王。臣请处蜀郡严道邛邮，遣其子母从居，县为筑盖家室，皆廪食给薪菜盐豉炊食器席蓐。臣等昧死请，请布告天下。"文帝基本采纳了张苍等的建议。还有很多很小的事情，比如，官员个人乞求田地。《汉书·张禹传》："禹年老，自治冢茔，起祠室，好平陵肥牛亭部处地，又近延陵，奏请求之，上以赐禹。"

按照陈请内容与臣民职责的关系，可分为制度要求的，与见机行事式的陈请两类。

某些情形下出现的"请"是出于制度或律令的规定，此时"请"乃是请示，并非基于个人的建议，与本节所关注的不同。此类事务包括：动用州郡仓储赈济灾民；朝廷军队，如北军的调动，哪怕是调一二位秩次极低的军吏远赴西域，也要经过皇帝同意，见于甘肃敦煌出土的悬泉汉简的传信抄件。刑狱案件中，重罪的判决，郡国长吏也不能擅断，需要得到朝廷的批准。早在高祖七年（前 200），就规定了郎中有罪耐以上要"请"，此后这类要"请"的人群不断增加，最终形成所谓的"八议"。

更多的则是臣下根据自己的观察或考虑而提出的，这些往往越出自己的职分。根据陈请的背景。大致可以分为两类：一是完全由臣民自主提出，二是获得君主的明确授意，或某种暗示，由臣下秉承上意陈请。

比如，汉代皇帝常下诏，天下人上书言便宜，此时的应诏者便会提出许多建议。著名的贾让《治河三策》与治理黄河有关，便是哀帝时应诏提出的上奏。

还有些事情君主想做，又不便明说，自有善于察言观色的臣下替君主出面。比如，七国之乱初起，丞相等劾奏晁错，请求处以腰斩，亦是事先得到景帝的暗中同意。

武帝时好兴利，张汤"丞上指，请造白金及五铢钱，笼天下盐铁，排富商大贾，出告缗令，鉏豪强并兼之家"，均是此类。

再比如《后汉书·马援传》载其建议铸钱事，则颇见臣下建议的毅力。"初，援在陇西上书，言宜如旧铸五铢钱。事下三府，三府奏以为未可许，事遂寝。及援还，从公府求得前奏，难十余条，乃随牒解释，更具表言。帝从之。"若非马援一再坚持，其建议也就不会获得皇帝同意并付诸实施。

所以，《乙瑛碑》文书中的两个"请"字，亦要放在上述背景下去认识。文献所见，也是自下而上的提出申请，未直接向皇帝提出建议为主，此处则是首先向三公提出，经三公审查后再请求皇帝批准。

郡国属吏员额由律令确定，鲁相乙瑛欲增置一卒史，等于变动律令，属于改变制度一类的建议。按前引《二年律令·置吏律》规定，此类事务要由"二千石上相国、御史，相国、御史案致，当请，请之"。

三　关于"须报"

除了"请"之外，来看"须报"的含义。在碑文第 3 行"壬寅诏书"中司徒吴雄与司空赵戒上奏中出现的"须报"一句，各家考释与研究中均未及，值得探讨。这里涉及"报"和"须"的问题。

来看这枚西北汉简，这是一个正反两面有字的残签牌，请看上面的文字（图 6）：

　　　　☑　月以来大守君　（A面）
　　　　☑　塞举及部报书　（B面）

这里的"举"应指"举书"，"部"或许指候官下属的"部"。官府中亦专设官吏负责此事。《续汉书·百官志一》"太尉"条，下属的记室令史"主上章表报书记"。司徒与司空的属吏记载简略，实

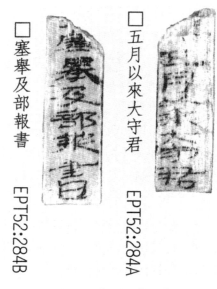

图6　西北汉简"签牌"

际亦应有类似的小吏。

　　无论朝廷还是郡县、内地还是边塞，不同部门的官府之间（包括上下级与平行的机构间）以"报"为手段之一形成文书往来，往来文书记录的是各种事务的处理经过。

　　此外，"报"亦反复见于皇帝与臣下的往来文书中。《续汉书·百官志三》"少府"条本注述尚书左右丞的职掌时说："掌录文书期会。左丞主吏民章报及骑伯史。"所谓"主吏民章报"，应指负责对吏民上给皇帝奏章的回复。这一职掌并非东汉才出现的，应是西汉以来一向负责收发文书的尚书固有的任务。

　　正因为文书往来中，常常需要收到方的回复，甚至有一类文书名为"报书"，即便给皇帝的上书也需要有一个回复。这里关注的是与皇帝对臣下（包括单于之类的外藩）上奏的答复有关的"报"。理论上这类"报"均应由皇帝审阅奏章（省尚书事）后亲自做出，但亦可能是皇帝的近臣，如领尚书事的外戚或尚书，甚至小黄门一类宦官等替皇帝做出，但就受"报"的臣下而言，则视同皇帝本人的意见。

"报"有很多种意思，比如从皇帝的角度，"报可"是指皇帝的批准，就是皇帝同意了；还有带有具体内容的"报曰……"是指皇帝的具体批示是什么，这个在清代的文书里也有出现，比如皇帝在大臣的奏折后面所写的朱批奏折，对一个事情的批复，后来的只是名称有变，但是意义是一样的，用的朱批奏折的方式来给大臣们上奏的奏折批复一些意见，皇帝的"报曰"也是这样的。

除此之外，还有"寝奏"，就是没有批示，只是"留中不发"，这时候用"寝"，此外，还有"待报""未报""不报""须报"等，表达了皇帝对臣下上书、上奏的不同处理方式，也区分出臣下期待皇帝处理意见时的不同感受。

"待报"表示臣下上奏后等待皇帝的答复，或是描述某一上奏正处在等待皇帝答复的过程中，常出于制度性的规定，或从史家或叙述者的角度，对呈交上奏到预计获得答复之间状态的一种不带有主观意愿或态度的概括。表达了上奏与报之间的时间差，亦暗示出上奏与报之间并非完全对等，皇帝处理上奏亦未必十分及时。

"未报"与"不报"均表示上奏没有获得皇帝的答复，但所描述的状态略有区别。"未报"应指"待报"中，对皇帝可能做出答复还抱希望，有时还会得到皇帝的答复。比如，《汉书·赵充国传》记载，平定羌人反叛的经过，西北用兵讨伐羌人之间的处理之类的用了很多：

（羌）豪靡忘使人来言："愿得还复故地。"充国以闻，未报。靡忘来自归，充国赐饮食，遣还谕种人。护军以下皆争之，曰："此反虏，不可擅遣。"充国曰："诸君但欲便

> 文自营，非为公家忠计也。"语未卒，玺书报，令靡忘以
> 赎论。

"未报"，则是上奏为时已久，而不见答复，上奏者已经感到皇帝答复无望。甚至是某些史家的描述。

三者之间如何区分，恐无一定之规，更多的是结合了上奏者主观的感受，可能与上奏者的地位及与皇帝的亲疏成正比。越是亲近、位高权重者，对"报"的期待越强烈，相应地对"不报"的反应越强烈。由此看出皇帝对于种种的意见处理办法，以及臣下对于皇帝的态度揣测。皇帝对上奏的反应成为上奏待报者揣测皇帝本人心思的风向标，进而成为考虑下一步举动的参考。

在此背景下，我们来进一步辨析《乙瑛碑》中"须报"的含义。

"须报"一词中的"须"，在常见意思中是有变化的。在汉代，"须"字含义的正在发生变化。其作为名词时，表"胡须"；当"须"字做动词，初义是"待"，表示等待，与"需"同源，意思相近，后来又衍生出"需要"义，最后则发展成为表示意愿的助动词、副词与连词，做助动词时意为"应当"。

由此看出，一个词语的含义的微妙变化。"需要"义西汉后期已出现，东汉末年"应当"的意思也开始出现了。

下面举一些例子。

比如，《汉书》卷九八《元后传》，左右常荐光禄大夫刘向少子歆通达有异材。上召见歆，诵读诗赋，甚说之，欲以为中常侍，召取衣冠。临当拜，左右皆曰："未晓大将军。"上曰："此小事，何须关大将军？"左右叩头争之。这里"何须关"中的"须"就是有"需要"的意思，已经不只是"等待"的意思。

又如，《汉书》卷九九《王莽传上》，王莽对增加封地表示谦让，说："臣莽国邑足以共朝贡，不须复加益地之宠。愿归所益。"这里

的"须"也不是"等待"，而是"需要"之意。这里面的"须"越来越强调主语的意愿。

再看下面的例子。

《后汉书》卷四三《朱晖传》，东汉章帝时，尚书张林上言："又盐，食之急者，虽贵，人不得不须，官可自煮。"还有一个例子，是陈蕃用人体来比喻君臣关系。《后汉书》卷六六《陈蕃传》，桓帝延熹九年（166），陈蕃上疏云："君为元首，臣为股肱，同体相须，共成美恶者也。"这里面的"须"也是"需要"而非"等待"之意。由此可以发现，在汉桓帝以前，"须"字已逐渐发展出"需要"之意。

再看，《三国志》卷一《魏书·武帝纪》注引《魏书》，魏王令曰："老耄须待养者，年九十已上，复不事，家一人。"这里面"须"也是"需要"的意思。

类似的用例还可以找到不少，不备举。由上述可以看出，自西汉末年到东汉，"须"字已逐渐发展出"需要"之意，而且，上述例子，均是在朝廷的语境中使用的，当时君臣头脑中对于"须"含义的理解，已经非"等待"，而是"需要"之意。"须"含义在词义演变过程中主观色彩日益浓厚。表示"等待"，突出的是句子的主语，其中很多情况下是"人"在听天由命式地坐等某种条件或人、事务、机会或状态的出现或到来，动作的主角并不需要主动作为。

随着"需要"义的出现，"须"的主角的状态已经不仅是坐等，所须者已经成为主角主观上要求的对象，或被表述成主观上要求的对象。而做助动词表示"愿望"义中主观色彩就更浓。

《乙瑛碑》中"须报"一句，正是出现在上述言语实践环境中，需放在这一背景下去认识。考虑到西汉后期不断丰富的"须"字义项，"须报"显然不只是"待报"，还要注意其包含的"需要回复"这一层含义。明白了"须报"的含义，自然清楚"须报"应出自两府之口，而非鲁相乙瑛。大概正是注意到"须"的多重含义，两府在上奏时选用了"须报"，目的不只是提醒桓帝此上书等待批复，还暗示它需要答复，以此来对皇帝施加影响。桓帝在上奏当日即予批准，算是对此的积极回应吧。

"须报"二字，透露出两府在处理此事上的主动态势：是他们在引导桓帝如何处理，尽管表现方式是委婉的。这种委婉，应源自双方职分的不同。是否要"报"，毕竟当由皇帝（或代行皇帝职责的近臣）决定，两府只能建议，故须婉转表示。由此也可以从"须报"一词体现出当时的君臣关系。

再往下，且看"须报"后面：

> （1）谨问大常，祠曹掾冯牟、史郭玄辞对：'故事：辟雍礼未
>
> （2）行，祠先圣师。侍祠者，孔子子孙，大宰、大祝令各一人，皆备爵。大常丞监祠，河南尹给牛羊豕鸡□□各一，
>
> （3）大司农给米祠。'臣愚以为，如瑛言，孔子大圣，则象乾巛，为汉制作，先世所尊。祠用众牲，长吏备□，今欲加
>
> （4）宠子孙，敬恭明祀，传于罔极。可许。臣请鲁相为孔子庙置百石卒史一人，掌领礼器，出王家钱，给犬酒直，
>
> （5）他如故事。臣雄、臣戒愚戆诚惶诚恐，顿首顿首，死罪死罪，臣稽首以闻。

"谨问大常"至"大司农给米祠"数句，是向具体掌管祭祀的太常属吏问询有关祭祀的故事，"臣愚以为"以下则是两府提出自己的看法。

朝廷祠先圣师的地点，实际是在都城洛阳南郊的辟雍，并非曲阜。此为天子太学中祠先师之礼，源自先秦。两府调查此故事，并

转述太常祠曹掾与史的辞对，是为处理鲁相上书提供礼仪上的参考或依据（当时称为"比"）。

调查之外，两府重复孔子在汉代地位崇高，且认为因此要优宠孔子后代，并恭敬祭祀，传之永远，这实际是东汉朝廷的指导思想之一。陈述这两点之后，两府云"可许"，简单明了地表达了他们的意见。

四 关于"可许"

"谨问大常"到"可许"数句记述了两府的处理经过与意见，态度鲜明而确切。这种明确的态度是基于桓帝会对上奏答复（"报"）的假定，至于如何"报"属于两府的职责，所以用了"可许"这样明确的字眼。

"可许"中"可"应释为"宜""许"，《说文·言部》"许，听也"，《广雅·释诂四》同。"可许"表示"应该允许"，建议皇帝接受乙瑛的陈请。

"可许"以下至"他如故事"前的四句，是两府对皇帝提出的具体安排建议，故使用了"臣请"云云的表述方式，方案则基本采自乙瑛的上书。

概言之，两府先是暗示桓帝此上书需要回复，又事先精心准备，调查故事，并举出指导思想，理据充分，还有不增加朝廷财政负担的方案，桓帝收到上奏后，当天予以批准（第8行）。在此事处理上，桓帝可以说是在两府的步步诱导下裁可的。

司徒、司空两人的上奏于元嘉三年（153）三月廿七日进呈皇帝，当日获准。同日，两人将诏书下发鲁相，在诏书行下之辞中不仅是"承书从事下当用者"之类的套话，还进一步对担任卒史者的条件提出若干具体要求：

选其年卌以上，经通一艺，杂试通利，能奉弘先圣之礼，
为宗所归者。

涉及年龄、经学修养、课试成绩、礼仪上的表现，以及在孔氏宗人
中的声望等。概括而言，是察举中所强调的"经明行修"的具体化；
而将候选者的年龄设定在 40 岁以上，并要通过考试，应是顺帝阳嘉
元年（132）开始的左雄新制的继承与延伸。

这些对诏书的补充亦可视为两府追加的命令，后面附上"如诏
书"一句，强调要像诏书一样对待。鲁相平在六月给司空的回复中
称作"司徒司空府壬寅诏书"，显然是将两府的命令包括在壬寅诏
书中。

五　关于"书到言"

行下之辞最后云"书到言"，这个短语在文书里很常见，主
要意思就是，要求鲁相接到诏书后需呈交答复于司徒、司空，在
此处则是司空，是其监督诏书执行的具体体现。"书到言"在西北
简以及很多文书里面经常出现，但是之前未见学者对此进行详细
分析。

《乙瑛碑》第 12～16 行所录则是两个多月后，鲁相等上呈司空
府的答复，汇报了选拔卒史的情况。书到言与鲁相的回复，具体展
示了两府与郡国长吏之间的监督与执行关系。

通过《乙瑛碑》上的两个文书可以看出，司徒、司空所发挥的
重要作用，其起因是乙瑛的上奏，但是真正起关键作用的是两府向
皇上的汇报。

我们对三公在日常事务中如何发挥作用，了解得并不够。以往
东汉政治制度研究中，多强调尚书台的作用，近来则开始重新估计
三公的地位，但对三公的地位与作用见解不一。

传统看法是当时"虽置三公，事归台阁"；另一种意见则坚持认为三公依然拥有相当大的权力，仍然是宰相；第三种观点认为东汉时期，由于三公分工体制的建立、光武帝与明帝好吏事以及负责监察的大司徒司直的废止，导致三公统辖和指导地方行政的日常事务的职责受到削弱，出现了三公对于地方行政的"无责任体制"。情况或许没有那么简单。

学者曾指出丞相权力之一就是监督百官执行，具体而言，主要是年底以律令和诏书为依据检查官吏执行情况，报告皇帝决定黜陟、赏罚；亦有官吏被告发，平时即加处理的情况。这里则是就特定诏令执行情况展开的监督，针对的是具体事务。事务则通过文字描述在文书——这里则是诏书——中，因此，监督也就转变成透过文书的书写与交流而实现，进而间接化，或可概括为"以文书为载体的事务型监督"。

"书到言"乃是落实和体现监督的具体方式。监督的来源则根据事务下达的来源与层级，若是丞相、三公或九卿直接针对某个问题，对某地官员下达的命令，如《乙瑛碑》中的"司徒司空壬寅诏书"，负责执行的官员直接接受丞相或三公九卿的监督；如果是逐级下达的命令，则是逐级监督，直至最低一级的官吏，各级官吏对直接的上级负责。这种自上而下的命令——监督一体的管理方式或许就是"委事责成"的具体体现吧。是否可以说三公对地方行政形成"无责任体制"，也许还需斟酌。

这种监督的终点取决于事务的进展。具体到此事，到鲁相回报完卒史的选任情况，就应算处理结束了。最终落实到司空府的文书上，恐怕就是一事形成一组文书，附上一个如"建武三年十二月候粟君所责寇恩事"一类的签牌而宣告处理终结，便沉睡在档案中了。因为孔氏宗人认为此事意义重大，将他们获得的往来文书刻于碑上，为后人留下了宝贵的资料。

　　通过以上分析大致明了《乙瑛碑》所记鲁相请求增置一名卒史事的整个处理过程。此事虽小，因涉及变更律令，要经过皇帝批准。过程简言之：鲁相创议，提出草案，司徒、司空核查，极力促成，皇帝批准后，制定具体实施方案，并由司空监督执行，这种监督可称为"事务型监督"。上奏若经过尚书，尚书也只是承担了上奏、下达文书的职责。

　　图7将此事的先后经过标识出来。

　　文书中没有出现"尚书"，但是两府的上奏通过什么途径进呈给桓帝？汉代章奏文书的上行途径，一般认为最终均要经过尚书，这里未提及，或许是一种久已存在的习惯。若上奏经过尚书，尚书也只是起到了简单的"奏、下文书"的职能。

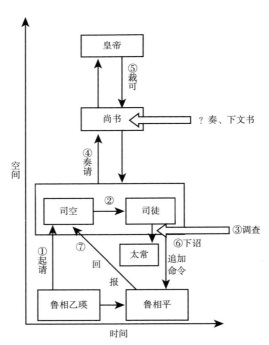

图7　乙瑛起请增置百石卒史事的处理过程

说明：①~⑦表示处理此事的先后步骤。

六　政务处理的基本程序

分析处理过程，值得注意的有三点：

一是臣民陈请的作用。没有乙瑛最初的陈请，并提出草案，就不会产生后续的所有动作。这是件极小的事务，且出现在外戚梁冀掌权的时期，但考虑到臣民陈请十分常见，促使我们认真思考"陈请"在帝国治理中的作用。虽然相当多的陈请在层层上呈中被上级，乃至皇帝忽视或否决，但亦有不少得到皇帝认可（如"报可"之类），并转化为朝廷的制度、政策（中间往往会经过朝议之类的讨论）。陈请的存在，推动皇帝与朝廷吸纳献言献策的臣民智慧，促进统治者集思广益，使帝国统治不单是上对下单向度的命令，也包含了朝野的互动。对帝国统治的认识中亦应有这种互动的位置，简单地使用"皇帝支配体制"之类突出皇帝主导作用的全称概括，可能会有意无意遮蔽掉这种互动。

二是东汉后期三公的作用。上奏文书中两府建议皇帝回复的委婉用语"须报"与调查、意见和明确的建议，显示了两府的主动作用，尽管此事过于琐碎，无法据此推定三公在其他政务中的作用。"书到言"体现的司空对具体事务执行的监督，亦拓展了对三公监督职能的认识，"无责任体制"的说法也许过于绝对。

三是皇帝角色的多面性。由此事以及其他臣民陈请而终为皇帝采纳的事例看，皇帝不仅是帝国的支配者，同时也是臣民建议的倾听者。这一侧面文献中常见，但今人熟视无睹，似未纳入对皇帝的认识中。

关于皇帝统治，《乙瑛碑》显示出皇帝在处理政务上被动性与符号性，或曰象征性的一面。两府的主动衬托出皇帝的被动；另起一行，并高出一字的"制曰可"则是符号性的最好表达。以往关于中国皇帝的认识上，对此很少关注，往往将皇帝假定为处处主动表达个人意志的强力统治者，无疑片面夸大了皇帝的作用，忽视了其不同的侧面。

皇帝的符号性当时立碑的孔氏宗人亦很清楚：碑文第 8~9 行下端空白处特别刊刻了促成此事的两府的郡望、名讳，以示表彰，末尾的赞中则颂扬了发起者乙瑛和落实此事的鲍叠，而对批准此事的皇帝却未置一词，虽然碑面上"制曰可"三字单抬。时人的观感应成为今人认识的重要参考。

这也可以帮助我们更加深刻地理解在这件事情中哪些官员发挥了更重要的作用。

之后我们可以看一下前面碑文的文字（参见图 5）。

碑文主体当是据鲁相收到的诏书以及回复的底本刊刻的，镌刻时为表彰两府，在碑第八、九行空白处末尾刻上两人籍贯、姓名与字，并加上尊称"公"；末尾书赞，歌颂首倡此事的乙瑛，与落实此事的县令鲍叠。碑文的主体是文书，但目的是歌颂为管理孔庙做出贡献的官员，实际属于颂德碑。

在孔庙里还有两块碑跟这个事情有关的碑，我们可以来看一下，这些都是与祭祀孔庙有关的，这里面也都出现了守庙的百石卒史，这些守庙卒史的存在都是因为乙瑛的建议，一直保留下来。这些碑矗立千年，留至今天，供后人去发现了解这段故事，当时人为了纪念这件事，并且表彰朝廷对孔庙祭祀的重视。

今天的人们看这方碑并非为了表彰当时朝廷对于祭祀孔庙的重视，而是可以通过上面的文书，去理解当时国家治理时的君臣互动，理解当时国家行政运转。今天主要讲的四个词，过去并没有受到特别重视。通过这四个词的分析，可以揭示当时君臣之间的互动，帮助我们通过这样一个小的事情，去透过碑表面看到当时朝廷如何处理一些政务，我们可以更深刻地理解大臣，乃至百姓对皇帝处理政务提出建议及其作用。此事发生在东汉，并不意味着仅仅东汉如此，也提醒我们去思考后代王朝的国家运转中臣民的作用，避免单向的、片面的认识。

延伸阅读

侯旭东:《近观中古史——侯旭东自选集》，中西书局，2015。

侯旭东:《宠：信任型君臣关系与西汉历史的展开》，北京师范大学出版社，2018。

侯旭东:《什么是日常统治史》，生活·读书·新知三联书店，2020。

仇鹿鸣，1981 年生，复旦大学历史学系教授。出
版专著《魏晋之际的政治权力与家族网络》《长安
与河北之间：中晚唐的政治与文化》，参与整理修
订本《旧五代史》《新五代史》，并曾先后在《历
史研究》《中国史研究》《文史》《中华文史论丛》
等学术刊物上发表论文四十余篇。主要研究兴趣
为中古中国的国家与社会、士族政治、石刻文
献等。

传奇与墓志：唐代士人迁葬故事的虚与实

仇鹿鸣

帝制中国的社会治理，从传统意义上来说，研究这一领域的学者，大多数是中国古代制度史的研究者。当然，国家治理从某种意义上而言，主要通过法律、制度及各种行政规范展开的。但是我想大家也都能认识到，制度本身并不是僵死的条文，或者说在中国这样一个广阔的地域上，国家的制度规定落实到个人，会有非常多的变形，所以邓小南老师倡导活的制度研究，在我看来很重要的一个面向，是要把制度研究从条文考订落实到具体的实践。要理解中国古代的社会秩序，有时候要尝试在制度条文之外，理解社会中的风俗与习惯，或者说是自发的秩序。从这样的一个层面来讲，我今天讲的题目尽管有一些文不对题，或许也能对理解中国古代的社会秩序有所裨益。当然，我在这里主要是指士大夫社会的秩序与习惯。

这一话题大概涉及四个具体的问题，首先是讨论墓志与小说两种文本的性质，在传统史料学中，往往把两者视为性质不同的材料。接下来从具体的材料的出发，涉及四个问题：第一个是唐人迁葬过程当中，可能遇见的困难；第二个是故事中所反映出的买地信仰与观念；第三个与制度或者和法律有比较密切的关系，即误掘他人坟茔所涉及的法律问题；第四个则是墓志所见的家庭关系，这或许也和社会秩序有一定关系。

一　墓志与小说中唐人迁葬过程的困难

今天所讨论的材料本身不能算非常复杂，但通过不太复杂的材料，恰恰能够勾连起社会的多个面向，有些问题已能够得到比较好的解决，有些问题根据现有的材料还不能得到很好的解决，也可以请在座的老师、同学一起讨论。一个大的时代背景，我想研究唐史的老师和同学应该非常熟悉，唐代墓志是目前学者比较关心的新材料，目前所见唐人墓志的总量大概在一万方以上，数量上已颇为惊人。而在唐代墓志中经常出现的一个主题，即唐人因宦游、求学，或者贬谪，客居异乡，乃至流放到比较偏僻的南方。因此，"独在异乡为异客，每逢佳节倍思亲"，这首著名唐诗表现的是唐人常见的社会经验。经常在异乡做官游学的话，自然不免有人会遇到意外，客死异乡。所以在唐代墓志中，是一个常见的书写主题，在安史之乱之后尤为明显，即如何筹措资金，克服种种险阻，把因战乱或其他原因客死异乡亲人的棺椁迁回祖先的坟茔，唐代士大夫的祖茔一般多在两京，即长安和洛阳。唐人对这一事情非常重视，不乏经过半个世纪甚至一个世纪的努力，想尽各种办法，把散在不同地方的好几位已故祖先的灵柩迁回两京的案例。因此这成为唐代墓志中非常常见的书写主题，学者开始研究唐代墓志的时候，从 20 世纪 80

年代到 90 年代，已经注意到了这一问题，之前对此也有相当深入的讨论，无论是材料的收集还是研究，如果从社会史的角度来说，历史语言研究所郑雅如女士《亲恩难报》一书是近年新出著作中较为深入的。另外，这一迁葬的习惯其实也受制度规约，《大唐开元礼》中有专门关于官员迁葬的规定，日本学者江川式部曾从制度史的角度予以讨论。有时，我甚至觉得从某种意义上来说这是唐人特有的一个强烈表达，我读宋代文献很有限，隐约印象宋人也有很多在外做官，但宋人墓志里对迁葬的关心没唐人那么强烈。

　　另外，我们之前所读到的文献，有一个非常明显的缺点，这些墓志基本都是大团圆的结果，这当然和墓志这种文体的特殊性有关，墓志有点类似于现在追悼会上所读的悼词，中国人习惯把最美好的赞美都用在葬礼上，导致逝者往往是以完美形象被记录的。墓志里记录的逝者生平当然有很多为尊者讳的成分，至少他失败的经历不会写或者尽量一笔带过，所以最后一定是个大团圆的结局。比如唐代墓志经常讲，某一家的主妇含辛茹苦，精简节约，攒了十几年，凑了一笔钱，终于把自己丈夫或丈夫祖先迁葬回祖茔。在这样一个过程中，我们几乎看不到任何细节，是怎么来准备迁葬的，具体有什么困难？而最后的结果一定是成功的，如果失败的话，绝对不会记到墓志中去。同样墓志里展现出来的家庭关系，一定是夫妻和睦、母慈子孝，非常和谐，哪怕丈夫先后娶了好几任妻子，也纳过妾，但依然是非常和谐的家庭关系。所以墓志这样的材料，有很大的局限，尽管最近的二三十年来，因为大量的盗掘，我们看到墓志的数量增加了一倍多，但借助这些材料展现出来的历史面貌其实变化得不多，可以说只有量的增加，没有质的飞跃。这成为墓志研究中的一个瓶颈。所以当我读到萧遇墓志时，立刻觉得是一个很有意思的材料，故事最后还是一个大团圆的结局，但迁葬过程中遇见了很大的曲折，而通过这个曲折我们能够看到唐代社会中的很多面向。

　　萧遇墓志中当然也记了他的仕宦经历，但它的核心话题与一般墓志不同，是一个孝子的传奇故事，即萧遇如何经历千辛万苦，为他的母亲完成迁葬合祔。萧遇母亲出自吴郡陆氏，萧遇还在襁褓中时，母亲就已去世，葬在河南府小午桥之衢，等到萧遇长大成年，通过其他材料可以推断，那个时候萧遇大概五十岁左右，等于是过了半个世纪，萧遇发愿寻找自己母亲的墓。他以为某座墓是她母亲的墓，然后打开，一读墓志，发现是另一个人的墓，"松柏则拱，铭志皆非，荒郊茫茫，故垄累累，叩地奚诉，问天不知"，于是找不到自己母亲墓所在。作为一个孝子，萧遇不惜放弃自己的官职，一直在洛阳附近寻找母亲的墓。终于萧遇碰到一个名叫赵叟的异人，按照现在科学的观念，当然颇为不经，即赵叟借助某种扶箕法术，让他母亲的灵魂附体于某个婢女身上，指示墓所在之处，然后萧遇根据指示挖下去，果然找到了自己母亲的墓。

　　萧遇这个人在史籍中几乎没有记载，但这个故事也见于《太平广记》引《通幽记》，只是情节更加曲折。《通幽记》载：

　　　　信州刺使萧遇少孤，不知母墓数十年，将改葬。旧茔在都，既至，启，乃误开卢会昌墓。既而知其非，号恸而归。闻河阳方士道华者善召鬼，乃厚币以迎。既至，具以情诉。华曰："试可耳"。乃置坛洁诚，立召卢会昌至，一丈夫也，衣冠甚伟。华呵之曰："萧郎中太夫人茔，被尔墓侵杂，使其迷误。急当寻求，不尔，当旦夕加罪"。会昌再拜曰："某贱役者，所管地累土三尺，方十里，力可及，周外则不知矣。但管内无萧郎中太夫人墓，当为索之，以旦日为期。"及朝，华与遇俱往，行里余，遥见会昌奔来曰："吾缘寻索，颇扰鬼神，今使按责甚急，二人可疾去。"言讫而灭。二人去之数百步，顾视，见青黑气覆地，竟日乃散。既而会昌来曰："吾为君寻求，大受阴司谴罚，今计穷矣。请辞去。"华归河阳。

　　《通幽记》增加了两个比较重要的信息，一个是误掘的那个墓的墓主人叫卢会昌，增加了一段方士道华役使卢会昌的鬼魂为萧遇找墓，但也没有找到。

　　故事转入第二个阶段，萧遇的孝行感动了上天，他母亲的灵魂出现，告诉他自己的墓在哪里，特别描述了墓现在的状况，因为时间久远，墓上已经没有封土了，上面又被一个叫做李五娘的人的墓所叠压，让萧遇在乌鹊群集之处开挖，萧遇照办，先是挖到一个墓，他认为是李五娘的墓，继续往下，又挖到了另外一个墓，那就是他母亲的墓，因此也得以完成了归葬。两个文本尽管情节上有一些差异，但我们能够相信，这种差异其实是同一个故事不同版本流传的结果，因此在传播过程中有变形或情节的添加，这两个材料形成的时间也比较接近，《通幽记》是中唐时的传奇集，《太平广记》中引录过二十多次，据此我们大致能够推测作者生活的时代，李剑国教授做过细致的分析。

　　我在这里要讲的第一个问题，其实与史料学有关，我们现在看到关于萧遇故事的两个文本，墓志和《通幽记》，在传统史学观念中，被认为是两个不同性质的文本。墓志尽管有溢美的成分，但一般都还是把它视为对志主生平经历的实录，《通幽记》这样的唐传奇，则属于虚构的故事。在唐代文学研究中，唐代小说是一个重要的门类，即在中国古代文言小说的发展史上，唐传奇有很高地位，从鲁迅《中国小说史略》就开始勾勒出一个进步主义的线索，当代学者很大程度上还是沿着这个脉络，受文体进化观念的影响，认为传奇较于六朝志怪篇幅更长，情节更加曲折华美，当然虚构性也更强，这其实是以西方小说的观念来比附中国传统的文言小说。尽管之前很多学者已经意识到，唐人所谓的"小说"，唐人自己将其归入史部杂传类，所以在很大程度上，唐人并不把它作为一个虚构性的故事，而是补史之余。但是研究文学史的学者，因为希望在中国古代发现"文学自觉"，文学自觉的重要表现就是"有意的创作"，所以情节越曲折、虚构性越强，则文学价值越高。像萧遇这样篇幅较长的故事，一般都被归为传奇。

　　实际上如果我们回到唐人自己的观念中，我不能说唐人没有虚构这个概念，只是唐人对于虚构乃至鬼神的观念与我们不同，因为大多数现代人都是坚定的科学主义者，不会认为这样一个乱力怪神的故事真的发生过，但唐人不一样。因此，史传和所谓虚构性质的小说，在唐人的观念中并不是那么截然两分。

二　故事中所反映出的买地信仰与观念

　　回到这两个材料中，我们首先需要回答的一个问题是，或许很多人觉得这是不言自明的问题，唐人找得到自己祖先的坟墓吗？我一开始做这项研究的时候也抱有同样的想法，因为我们至少读过几百方类似主题的墓志，记载唐人如何历尽辛苦，将权厝异乡的祖先归葬先茔，我们会毫无疑问地认为唐人一定能找到祖先的坟茔，否则怎么会有这么多合葬的故事。但我后来进一步收集材料时，会发现唐人其实经常找不到自己祖先的坟茔。我举三个例子。一个是柳宗元所撰《故襄阳丞赵君墓志》，贞元十八年（802），志主天水赵矜，四十二岁客死柳州，他死后官方为之殡葬，葬在城北的郊外，可能赵矜还有官员的身份。过了十几年，到了元和十三年（818），他的儿子赵来章长大成人，赶到柳州，谋划为父迁葬时，"征书而名其人，皆死，无能知者"，这还是在官方安排葬礼的情况下。最后赵来章不得不求助于卜筮，才找到自己父亲的墓在哪里，这个故事与萧遇的故事有一点接近。第二个是李岗墓志，李岗在安史乱中英勇抵抗叛军，最后卒于永城县令任上，权厝在县郭附近，六十余年后，到了元和十二年，他的子孙才谋议合祔，孰料墓上已有他人坟茔，"他人之丘垄填焉"，他的子孙可能因害怕误掘他人的坟墓，不敢开挖，无法寻获李岗的埋骨之处。最终虽"自永城县启奠，护归东洛"，大概是举行了招魂葬，而没找到父亲的遗骨。

还有一个材料也非常有意思，大家都知道武则天时，唐的一些宗室起兵反抗，家属都被流放到南方，中宗复辟之后，这些人陆陆续续回到北方，有些人后来又卷入政治斗争，再次被流放到岭南，在这被流放的过程中，不少人就死在岭南，甚至到中晚唐都没迁回祖茔。故事的主人叫李玄真，是一个女道士，她的高祖李珍子是越王贞的儿子，先天（712）中被流放到岭南，开成（836～840）年间，李玄真在岭南节度使卢钧的资助下，把她三代祖先的棺椁迁回了长安，准备葬在越王贞的旁边。大家都知道越王贞是唐史上非常有名的人物，死后陪葬昭陵，而且我们现在很清楚越王贞的坟墓在哪里。因为在1949年之后的考古调查中发现了越王的墓，而且还知道越王坟前是有神道碑的，也发现了神道碑的碑额，这在当时应该是一个非常明显的标志物，而昭陵是唐代最重要的皇家陵园。但到了中晚唐，这样一个皇室宗亲的墓，其实也不太容易找到，不得不"委宗正寺、京兆府与访越王坟墓报知"。其实也不奇怪，尽管高等级墓上有神道碑这样的标志物，到了盛唐时，有些碑就仆倒了，要靠子孙重刻维护，才能维持，如我们现在在昭陵博物馆中看到的唐俭碑，就是开元中重立的。因此，即使最高级别的人物，也有可能发生找不到自己祖先坟墓的情况。较之于那些大团圆的故事，这种表面上看来"反事实"的案例，其实才可能是在历史上经常发生的"常态"，只是不被文献所记录。

那么，为什么会有找不到祖先坟墓这样的事？接下来容易想到的话题是唐人会在墓上留下什么标志？这在史料中有明确记载，尽管这些记载散见于《大唐开元礼》《唐会要》《通典》等书中，基本上都是引录唐令的佚文，仁井田陞在做《唐令拾遗》的时候，已经依据这些材料，做了令文的复原。将这些材料拼合起来，我们知道唐人墓上有哪些东西，之前学者也做过研究，比如游自勇教授写过《墓志所见唐代的茔域及其意义》。我们可以知道唐人墓地的地面建筑主要包括封土、标志茔域四至的门阙、土堠，石羊、石人等神道石刻与神道碑碣等。这一墓上空间的存在及兴废也能在诗歌中得到印证，如王建《北邙行》云："涧底盘陀石渐稀，尽向坟前作羊虎。谁家古碑文字灭，后人重取书年月。"墓上最具视觉性的建筑无疑是立于神道前的石兽与石碑。因此，理论上唐人的墓前有多样而准确的标识身份的物件，让人一眼就能够认得出来。那么为何会出现理论与事实的背反呢？这是因为之前的研究主要是纯粹的制度史研究，研究的是律令条文，而唐人墓上所有的标志物，最核心的要素是与官品有关，是对五品以上官员墓地的制度规范。比如墓碑被认为是确认墓主身份最直接的证据，但唐令规定五品以上立碑，七品以上立碣，尽管"若隐沦道素，孝义著闻"者，虽不仕亦立碣，即你有特别的德行，不做官也可以立碣，但是这需要由地方官报送审批，不可私自擅立。根据我们现在看到的材料，这套制度即使在中晚唐也得到很好的贯彻。因此传统制度史呈现的唐人墓上有非常丰富标识身份的建筑，范围十分有限，主要是指五品以上的官员，只是唐人墓葬中很小的一部分。回到我们讨论的主题，对于普通的士人，他们的墓上会有什么？而官员的妻子，如果有命妇的身份，也有品级，但大多数是没有的，如果夫妻双方女方先去世，在合葬之前，墓上会有什么呢？我们会发现将问题置于一个社会史空间中的话，在传统制度史中觉得研究得很清楚的问题，一下子变得模糊了。

那么对于一般老百姓来讲，他在墓上能够有什么样的标识物？我们也能找到一些材料，尽管不那么直接，例如在天一阁藏明抄本《天圣令》的《狱官令》中，规定了如何处理和认领死囚的尸首，"置砖铭于圹内，立牓于上，书其姓名，仍下本属，告家人令取"，即在家人来收尸前，在墓上将死者的名字书于木楬上，坟墓中置砖铭，以便核验。侯旭东老师之前就注意到这条材料，他发现这与东汉刑徒墓的情况类似，尽管汉与唐两个朝代相距较远，但在制度上一脉相承。死囚当然是特殊的人群，我们也能找到一些其他的材料，著名的唐传奇沈既济的《任氏传》云，任氏死后，郑六"赎以瘗之，削木为记"。这应该是草草掩埋，用一块木牓简单地记一下是谁的墓，做一标记，以便以后迁移。因此，对于低级官吏和庶民而言，除了封土和墓树之外，墓上仅有标识身份的标志，可能就是木质的墓表，尤其是如萧遇母亲陆氏这样的情况，本身就是权厝，理论上她将来是要和丈夫合葬的，不可能有非常正式的墓地和墓上建筑。甚至按照我的猜想，墓本身都不见得会挖下去，或者只是浅埋，墓上不见得有封树，可能只是一个很小的坟包，墓前树立一个说明身份的木牓。在这样的情况下，如萧遇故事中的情节，迁葬与权厝隔了半个多世纪，当事人可能都没有想到会间隔这么长时间，墓上的标志消失，就很有可能出现无法寻获祖先旧茔的窘境。

三　误掘他人坟茔所涉及的法律问题

既然找不到祖先的坟墓是一个常见现象，那怎么来解决呢？一般有两种办法：一种是询问当地的耆老，这在唐代墓志中有不少记载，如卢沐及妻郑氏合祔墓志云："前此世母在鄱阳，犹安问于州人，由是得封隧焉。世父在汝坟，小子访于耆老，由是得营护□。"这恐怕也是传统社会中常见的做法。假设周边已经没有知道墓地所在的老人了，那怎么办呢？在中国古代，还有一个办法，就是求助于法术，《永乐大典》卷八一九九引《大汉原陵秘葬经》中专立"不见骨殖篇"，专门讲找不到墓怎么办，其记录方法大概多是民间术士施为，很难读懂，但也从侧面证明了，找不到祖先旧茔这一现象在历史时期长期存在，否则也不会为此专门发展出一套寻墓的"法术"来。

接下去讲第二个问题，涉及故事中和买地观念有关的表述。买地券这样一种随葬品，从汉到宋，都有非常丰富的出土材料，鲁西奇老师写的《中国古代买地券研究》，收集的资料非常丰富，萧遇故事中的一些情节，我推测与当时人营建坟墓时的买地观念或信仰有关。即之前提到《通幽记》中与卢会昌有关的一段，道华把卢会昌鬼魂拘来后，指责说"萧郎中太夫人茔，被尔墓侵杂，使其迷误"，这暗示他们认为萧遇指认的母亲墓地的位置并没有问题，只是墓上被另一个墓给叠压了，才导致萧遇找不到自己的母亲的墓。且看卢会昌是如何回答的，他说"所管地累土三尺，方十里，力可及，周外则不知矣"，说他领有的范围是方圆十里左右，但在所管的范围中，没有陆氏的墓。迫于道华的挟持，卢会昌答应越出他的辖地，帮他们找寻。他找了一个晚上，没有结果，却因此惊扰了鬼神，"大受阴司谴罚"。这虽然是鬼故事，但背景可能与买地的观念有关。

关于买地券的标准格式，《地理新书》记载过一个范本："谨用钱九万九千九百九十九贯文，兼五彩信币，买地一段。东西若干步，南北若干步。东至青龙，西至白虎，南至朱雀，北至玄武。内方勾陈，分擘四域。"学者认为买地券中所记用钱的多少、墓的四至，绝大部分应该是虚数，而不是墓实际的大小和花费，如唐大顺元年（890）熊十七娘买地券云，"此地占水土□，方圆百里"，一般墓地绝不可能有方圆百里的规模，只是虚张声势而已。但《通幽记》里面所讲的累土三尺，方十里，很可能是买地信仰流行的社会背景下，理念中卢会昌墓的范围，因此他的鬼魂能将墓周围十里，视为自己管辖的范围。但他一旦越过了这个范围，就侵入了其他人的茔域，而触怒鬼神。因为茔域四至在立契确认后，受相关神灵保护，买地券中的套语如"丘丞墓伯，封部界畔，道路将军，齐整阡陌"等，反映的都是这类划定并封闭茔域边界的观念，或许也是起初卢会昌声称"周外则不知矣"的原因所在，卢会昌在帮助萧遇寻索陆氏葬地的过程中，因侵扰他人茔域，被阴司责罚，也符合《地理新书》中所言"若辄干犯词禁者，将军亭长，收付河伯"的说法。

古人其实早已注意到古今坟茔相互叠压、打破的现实，所谓

"今人还葬古人坟，今坟古坟无定主"，而买地券作为一种虚拟的阴宅交易凭证，重要的功用之一便是攘除这种现象。陶毅《清异录》中对此观念曾有批评："葬家听术士说，例用朱书铁券，若人家契帖，标四界及主名，意谓亡者居室之执守，不知争地者谁耶。"陶毅作为士大夫，对买地这样相对比较世俗的观念有一些鄙视，批评说人死后无地可争，不知在墓中埋入买地券有何作用。事实上，在当时人眼中与之争地的恰恰是早先与之后将要埋葬于此的逝者。汉代人就有这样的观念，建宁四年（171）孙成买地券提道："根生土著毛物，皆属孙成。田中若有尸死，男即当为奴，女即当为婢，皆当为孙成趋走给使。"《地理新书》中"先有居者，永避万里"的套语，也是类似的意思。即在古人的观念中，今人所葬的坟茔，很有可能打破古人的旧坟，也有可能被将来人的坟墓所叠压，买地券这套仪式的核心，是保证墓主能独占这块墓地，不受其他鬼魂的侵扰。按照现代人类学的分类，或许可以归入攘除巫术的范畴。而买地券这样一种文本，从汉到宋，在中层或中层偏下的社会有非常广泛的行用，至少在我看来，萧遇故事中的一些情节，反映的是买地的观念。

讲到这里还旁及另一个小问题，萧遇最后挖到的是不是他母亲的坟？这个故事最终还是一个大团圆的结果，萧遇墓志中说"铭石妆敛，率如所告"，墓中发现了陆氏的墓志，确认这就是萧遇母亲的墓。但我们转过来细读《通幽记》的文本，则会发现事情没那么简单，萧遇母亲托梦的具体内容是"若护我西行，当以二魂舆入关"，二魂舆这里指代的是需要两辆运送逝者棺椁的车辆，萧遇母亲的解释是她叔母可怜她一人孤身葬在外面，特别从咸阳来陪伴她，"后因神祇隔绝，不得去，故要二魂舆耳"。这个表述其实非常暧昧，萧遇母亲既然要他准备两辆魂车，是不是暗示墓中其实有两具尸体？如果墓中有两具尸体的话，萧遇挖对了没？按照现代人的科学理性精神，毫无疑问，萧遇还是挖错了，但至少萧遇把它想象成或理解成他母亲的墓，从而完成这样一个美好的孝子故事。根据我们之前的一系列讨论，唐代人经常会误掘他人坟茔，或找不到自己祖先的坟墓，会不会有人将错就错呢？回过头来，我们再看唐代有些孝子的故事，会有倒吸一口冷气的感觉，比如说《旧唐书·王少玄传》，王少玄是博州聊城人，父亲隋末于郡西为乱兵所害。少玄是遗腹子，他长到十来岁，想要找到父亲的尸体，完成安葬。当时白骨蔽野，无法辨认，于是借助滴血认亲的古老观念，"以子血沾父骨，即渗入焉"，最终通过这种方式寻获了父亲的遗骸。按照科学的观念，王少玄安葬的几乎不可能是他父亲真正的遗骸。某种意义上来说，挖错在唐代社会中恐怕也绝不是孤例。尽管故事还是一个大团圆的结局，但是我们揭破之后，发现背后有非常多的曲折和复杂，而这种曲折和复杂才是唐人迁葬过程中，真实发生着的一些悲欢离合，只是被大团圆式的故事遮掩了。

　　其实误掘坟茔，真正牵涉的是一个法律问题，唐宋两代法典中都有非常详细的保护墓地墓田的规定，之前学者也有不少研究。如《唐律》规定："诸发冢者，加役流；发彻即坐。招魂而葬亦是。已开棺椁者，绞；发而未彻者，徒三年。"《唐律疏议》进一步对何谓"发彻"有明确定义："谓开至棺椁即为发彻。"萧遇发掘卢会昌、李五娘两墓，特别是卢会昌墓，皆因读到墓志，才知墓主人为谁。从目前考古发现所见，墓志大都置于墓室之内，因此萧遇误掘他人坟墓，虽然与盗掘性质不同，但已符合《唐律》中关于"发彻"的定义。但无论是在志文和《通幽记》中都未提及误掘坟茔可能引发的法律问题。误掘他人坟茔，应该受到什么样的法律处分，目前所见唐宋法律条文中也未有明确的规定，这给我们提供了玄想的余地。可以讨论的有几个方面。一是在宋代的律文中，有更仔细规定，如《名公书判清明集》中提到"且迁改父祖坟墓，在法虽当经官自陈"，迁葬父祖前，要事先知会官府，避免可能造成的法律的纠纷，但唐代是否有类似的规定，我们并不清楚。而且《名公书判清明集》中也承认，虽然有法条规定，但大多数人迁葬时并不事先向地方官报备。

另外我们可以从唐律中找到一条条文，从侧面来看看误掘坟茔需要承担的法律责任，唐律中有"诸穿地得死人"一条云："诸穿地得死人不更埋，及于冢墓熏狐狸而烧棺椁者，徒二年；烧尸者，徒三年。缌麻以上尊长，各递加一等；卑幼，各依凡人递减一等。"比照这一条的话，李五娘的问题其实比较简单，因为墓上平坦即说明没有明确的作为坟墓的标记，符合穿地得死人的法律要件，萧遇只要将她重新掩埋，不让其尸身曝露于野，便能免除处罚。至于所掘卢会昌墓，因有明显的封土与封树，考虑到唐律对墓地乃至盗耕、盗葬墓地皆有详细的规定，所涉及的法律问题更为复杂，如前文所引李岗迁葬的案例，家人发现旧茔为"他人之丘垄填焉"后，未做发掘，被迫改用招魂葬，或许就与保护墓地、墓田的法律规定有关。但如萧遇误掘卢会昌墓这种情况如何处理，在目前材料下，我们还无法解决。至于为何会有穿地得死人后不更埋，甚至烧棺椁、烧尸体这样的现象。这或许也和信仰方面的问题有关，从宋元以后一些和墓葬有关的文献来看，如《地理新书》《大汉原陵秘葬经》中都提到掘得"骨殖"为大凶。

四 墓志所见的家庭关系

本文要讲的最后的一个问题是萧遇墓志中反映出的家庭关系，这是唐人墓志中相当常见，但又非常微妙的一个主题。萧遇的父亲萧晋前后娶过两任妻子，第一任妻子就是萧遇母亲陆氏，她生了萧遇之后三个月就去世了，所以萧遇很大程度上是由他的继母韦氏抚养成人。如果光读萧遇本人的墓志，呈现的画面如惯常一样，家庭关系非常和谐，萧遇对他父亲、继母都非常孝顺。但其间有一个非常微妙的情况，中国古代其实一直是一个一夫一妻多妾制的社会，而非有人误解的"一夫多妻"制社会。士大夫所娶的妻子，往往来自和自己社会地位相似的官宦人家，而妾则可能来自社会身份比较低微的家庭，按照唐人自己的表达叫"娶妻以德，娶妾以色"，妻与妾之间往往有社会身份的落差，这种落差保证家内秩序的稳定。但依然会出现一个问题，人的年寿不一，丈夫一生中可能会娶好几位妻子，在法律上前后几任妻子的身份都是平等的，那么在死后，丈夫和哪一任妻子合葬呢？唐代士大夫的家庭，常常会面临这样的问题。从目前所见唐人的丧葬实践来看，往往有两种类型。一种是把前后几任妻子都和丈夫合葬在一起，这样的做法比较省便。但相对而言，多出现在社会地位不那么高，或在政治上属于新兴家族的人中。对于大多数恪守礼法的士大夫家庭，更多选择让丈夫和第一任妻子合葬，因此在墓志中经常能读到这样一个叙事套路。一般而言，等到第一任妻子、丈夫先后去世之后，士大夫家庭事务实际上由后一任妻子主持，因此如何安排先夫的后事，后妻有重要的发言权。墓志经常会表彰后一任妻子高风亮节，主动把丈夫与他的第一任妻子合葬。尽管从理论上来说，前后妻的地位是平等的，但从社会观念而言，还是认为前妻更重要一些，尽管这不是一个制度规定，但属于士大夫所恪守的礼法。

回到萧遇一家的情况，萧晋死后，家庭事务应该由韦氏和当时已经出仕的萧遇共同决定，而韦氏本人并没有生子，当时却没有选择把萧晋和陆氏合葬，无疑这是后妻韦氏的意见。于是，等到韦氏去世，萧遇才能历经辛苦寻访生母的坟墓，萧遇访墓时已经 50 岁左右，而他完成父母合葬后，没过几年自己也死了，前面提到《通幽记》中讲叔母的灵魂来陪伴陆氏，尽管是一个神异的情节，也曲折透露出了陆氏死后半个多世纪处于无人问津的地位，家里的其他人恐怕也没有想过要将她迁葬，这才是萧遇后来找不到母亲坟茔的背景，因此，我们在墓志文本之外，曲折地发现他们家庭内部的关系是存在紧张的。

更有意思的，或者说可做比较的是萧遇妻子卢氏的墓志也发现了，我们现在可知萧遇前后娶了三任妻子，前夫人清河崔氏，继夫

人范阳卢氏，卢氏生了萧遇唯一的儿子萧淳，最后一任夫人是荥阳
郑氏。这位卢氏先后有两块墓志出土，一块是权厝墓志，另一块是
后来合葬的墓志。如果仅从萧遇墓志的文本来看，萧淳和他的继母
关系也很亲密。事实上，和他父亲曾做过的事情一样，在继母郑氏
去世之后，萧淳试图奉他的亲生母亲卢氏和他的父亲萧遇合葬，合
葬最终完成时，萧淳也已经去世了，由他的遗孀裴氏遵从丈夫生前
的遗愿，完成萧遇与卢氏的合葬。这个时候你可以发现家庭关系中
非常微妙的一面，如果严格按照当时的社会风俗而言，原配夫人是
最有优势的，但落实到具体实践中，萧遇、萧淳都是家庭唯一的嗣
子，等到父亲的后妻去世之后，他们才最终完成将生母与父亲合葬
的愿望，卢氏与萧遇合葬也是她死后半个多世纪的事情了。这种家
庭内部紧张与冲突在墓志的文本是不会写出来的，但是我们落实到
丧葬安排与选择的话，就能发现一夫多妻的家庭内部的权力关系。
尽管卢氏合葬墓志将夫妻长期未能合祔归咎为"弱岁零丁，中年多
故，出处或异，著龟未从"等原因，但复杂的家庭关系或许才是隐
藏其背后更深刻的原因。甚至这种关系也能从墓志的物质形态中窥
见一斑。卢氏初葬墓志长宽各 32 厘米，合祔志石长 55.5 厘米、宽
54.5 厘米，这一物质形态的变化，也体现了卢氏在家庭地位中上升，
最终母以子贵，不但因萧澈"为御史，为郎官"，获得追封之荣，
更因其子坚持，使她成为萧遇三任妻子中最后的"胜利者"，只是
这正如墓志中的夸大之词一样，仅仅是文辞与形式上的胜利，并不
能补偿其身后半个多世纪的寥落。

　　选择这个题目，对我个人而言，主要还是觉得这是一个有意
思的材料，它能够展示真正的历史而不是大多数的文本书写的比较
平面化的历史，呈现出来一个相对比较复杂的面貌。在这样一个故
事中，涉及当时社会中的多个面向，包括法律、制度、风俗、人情
等，我们可以看到任何人在日常行为中都受不同因素的影响与制
约，尽管萧家是一个中上层或中层官僚家庭，并非庶民。20 世纪 80

年代以来的中国史研究中，很多学者都强调要发现人在场的历史，但唐以前的历史，甚至宋以前都有这样的问题，我们很难看到真正意义上一般人在场的历史，甚至士大夫在场的历史都未必看得很清楚。而从这样的一个材料，能让我们看到一些人的历史，个体的喜怒哀乐与家庭内部看不见的紧张，或许这就是这个研究的意义所在。

附　录

问题一：对史料的引用与辨伪方面有没有什么心得？在现有史料可靠性较差的情况下，您是通过哪些渠道或者方法？需要注意哪些方面？

仇鹿鸣教授：这是一个很好的问题，但也是很难说清楚的问题，如何来处理材料，我非常敬畏的朋友魏斌教授有一个观点，认为中古史研究较之其他断代最大的特点或传统就是处理材料的细腻。我想具体到如何来处理材料，很难说有一套通行的规则，你尝试将任何的经验总结成规则，难免带有僵化或者格套的色彩。但我觉得有几点可以注意。一是我们不要平行地理解材料，传统的史学研究，非常强调对材料的辨伪。这当然是一个非常好的传统，但会造成一个什么问题呢？压缩了材料的层次，比如一件事情有几种矛盾的记载，正史如何记，笔记小说又如何记，传统的考据学会认为两种记载必有一真一假，因此当学者愿意相信笔记小说的时候，就说宫廷中的事情，正史记载都改写过的，只有笔记小说才透露真正的秘辛。但也有学者会强调说，宫廷秘事，外人何以得知？小说家言绝不可信，只有官方正史中的记载还稍微可靠些，言人人殊，都没有确证。我们首先需要注意史料是有不同层次的，每一个人有不同的获得消息的渠道，史料背后实际上是人，传统考据的学问，当然有非常高明的一面，但有时也会把两个不同层次的记载给平面化，变成非此即彼的对立关系。与此相关的第二点，我觉得需要学会辨析史源。记载的源头是什么？刚刚有同学提到《晋书》史源的问题，因为《晋书》依赖的文献散佚得厉害，要确切探索有困难，但比如我们可以注意到，《晋书》中关于西晋的记载，最重要的来源是王隐《晋书》。东晋过江之后，文献散失，后来各家旧《晋书》增益关于西晋的第一手材料恐怕比较有限，多是据王隐《晋书》删改或增加某些具体的情节，原始性就不如王隐《晋书》，增加部分的可靠性，也需要慎重对待。这就是区分史料的层次和它流传过程中可能发生的删改增润，处理材料可以说是史学研究最基本的、但毫无疑问也是最难的技巧，作为学习和研究历史的人，可能一辈子都要学习如何来处理材料，需要你不断地在研究实践中磨炼、完善。最后，我觉得可以和同学们共勉的一点是不要为了证明自己的结论，主观地去相信对自己结论有利的材料，而需要多站在反方的立场上。田余庆先生一个说法非常高明，一个好的历史研究是要有反证的，没有反证的研究一定是简单的问题。你做一个题目，如果所有材料都支持你的观点，要么这个题目其实不太高明，要么你在处理材料上比较粗疏。我想有以上三点，加上一些具体的实践经验，会对处理材料会有一定的帮助。

问题二：对于中古史的研究如何平衡出土文献与传统史料的引用，特别墓志一类的出土文献，有些人在史书无传，通过墓志来补全传世文献记载，墓志出土的有一定的主观性，如何把握这种平衡性？

仇鹿鸣教授：用出土文献来补证传世文献，用墓志来补充史传，这当然是一个非常漫长的传统，宋代以来的金石学，在很大程度上围绕着这样的工作来展开。首先，传世文献和出土文献的比勘，这是一个基本功，需要学者熟练掌握。其次，在现代史学观念中，不要盲目比勘，首先要考虑两种材料的史源，比较出土墓志和正史传记，有些可以看出同源关系，但有些则并无同源。比如我们校勘五代史时就发现，五代的宰相赵莹，他的墓志和旧五代史纪传的记载并非同源，几乎每一任迁转官的时间皆有差异，属于两个史料系统，那就不应该轻易地互校。从第三个层面来讲，对于本科生乃至研究生而言，初学阶段掌握传世文献是第一位的，出土文献因为是新材料，现在学者重视得比较多，这一倾向有利有弊。就我个人的感受，凡出土文献做得比较深入的学者，往往是传世文献功夫比较好的。在中古史研究中，传世文献是奠定了基本框架，尽管我们觉得正史记载有各种各样的问题，但不可否认正史材料构成了你认识那个时代的基本框架，例如我今天做的演讲，尽管在不少方面否定或修正了原来通过制度条文展现出来的社会面貌，但是如果没有这些制度条文所搭起来的框架，光靠出土这几方墓志，不可能形成这样一个连续的、相对比较完整的线索。所以我觉得对初学者而言，不应该盲目追求以出土文献作为自己主要的研究方向，而是在传统史料比较熟的情况下，才能更好地认识把握出土文献的价值。

问题三：谈一谈目前唐代墓志研究存在的问题，以及唐代墓志研究以后的方向。

仇鹿鸣教授：这是一个非常大的问题。对唐代墓志的现状，我自己多少持批评为主的态度，觉得问题比较多。问题包括两个方面，一是墓志大量盗掘出土，流散民间，因此大量的论文以收集发表流散在民间的材料为主。唐代墓志每年还有上百方甚至几百方新材料的公布，导致相关的论文非常多，但是高水平的研究不那么多。我想等再过一段时间，材料量基本稳定了，大家能在同一个起跑线来做研究的时候，相对来讲会更加从容一点。第二墓志的研究，目前基本上是以单方墓志的解读为主，很多时候没能较好地串联起各种材料的线索，基本上还是把墓志和正史记载进行比勘，涉及人物生平、世系、婚姻及政治活动等方面，相对而言研究的套路化比较强，墓志的材料尽管数量很多，但怎么来更深入地挖掘其价值，可能还需要进一步积累典范性的研究。

延伸阅读

仇鹿鸣:《长安与河北之间：中晚唐的政治与文化》，北京师范大学出版社，2018。

仇鹿鸣:《魏晋之际的政治权力与家族网络（修订本）》，上海古籍出版社，2020。

程民生，1956 年生，1990 年博士毕业于河北大学，
现为河南大学历史文化学院博士生导师，河南大
学宋代研究所所长，曾任《河南大学学报》主编，
河南省特聘教授，河南省普通高校人文社会科学
重点研究基地河南大学中国古代史研究中心主任。
曾兼任中国宋史研究会副会长，中国古都学会常
务理事。河南省优秀专家，享受国务院政府特殊
津贴专家，2012 年度河南省高校哲学社会科学年
度人物。主要从事宋史研究，兼治中国经济史，
中国文化史。已出版著作 10 多部，发表学术论文
100 余篇。

宋代女子的文化水平

程民生

在男权社会的中国古代，男尊女卑观念根深蒂固，史籍罕见女子身影，哪里谈得上研究其文化水平与贡献呢？尤其是在理学兴起的宋代，传统观念以为愈加压抑女性，更无女子风光可言。其实，宋代女子中相当一部分接受过文化教育，也是宋文化大发展的一个主要群体。对于宋代妇女研究，学界成果很多，具体到宋代女子的文化素质，也多有关注，为我们的进一步研究提供了良好的基础。但是关于宋代女子的文化水平，尚无直接、整体的研究，而该问题正是前人研究的相关问题的基础，事关宋代文化发展等诸多问题，故而不揣冒昧，试作论述，以就教于方家。

一　宋人的女子教育理念

　　女子需要文化吗？这实在是一个具有深刻意义的问题，折射出诸多思想观念。宋代并无"女子无才便是德"的观念，相反，官方以及社会舆论普遍赞成女子受教育、学文化。从最高统治者皇帝来说，尊重妇女的文化作品。如宋真宗诏令诸儒编历代君臣事迹一千卷，名为《册府元龟》，其中原有大量妇女言行，由于不想让后妃、妇人之事掺杂在其中，而后又单独析为一书，别纂《彤管懿范》七十卷。又命陈文僖公（彭年）裒历代帝王文章为《宸章集》二十五卷，复集妇人文章为十五卷。将历史上的女子事迹和文章编辑成集，本意是不让女子与士人混在一起，但从另一角度表明了官方对于这些事迹、作品的肯定和宣扬，适应了宋代女子地位和文化水平提高的历史需要，对于广大女子无疑起着鼓励作用。

　　对于女子的文化教育，皇帝也有明确的态度。如宋高宗认为无论男女都应该读书，读书则知自古兴衰，亦有所鉴戒。即在读书这一问题上把女子和男子置于平等位置，并寄予同样的希望，即通过读书"知自古兴衰，亦有所鉴戒"。这话不单是针对后宫而言的，也包括民间女子。宋代的童子科曾允许女童应试，并给予中选者奖赏，自置童子科以来，未有女童应试者。淳熙元年（1174）夏，一女童林幼玉求试，中书后省挑试所诵经书四十二件，林幼玉皆通晓。四月辛酉，就下诏特封为孺人。经过严格的考试合格后，封为初级朝廷命妇。嘉定五年（1212），又有女童子吴志端被传令到中书复试。有臣僚提出不同意见，认为女子应试会带来一些问题：一是录取了无法使用；二是她艳妆怪服四处拜访朝士会引起围观，实在不雅，故而不宜在中书复试。宋宁宗接受了这一建议，改为由国子监考试，给予赏赐。由以前的中书复试、政治册封变为国子监考试、物质奖励，待遇虽然降低，但仍给予特别优待，以资鼓励。

　　宋代主流舆论普遍主张女子应该学习文化，掌握一定的知识。例如"老夫子"司马光，就抨击只教男不教女的错误观念，一再强调女子应学习，但只教男而不教女，那不就不利于彼此的教学了吗？然而生而为人是不可以不学习的，难道学习还有男女之分吗？所以居家女子是必须要读《孝经》、《论语》及《诗》、《礼》，并且要略通大义。她们所做的女功，则不过是桑麻织绩、制衣裳、为酒食而已，至于刺绣华巧，管弦歌诗，都不应是女子适宜学习的东西。并明确将好学、有文化定位为贤女的主要标准，认为历史上的贤女是没有不好学的。他还为不同年龄段的女子制定了具体的教育方案，认为受教育权男女平等，但教育内容男女有别，女子多了女工作业，文化课多了《列女传》《女戒》，少了《尚书》《春秋》及诸史、儒家其他经典和文辞。这是面向未来需要的学习，符合家庭妇女的社会生活实际，也可以说是古代"家政学"的课程。经朱熹等人的宣扬，成为后代众多家族奉行的行为准则，对中国传统社会产生了重大的影响。

　　北宋中期的颍川谢氏"世为儒家"，教育儿子经术的同时也教育女子，认为人最大的忧患，莫过于不知古，尤其是世上的妇女之辈更是不明白，无所闻睹，为妇为母，竟然都不清楚自己所为之道。行不遵从古制，却想要其无为父母优辱，是不可能实现的。颍川谢氏为父母者皆以此为戒。谢氏子女必须要受教育，她们的言行必有所师法，所以谢氏女的贤能世间都有所耳闻。有文化的谢家女儿之贤惠，有名于当时。郑侠对此深有感触，在他看来，女子教育比男子教育更重要：没有文化的妻子会是骄奢淫逸的悍妇、戾妻，毁坏家庭和睦。士人如没有齐家这个前提，谈何治国、平天下？因而娶妻必先寻求有文化的女子。

　　两宋之际的孙觌认为妇人女子有三种类型：第一种虽然以幽娴静专为德，但整日浑浑噩噩，憒不知事，如土木偶人，则为愚妇；第二类是那种聪明过人的，则出而乘夫，整日说三道四，是为艳妻；第三，唯有哲妇能从容不迫，进退自如，动得理所，就连士君子亦很难做到。所谓理想的"哲妇"，就是有文化的女子，正是司马光贤女标准的延续。士大夫将此种女子誉为"女士"，如袁燮也认为所谓女士者，女子要有贤士之行，要识高虑远，义理甚精，而又不移于流俗，这便成了妇女楷模了，怎么会只能在家中做供奉酒食之事呢？女士，也即女士人，有文化的女子。观念最前卫的是南宋事功学派代表叶适，他比七八十年前的司马光开放得多，认为无论是会文学还是有技艺，都是贤妇。袁采则从大多数人居家过日子的角度，指出妇女应当拥有基本的文化水平，只有"自识书算"，才能在丈夫不理家或寡居的情况下自立门户，当家并维持生计。换言之，必须有文化才能代替丈夫挽救家庭、维持家族。朱熹继承了司马光等人的女子教育观。有学生请教女子应该学些什么？朱熹认为应该学习《孝经》以及《论语》、曹大家《女戒》、温公《家范》。与司马光相比，朱熹更强调德育，似乎更保守些。

从上可见，对于提高女子的文化水平，在宋代已成共识，但因家庭层次不同而有所区别：士大夫家庭以提高素质、品质为主；中下层家庭以提高能力为主。当然，也有人不赞成女子学习诗词等文学创作。如南宋理学家真德秀，将司马光、程颐、胡瑗的观点加以曲解，认为郑卫之音乃靡靡之声，如今教女子作诗歌执俗乐，是不合时宜的，妇女以文章笔札传于人者是不对的；其出发点是维护女子的端庄形象，即维护礼教。不过，尽管他们都是大儒，但这些老夫子之言的社会影响在当时是有限的，即便在士大夫之家，仍多有女子精通诗词音乐。如二程的母亲侯氏，小时候便聪悟过人，女功之事，无所不能。好读书史，博知古今，好文但不为辞章，认为妇女以文章笔札传于人者是不对的，平生所为之诗不过三十篇，都没能留存下来。明知女子创作诗文非是，仍不免好文作诗。实际上，她反对的并不是女子创作，只是认为作品不宜公开于世。后人如真德秀有意无意地曲解其意，甚至移植到程颐身上，透出一股偏执陈腐的气息。北宋末年官员妻子王氏夫人多才艺，能为小诗，但其丈夫未尝示人，王氏夫人自己也觉得此非妇人女子之所当急，诗一传于人，则争相传播，卒掩其内行。女诗人自己也认为，流传的诗文把女子内心情感暴露于众，遭受众口褒贬，令人难堪。宋代女作家群的崛起，实际上是在比较压抑的气氛中勃发的，否则会更加灿烂。

总之，宋代士大夫将文化水平作为贤妇应具有的素养，注重对妇女进行文化教学，这是宋代妇女观与妇教观的一大进步，比之明清以来"女子无才便是德"的观点，应当值得肯定。

二　宋代的女子教育

秉持上述基本理念，宋人广泛开展对女子的文化教育，具体形式主要有以下几类。

学堂教育。皇宫中有女子学堂。宋仁宗时，女官尚仪之下设司籍二人，掌管经籍教学纸笔几案，并佐有典籍、掌籍各二人，女史十人。管理经籍教学、纸笔几案等学习用品和课堂桌案，应属于当时教育后宫女官的机构。宋仁宗时的宫女董氏，四岁入宫，稍长便做了御侍，性格和厚，喜读国史，能道本朝典故，侍帝左右未曾有过失，皇祐时被封为闻喜县君。四岁入宫，后来喜读国史，定是在宫内学会的识字。文化课以外，宫女还要学"体音美"等课程。如学草书，书法一般应先学篆、楷或隶书，对在皇宫工作的宫女来说更不会先学或只学草书，说明前此已经学过其他，也说明她们的学习全面且系统。学器乐，她们弹奏玉筝和琵琶的水平也是相当不错的。学舞蹈，从十三岁开始，舞蹈学了一两年。此外内苑宫人还要学打球等。她们服侍皇室的才艺都是在皇宫中学习的，说明宫中有一个完整的女子文化、才艺教育体系。

民间学堂中常见女子的身影。如彭城县君钱氏，夫人资素敏慧，不类常女。自垂髫迨笄总，便一直"就傅"，所谓就傅，就是正式上学。在其三四岁至十三四岁之间，所学有女红、文史、书法等，对于笔札书记之事，过目便能贯通，故二亲非常疼爱她。宣和年间，有名幼卿的女子少与表兄同研席，雅有文字之好，并留有《浪淘沙》词一首。"同研席"即同学，就是不分男女都在一个家族的塾院里读书上学。南宋端平年间，浙东一个破落的衣冠宦族秀才张忠父，家有书馆，邻居罗家便把女儿寄在学堂中读书。甘棠倡女郝温琬，商人之父去世后，流落到亲戚家。温琬幼时便不好嬉戏，六岁则明敏，常看诗书，甚至达旦不寐。她的母亲教她音乐，训笃甚严，但琬欣然接受，闲暇时间诵千言，又能约通其大义，也喜欢练字，落笔无妇人体，遒浑有格。曾女扮男装，同学与之居，多年来都没发现她是女子。她多年来女扮男装所上的学堂，应是村学或市学。

宋代最大的亮点是出现了女子学堂。成都女子杨氏，丈夫为教书先生，她本人常涉文史，徽德婉行，闾里皆有耳闻。她在家中开办了女子学堂，教授诸女以及内外亲表甥侄以章句、字画，每逢时令佳节，她家便"车交马集，衣冠拥会，立候墙宇，邻钗巷帔，招约呼引，裙裾次次，罗列梱内，修弟子之礼"，学堂开了三十年，远近皆仰之，有"以书史化邑屋"之赞誉。所教不是发蒙，而是解说经义和书画美术，既教自己女儿，也惠及大众，周边女子纷纷前来求学，尊之为"经师教姆"。一所开办了三十年的学堂，育人多多，足以使之成为职业教师，从"邻钗巷帔""裙裾次次"，可知是以女童为主。

家庭教育。宋代女子教育形式，最普遍的是家庭教育。以书香人家为主，教师为其父母或祖父母等长辈。如前引颍川汝阴人谢氏，世为儒家，其教子弟必以经术，同样也教诸女。凡诗书礼义、古今义妇烈女，有见于传记的，必习读，通其理义。谢氏为父母者，率用此为诫，生子女必教，其言其行，必有所师法。教育女子如儿子一样，作为家规全族实行，成就了谢家贤女品牌的名声。有宋氏夫人，从十岁开始，其母就教她剪制之事、音律之法、诗书之言。所教既有女工，也有文化，还有音乐。士大夫之女刘氏，跟随父亲学习儒家经典，自幼柔惠警敏，她父亲授以《孝经》《论语》《孟子》，一过能诵，略通大义，终身不忘。夫人张氏，父祖皆为文人，受教于爷爷，幼时便警敏，长大后更是性情温婉和善，她爷爷教她《孝经》《女训》，略通大义。王夫人之父是吉州安福县知名老儒王遵道，"初以《诗》《礼》《论语》等书自教，夫人读数过辄成诵，耳闻目染，不待勤苦而成，字画亦工。故人萧公敞素善书，见夫人垂髫时学书，惊曰此女可教，因授以笔法，由是书益好"。王遵道不但自己教女儿，还请专业教师来教书法。奉议郎知嵊县孙潮之女孙氏，四岁知书，父授以《孝经》《论语》。明州人戴氏，出身儒家，其父教子有法度，戴氏聪明静专，柔嘉孝谨，所以其父授以诸经，肄业如二兄。戴氏母亲蔡氏在教诲女儿方面更为上心，"织纴、组紃、酒浆、笾豆、菹醢，凡古公宫所教，彤管所纪，德言容功，日从事焉惟谨。字画仿颜体，甚婉而劲"。父母共同施教，使之文化素质和生活能力全面提高。

那些并非业儒之家，则会招聘教师来家中教育女子。如处州富室林五郎，只有一女名素姐，因患痘疮致一眼失明，夫妻商议，有女如此，当教之读书，将来招一女婿入赘。乃令入学，招黄季仲教导她。季仲是福州人，寄居在其同里家中。素姐年至十二，聪敏，无书不读，擅长书算，遂令辍学而习女工。说亲的纷然而至。单有财富还怕招不到优秀的上门女婿，令其读书习算，以增加残疾女儿的婚姻筹码。寻常百姓人家，对女子教育也很重视，尤以都城等大城市更为突出，"京都中下之户，不重生男，每生女则爱护如捧璧擎珠，甫长成，则根据其资质，教以艺业，以备士大夫来采拾娱侍。名目不一，有所谓身边人、本事人、供过人、针线人、堂前人、剧杂人、拆洗人、琴童、棋童、厨娘等级，截乎不紊。就中厨娘最为下色，然而非极富贵家则不可用"。他们轻男子重女子，重在培训其"艺业"。以一技之长赚钱谋生为目的，符合平民百姓讲求实际的想法。虽非文化教育，但其技艺是离不开一定的文化基础的。

自学成才。许多聪颖上进的好学女子，在家庭无力教育或家长不愿教育的情况下，通过自学提高自己的文化水平。如名士王令之妻吴氏，出身官员家庭，天才超然，辞翰之工，不曾从师。喜欢读孟轲氏书，论议宿儒所不及。钱氏夫人幼则秀晤，父母早逝，能自力女功，闲时则学书诵诗。还有房州人解三师，与宁秀才书馆为邻。她女儿七五姐，自小好书，每日偷听众书生所读，皆能暗诵。她父亲向来喜欢道教，行持法书，她就趁她父亲不在家时，私自练习，掌握了其父的法术。洪州分宁县人章氏，其父是有文化的处士，她幼喜诵书弄笔墨，但父母禁止她诵书弄墨，晚上跟着其他女子一起织布，等大家都入寝之后，乃自学课程，这才学习到了知识。违背父母意愿，利用夜晚纺织以后家人睡觉之际悄悄学习，从而有了一定的文化知识。她们不畏艰难困苦，勤奋自学，实属难能可贵，是一种自立自强的表现。

三　宋代女子的文化水平

宋代女子因其所处社会地位的不同，文化水平的高低与知识类型随之有异。

宫中女性。宋代后妃多有文化，如宋太祖王皇后，虽出身武将之家，但善弹筝鼓琴，早晨起来还有诵读佛书的习惯，定当能识字。宋真宗刘皇后，善播鼗，性格警敏，悟性很高，知晓书史，听闻朝廷的事后能记其本末。真宗常阅天下封奏到后半夜，皇后皆预闻，若有宫闱之事，就傅引故实来核对，还曾写手书下谕百官，不要为其加尊号，仁宗朝初垂帘听政多年，文化水平颇高。宋仁宗的后妃多有文化且水平较高，如郭皇后，被废之后，仁宗颇念之，便遣使问候，并且赐以乐府，郭皇后和答之，辞甚为怆惋。说明其文化水平至少达到可以创作动人诗歌的层次。又如曹皇后，善飞帛书，曾垂帘听政，颇涉经史，常帮着决事，每天中外章奏有数十份，曹皇后能纪纲要。再如杨德妃，端丽机敏，她弹奏的音律都极妙，编织、书艺等作品过目难忘，聪颖多才。宋哲宗孟皇后，伪楚时期曾"寻降手书，播告天下"，"苗刘之变"时写手札催皇帝还宫，无疑是有文化的。宋徽宗的郑皇后自入宫来，喜好看书，章奏都能自己写，其才学赢得才子皇帝的喜爱。宋徽宗的韦贤妃，被掳至北方时，写了一份手书，让李微持归，宋徽宗非常高兴，认为派遣再多的使者也不如这一封家书，说明至少会写信。宋高宗的吴皇后颇知书，有卫士谋反，入问宋高宗所在，吴皇后便骗了他从而救了宋高宗，用其机智保全了皇帝的性命。宋高宗逃入东海时，有鱼跳到船上来，皇后便说此为周人白鱼之祥，皇帝听了大悦，封其为和义郡夫人。所谓"白鱼之祥"，是指武王伐纣时出现的祥瑞，于是建立了周朝，可知吴皇后饱读经史。皇后天天博习书史，又善于翰墨，得到的宠爱日佳，与张氏并为婉仪，不久便封为贵妃。因博览群书、多才多艺而得宠，且步步高升。宋宁宗的杨皇后，知书史，通古今，有《杨太后宫词》传世。

公主自然享受着最好的教育资源，所以多有较高的文化水平。如宋太宗之女荆国大长公主，善于书写笔札，爱好图史，能为歌诗，特别善于女工。宋英宗之女魏国大长公主好读古文章，喜笔札。读书写字是其日常爱好。

宗室的妻子也有文化。如宗室赵宗旦妻贾氏，治家之法令人称赞，喜读书，通《论语》《孝经》大义。宗室赵仲妻子和国夫人王氏，能作诗写文章，善于字画。宗妇曹氏，是丹青高手，她的画作并非优柔软媚取悦儿女子者，是真得于游览，见江湖山川的美景之后的胜概，从而集于毫端。她画的《桃溪蓼岸图》极为美妙。有人曾夸赞她的才华乃独秀，有鸾凤鸳鸯手的赞誉，当时妇人女子的作品能达到这样的高度是很不容易的，但是王氏的画，像"桃溪图""柳塘图""蓼岸图""雪雁图""牧羊图"等都异常精美，并且名列《宣和画谱》，无疑是大家。魏王頵之妇、魏越国夫人王氏，诗、书、画俱佳，整日以图史自娱，用古时的贤妇烈女的行为规范要求自己，她的篆隶书写得有汉晋以来用笔意风范，她写的小诗有林下泉间风气。她画的竹，以淡墨画之，整整斜斜，曲尽其态，见者皆怀疑是否为竹影落于画帛之上了。若非做到胸中有竹，又如何能达到这种水平？这便是她的写生墨竹图。她们的多幅作品被宋徽宗收藏，足见水平之高。

宫中女官之类，各有执掌。设立尚宫二人，掌管指导与皇后相关的事宜，管司记、司言、司簿、司闱，且总知五尚须物出纳等事。设立司记二人，掌管在内诸司文书出入目录，记录审讫付行监印等事，佐设典记、掌记各二人，女史六人。设司言两名，掌管宣传启奏事，并且佐有典言、掌言各二人，女史六人。设司簿二人，掌管宫人名簿廪赐的事，并佐以典簿、掌簿各二人，女史六人。设司闱六名，掌管宫中管籥之事，并佐有典闱、掌闱各六人，女史四人。设尚仪二人，掌管礼仪起居，管司籍、司乐、司宾、司赞之事。设置司籍二人，掌管经籍教学纸笔几案之类。并佐有典籍、掌籍各二人，女史十名。从中可知，她们的具体工作多与文字打交道，没有文化是难以胜任的。甚至还有校书这样的工作，典籍校雠的工作仅有一般的文化水平则无法承担。其中，善于书法者甚至代书皇帝的指令，为了使众人看不出是模仿，宋徽宗亲自教她们书法，使其书风大变，颇类宋徽宗。海州怀仁监酒使臣张某有一六七岁的小女，天性惠黠，得到县令曾布夫人的喜爱，教她诵诗书，颇通解。绍圣年间入宫，虽无名位，但因其善笔札，掌命令之出入，还会作诗，俨然皇帝的文字秘书。元祐初，崇政殿说书程颐曾提到的"能文宫人"，殆非虚言。

士大夫女眷。士大夫是宋代最大的统治集团，也是文化水平最高的群体。他们普遍重视妻子姻亲的文化素质及子女教育，故其女眷多有文化，在女子阶层中属于最大也是文化水平最高的阶层。士大夫女眷能识字读书者很多。如宦官之女、沈括之母许氏，常读书并知其大意，她哥哥所作的文章也能诵读。宋仁宗时，崇仪使之女李夫人，聪明伶俐，通晓音乐，略知书翰。官员家庭出身的程氏，受家庭环境熏陶，早为父母所贤，间喜读书，一览便能成诵，尤其笃信内典。北宋中期，都官郎中吴有邻之女吴嗣真，幼年时就不喜嬉戏，独爱文字。自己也很勤敏，所诵之文皆能记，女工方面，不学而能。谏议大夫曾致尧之女，博学，善于持论，他的外孙女吴氏少年时期就开始学习，在文字方面多所通解，尤其喜欢读佛书及唐人歌诗。曾巩的两个妹妹都有文化，长妹喜欢读书，二妹孝爱聪明，能读书，谈古论今。阆中蒲氏夫人，勤于女功，遵循妇道，亦喜欢读书。官员蒲卣的母亲任氏深谙经书，同里人都称其为"任五经"，经学名气很大。官宦人家出身的项氏，天赋聪颖，性格淑慧，女工不待教而能，六岁时从师授《内则》《女诫》《列女传》及韩、柳、欧、苏诸诗文，听一遍即能诵，等稍长大时深居无事，便看司马公的《资治通鉴》，观世间的治理、忽怠、人贤不肖，并且常分析归纳其中是非原理，故其阅理明，并持身谨。自幼受过专任教师良好的教育，长大能读《资治通鉴》，且会总结概括。龙图阁学士胡某之女，喜爱读书，并略通大旨，后来又学佛经。两宋之际的朝奉郎施氏之女，少时便喜读书，老了之后读书的热情也没减退，六经孔孟之书，略通其大旨，要是听闻士大夫之贤者，必然使其子孙见而亲之。官宦之后张法善，出家之前性情静专，知书且能诵佛经，习于世故，族群上下人皆敬之。湖北一流浪妇女向官府供状时自己就能提笔写字，其名为屠氏，是士大夫家女，父尝任远安县知县，嫁夫不称意，已死，无嗣续，孤子一身，自己流浪苟活于世。官员夫人高氏出身于文官家庭，以儒名家，诸女皆知书，夫人庄静淑懿，自少在不学习戏剧、女工的空闲时间，便独自玩墨砚，提笔写字，泛观六经诸子，识其大旨。绍兴间，温州人胡克已应乡举前对妻子说自己做了一个梦，梦见自己科举考试时他人都没到，就只有自己一人先进考场，认为自己定为首选；他的妻子并不同意他的观点，她认为《论语》的《先进》篇排第十一，此次胡克的名次应该是第十一名，结果果真如此。《先进》为《论语》第十一章，其妻至少熟读《论语》。宋代妇女多信佛教，好读佛经，许多妇人墓志铭中有"夫人好读佛书"的说法，虽仅此一句，但已显示其有文化。类似妇女识字事例比比皆是，不胜枚举。

众多女子多才多艺，或善于诗词文章，或精通书法、音乐。北宋中期的李氏，出身儒家，诸弟、侄相继中进士，受环境影响特别喜欢书札，并且精通白氏诗，晚年好读佛书。同期的寿安县君太原王氏，好读书，善为诗，性格静专并且有谋略，勤勉有礼。陈述古的一个女儿特别会作诗，曾有人以所藏小雁屏从之求题品，她便作黄鲁直小楷细书两绝句。其一曰："蓼淡芦歌曲水通，几双容与对西风。扁舟阻向江乡去，却喜相逢一枕中。"其二曰："曲屏谁画小潇湘，雁落秋风蓼半黄。云澹雨疏孤屿远，会令清梦到高唐。"其诗绘景如画，见字如见画。北宋中期的乐氏夫人出身于官宦人家，性情精明悟性高，对事物的认识角度深而广，善笔札、喜书数，所作弦乐曲极妙。供备库副使之女李氏，女工巧慧，又喜书史，工音律之乐。武将高琼之后高夫人，在巧于女工之外，还善笔札。开封曹氏之家世代为官，其女是诗人，好读儒者之书，作五七言诗百有余篇，人多传诵，其笔札亦十分精妙，才艺甚高。著名书法家章友直之女章煎，工篆书，传承了其家学。友直执笔，自高壁直落至地如引绳，章煎亦能和父亲一样，以篆笔画棋局，笔笔匀正，纵横如一，成为青史留名的女书法家。右监门卫大将军夫人王氏，其家世代在京师做官，端丽聪颖，爱好读书，善作歌诗，精于笔札。王安石家女眷多为女诗人，其妹佳句为最。北宋中后期的才女李仲琬，父为尚书都官郎中。仲琬幼时便异常聪慧，所见书立刻能诵，十岁能为诗，其父代大夫公写的文章思维敏捷，妙语连连，裁决家中事务时明事理，并曾公开说要将自己的女儿当成儿子来培养，此来必能光耀其门楣。李仲婉"于书无不读，读便能言其义，至百家方技小说皆知之，其为诗晚益工，至它文皆能之，而其书尤为妙丽"。吏部侍郎华椿年之女春娘，貌美而艳，性喜读书，诗才敏捷。北宋后期的官员王齐叟，娶舒氏女，"因不得翁意，竟至离绝"，归还父家后，一日行池上，怀其夫而作《点绛唇》。二人皆有诗曲之作流传于世，颇为有才。南宋胡与可尚书之女，俊敏且有很强的记忆力，经史诸书略能成诵，善于笔札，其诗作也极具观赏性，"琴奕写竹"等艺尤为精妙，自号"惠斋居士"，时人甚至将其与李易安比较，即视为可以媲美李清照的才女。技术官不属于士大夫，但可附带提到的是，司天监丞楚衍有女善算术，继承父业，成为优秀的算学人才。

一些女作者创作了大量的文学作品，有的编成集子流传于世，更多的是藏于家中。如北宋中期，眉阳望族女史琰、纯阳守张少卿之子子履妻，天资聪颖，嗜学博古，善绩文，每天都醉心于编简翰墨。平生临览之胜，与子履诗词酬唱，格调娴雅，久而久之积累了许多著作，于是"汇为一编，曰《和鸣集》"。善用秃笔，字体庄劲。少卿非常爱重她，并不责备她疏忽了中馈之职。如同专业作家，自编诗文集，黄庭坚称赞其为女博士。定海女子邵道冲，生而敏慧，乳牙还未换便知书，稍微大点后，便观《汉书》《资治通鉴》，以至成诵，平时便弹琴咏歌下棋来娱乐一番，随事赋长短句，又喜翻内典，手书《法华》《圆觉》《金刚》等经，阅读《传灯录》时，有所思便赞以偈颂。后荟萃所作编成书，藏书于家。邵氏文史、佛经、诗赋皆熟悉，作品包括词、文。莫州防御推官之女齐氏，好读书，能做文章，虽时为诗，但从未示人。她去世之后，才得其作五十四篇，文字高洁旷远，其著作远超当时妇人女子的水平，遗令薄葬，言死生之故甚有理。齐氏识见不俗，且有高质量的诗文。

更有一些女子才智识见卓越，不下于士大夫。如北宋中期，河东县曾氏喜欢研究历史，自司马氏的《史记》以来的史书无所不读，所以她明辨智识，学问已步入研究的高层次，超过许多知名学者。彭氏夫人喜欢历史以及诸子百家，喜读书，尤熟西汉史，能够说清楚那两百年间"君臣理乱，成坏之故"。她还精通佛家、老子之书、阴阳卜筮之说，名家都有所不逮，学术见解甚至高于专家。北宋后期人李之仪的妻子胡文柔，"上自六经、司马氏史记及诸纂集，多所综识"，读佛书作诗歌词禅颂，皆有师法。她博览群书，博学多才，尤其是数学才华，连大科学家沈括都赞叹不已，经常向她请教。同期詹家一位女子为青社李侯大夫之妻，读书能文，议论壮烈如大丈夫所言，当时，枢密蔡公夫人王氏闻其知书，曾数次与之交谈，两位夫人论说古今，亹亹不倦，枢密公偷听她们的谈论军事，论两汉取天下，挥洒出巾帼英雄的豪迈之气。她的这位朋友就是蔡卞之妻、王安石次女，颇知书，能诗词。蔡卞每有国事，先与妻商讨，然后宣之于庙堂。文化水平高到与士大夫一样，热衷于参政议政。在宋代史籍中，士大夫女眷有文化的记载非常普遍。有学者对宋1000篇官绅家族妇女墓志资料予以统计，得出墓主识字、有文化者相当多，约占三分之二的结论。这可视为一个具体比例。实际上墓志中提及的多是文化水平较高、事迹突出者，一般识字者不在记述范围，也即绝大多数女眷都识字，所占比例高出三分之二。

平民女子。对本文最关键的是占总人口将近一半的平民女子。有关她们的记载自然不如士大夫女眷繁多，但透过星星点点的史料，也能看出大概。宋仁宗时青州穷秀才张生的母亲贤而知书。周琬的父兄皆举明经，但周琬独喜图史，好为文章，日夜不倦，如学士大夫，从其舅邢起学作诗，后竟然作诗七百篇，是位高产诗人。同时期的洛阳农民王德伦之妻，知书识字，常说孟母择邻之事，以诲诸子，又爱看《多心经》。建安暨氏女，十岁能作诗。其所做的赋《野花诗》，观者皆为惊赏，后来知道她"不保贞素"，皆数落指责她，最后流落而终。黄庭坚外甥洪炎有侍儿曰小九，知书，能为洪炎检阅文章，洪甚爱之，这位婢妾出身自是低下，但能协助学者查阅书籍资料，文化水平较高。崇宁间，京师一老姥"留心祖道"，所见甚高，尝作《形神颂》，能道阴阳天地之玄理，道学、诗歌均有造诣。北宋末年余姚人莫氏，虽出身于平民家庭，但自少小知书，经常作诗议论文章，女工之事，不学而能，才华如同一个睿智的男子。陆游曾在一驿站中见题壁诗，诗词精妙，经打听，作者是驿卒的女儿，遂纳为妾。半年后遭正室驱逐，妾赋《生查子》云："只知眉上愁，不识愁来路。窗外有芭蕉，阵阵黄昏雨。晓起理残妆，整顿教愁去。不合画春山，依旧留愁住。"一位驿卒的女儿，也能做出凄美的诗词。汀州宁化县攀龙乡豪家刘安上之女，生来便不吃茹荤之食，天性聪慧，喜文墨。芜湖詹氏女天生丽质，其母早亡，贫穷的老父以六经教授邻里，称为詹先生。女与兄事之慎谨，间售女工补贴家用。手抄《列女传》，每天都至暮夜，并且必熟读数遍方才入寝，虽大寒暑也没停过。福州长乐县巨商陈公任的小妾识字，生活在孝宗年间，曾梦见三人入门，其中衣绿袍者，抱文牍大书于壁间并写下"陈公任今年四月初七日主恶死"的字样，妾识字能读，第二天告其同伴这一不祥之梦，但一起看墙上时一无所有，两人皆匿讳不敢说。同期的湖州吴秀才女，因受家教熏陶，聪慧且能作诗词，貌美家贫，被富民子所占，投郡诉其奸淫，她奉官员之命作词自辩，当时冬末雪消，春日且至，受此情此景影响便作《长相思》令，提笔立成，曰："烟霏霏，雨霏霏。雪向梅花枝上堆，春从何处回？醉眼开，睡眼开。疏影横斜安在哉？从教塞管催。"南宋杭州西湖樵家女张淑芳，曾为贾似道妾，后出家为尼，有词数阕传世，如《浣溪沙》云："散步山前春草香，朱阑绿水绕吟廊，花枝惊堕绣衣裳。或定或摇江上柳，为鸾为凤月中篁。为谁掩抑锁芸窗。"甚具才情。岳州徐君宝妻某氏被掠到杭州，路上屡被逼奸，均以巧计脱身。一日被逼无奈，乃焚香再拜默祝，南向饮泣，题

《满庭芳》词一阕于壁上，后投湖自尽。会填词，会书写，有节操，德才兼备。商人的妻子多有文化，至少多会算账，北宋杭州商人乔俊常年在外经商，一年有半年不在家，自家开的酒店多交给他的妻子高氏，管理每日出进钱钞等若干事务。丈夫外出，有文化的妻子直接经营。刻字工匠识字，其中就有女匠人，如宋末平江出版的《碛砂藏》，其刊工中有唐三娘、严氏、鱼李氏等女工。至于尼姑、女冠、女艺人、女巫祝等，至少均有初步的文化，另文一一论述，兹不赘言。

四川地区文风昌盛，有文化的女子很多。早在宋初，就有"蜀多文妇"的说法，并认为这是当地的风土人情。如成都有著名的喻家姐妹二人，出身儒家，家中清贫，一无所有，在清贫中坚持读书。诗人顿起曾作诗赞曰："零丁依老姑，破屋僧堂后。相对诵诗书，未曾窥户牖。圭折玉弥方，山寒松更茂。"宋仁宗时的四川隐士张愈，其妻蒲芝贤能又有文采，张愈卒后，其妻作诔为他哀悼，其文笔精彩，见识不凡。福建民间热衷于读书，甚至"男不耕稼穑，女不专桑柘"，女子内外悉如男，"插花作牙侩，城市称雄霸。梳头半列肆，笑语皆机诈"。她们担任牙侩，操纵商业，称雄城市，欺凌愚夫庸奴，没有一定的文化是不行的。正如宋人有牙侩乃世间狡猾人，智力超群。

妓艺女子。位于社会下层的女艺人、妓乐等，基本技能是演唱。由于主要是为上层服务，接触的多是士大夫等文人名士，即便从服务迎合的角度而言，也必须具备一定的文化水平，事实也是如此。如黄州营妓李琪有点小聪明而颇知书札，得到苏轼的喜爱。北宋周韶、胡楚、龙靓是杭州名妓，苏东坡曾为其作书《三妓诗》一卷。徐州营妓马盼十分慧丽，东坡守徐日甚喜之，盼其能学公书。公曾书《黄楼赋》未毕，马盼偷偷模仿公书"山川开合"四字，公见之大笑，略为其润色，也没有改过来，所以今碑中四字，为马盼之笔。北宋流浪艺人吴女盈盈，十六便善歌舞，尤工弹筝。容貌、词翰、情思等都翘翘出群，少年公子不惜金玉帛争登其门，其作词甚佳，留有《伤春曲》一词："芳菲时节，花压枝折。蜂蝶撩乱，阑槛光发。一旦碎花魂，葬花骨，蜂兮蝶兮何不来？空使雕阑对寒月。"宋代妓女多能诗词，尤以高级妓女最普遍。如东京开封的平康里，乃东京诸妓所居之地，从城北门而入，东回三曲，妓中最胜者，多在南曲，其中诸妓，多能文词且善吐谈，亦爱评品人物，应对有度。崇宁初年，福州古田邑娼周氏能作诗，曾赠人绝句云："梦和残月到楼西，月过楼西梦已迷。唤起一声肠断处，落花枝上鹧鸪啼。"又有《春晴》诗曰："瞥然飞过谁家燕，蓦地香来甚处花。深院日长无个事，一瓶春水自煎茶。"北宋末年彭泽娼女楚珍，既是书法名家，又善诗歌。宣和年间有人评价其为江南奇女子，虽豪放不群，终以节显。曾有人见过其《过湖诗》，清劲简远，有丈夫气，故认为此人胸中不凡。其才多艺高，胸襟不凡。四川的娼妓有文化者更普遍，蜀娼能文，且为薛涛之遗风。放翁客曾从蜀挟一妓回家，蓄之别室，率每日一往，偶以病少疏，妓颇疑之，客作词自解，妓即韵词对答："说盟说誓，说情说意，动便春愁满纸。多应念得脱空经，是那个先生教底？不茶不饭，不言不语，一味供他憔悴。相思已是不曾闲，又那得功夫咒你？"柔肠百转，情浓意切，言辞新奇，遂为名篇流传于世。再如四川汉州营妓僧儿，秀外慧中，善填词，宠爱她的长官罢任后，僧儿为之作《满庭芳》。在杭州西湖，曾有一通判闲唱秦观《满庭芳》，偶然误举一韵，将"画角声断谯门"，错说成"画角声断斜阳"，妓琴立即指出了他的错误，通判便问她能改韵否？"琴即改作阳字韵"。苏轼听到后颇为赞赏。不仅指出士大夫的错误，还能立即熟练地将名作改韵，才思敏捷，绝非一般水平。另有长沙义娼，家世倡籍，善于唱歌，尤为喜欢秦少游乐府，得一篇便能手笔口咏不置，自己手抄《秦学士词》一编。张俊的爱妾章氏，原为杭州名妓张秋，颇知书，柘皋之役时，张俊贻书嘱以家事，张秋的答书引霍去病、赵云不问家事为言，让张俊勤勉报国。张俊将其书呈上，皇上大喜，亲书奖谕赐之。其文史水平、家国情怀和民族大义，得到皇帝的赞赏和褒奖。台州官奴严蕊尤有才思通书，究达今古，因陷入政治斗争，被朱熹逮捕拷打，后遇到机会陈状而自便，应声口占一词云："不是爱风尘，似被前身误。花落花开自有时，总是东君主。去也终须去，往也如何往。若得山花插满头，莫问奴归处。"对命运的勘破以及绝妙构思，使此词竟成千古绝唱。有研究者指出：宋代歌妓是个庞大的创作群体，在《全宋词》中的女性词人约占四分之一，有名的词家词作很多。揆之于史，正是实情。

更多有文化的女子是社会上演艺界的女演员。孟元老列举了宋徽宗时在京瓦肆伎艺中的女艺人，根据名字的女性化特征，约有小唱李师师、徐婆惜、封宜奴、张三，嘌唱弟子张七七、王京奴、左小四、安娘，叫果子文八娘，等等。南宋时女艺人更多。绍兴初，路岐人之女千一姐容色美丽，善鼓琴弈棋，书大字，画梅竹，其作歌词，妙合音律，堪称色艺双绝。宋孝宗时，宫廷女艺人盛极一时，如棋待诏为沈姑姑，演史为张氏、宋氏、陈氏，说经为陆妙慧、妙静，小说为史惠英，队戏为李瑞娘，影戏为王润卿，皆为当时宫中慧黠之选。教坊有女童采莲队，民间街市有乐人三五为队，擎一二女童舞旋，唱小词，专门沿街赶趁。为了促销，官方卖酒之处都有女艺人表演，"自景定以来，诸酒库设法卖酒，官妓及私名妓女数内，挑选上中下者，委有娉婷秀媚，桃脸樱唇，玉指纤纤，秋波滴溜，歌喉宛转，道得字真韵正，令人侧耳听之不厌。官妓如金赛兰、范都宜、唐安安、倪都惜、潘称心、梅丑儿、钱保奴、吕作娘、康三娘、桃师姑、沈三姐等，还有私名妓女如苏州钱三姐、七姐，文字季惜惜，鼓板朱一姐，媳妇朱三姐、吕双双，十般大胡怜怜，婺州张七姐，蛮王二姐，搭罗邱三姐，一丈白杨三妈，旧司马二娘，裱背陈三妈，屦片张三娘，半把伞朱七姐，轿番王四姐，大臂吴三妈，浴堂徐六妈，沈纹纹、普安安、徐双双、彭新等。"讲史书者需要更高的文化水平，当时，"讲说《通鉴》、汉唐历代书史文传，兴废争战之事，有戴书生、周进士、张小娘子、宋小娘子"等。这里，张小娘子等女艺人与"进士"并列。这些职业技艺均需要一定的文化支撑，她们应该拥有不同程度的文化水平。

四　宋代女子的文化贡献

作为宋文化大发展的一部分，宋代社会涌现出一个阵容庞大的女作家群，尤以诗词创作最为兴盛。其间出现了家族女作家群。魏泰曾经称赞近世妇女多能诗，往往有臻古人者，并认为王荆公家最为出众。又如北宋中期的朝奉郎丘舜中，家中诸女皆能文词，每次兄弟内集，必联珠为乐。其女曾作《寄夫》诗，与汉代女辞赋家班婕妤、晋代女诗人谢道韫相比都不逊色，可见丘家诸女水平之高。稍后的陈襄也是诸女多能诗文。个体者犹如满天星斗。欧阳修曾盛赞早逝的女诗人谢希孟，认为其言尤隐约深厚，守礼而不自放，有古幽娴淑女之风，非特妇人之能言者，并将其与昔日卫庄姜、许穆夫人作比较，对其早逝深为叹息。其文化水平可以前接古人。

最具代表性的就是李清照（1085~1155），号易安居士，齐州章丘（今山东章丘）人，出身于士大夫世家，有"千古第一才女"之美誉。宋词以婉转含蓄为特点的婉约派，长期支配词坛，学者多以婉约为正宗，题材上侧重儿女风情与市井生活，艺术上结构缜密，音律婉转，语言圆润清丽，呈现出柔婉之美，正适合女性。文学史上认定婉约派的代表人物中，以李清照为四大旗帜之一。众人耳熟能详的《如梦令》："昨夜雨疏风骤。浓睡不消残酒。试问卷帘人，却道海棠依旧。知否，知否？应是绿肥红瘦。""绿肥红瘦"一词，当时便惊艳了文坛。其作品汇编有《易安居士文集》《易安词》，已散佚。后人有《漱玉词》辑本，今有校注、笺注本《李清照集》多种，流传甚广。

杭州人朱淑真，与李清照同为两宋之际人，年长于李清照，其词婉丽柔媚，情真意切，亦为一代名家，宋人搜集整理出其诗《断

肠集》10卷，清文渊阁四库全书收有《断肠词》（不分卷），今有
《朱淑真集》九卷等作品传世。类似的知名女作家，继李清照之后
又出现不少。如吴淑姬，有《阳春白雪词》五卷，其词佳处，不减
李易安。相传孝宗淳熙年间，"有二妇人能继李易安之后，清庵鲍
氏、秀斋方氏。方氏即夷吾之女弟，能文笔，极有可观。清庵即鲍
守之妻，秀斋即陈日华之室。"南宋前期的户部侍郎徐林有一妹妹
能作诗，风格不像妇人女子所为，其笔墨畦径，多出于杜子美，风
格清平冲淡，萧然出俗，自成一家，平生所作之赋尤为精妙，有诗
集传于世。其艺术成就接近当时最著名的诗人陈与义、吕本中，正
所谓巾帼不让须眉。这些事例说明李清照不是偶然现象，而是有着
雄厚的群体基础。

　　历史事实表明，宋代女作家的数量超过了前代。一个朝代出一
两个才女作家不稀奇，但如雨后春笋般的作家群崛起，就非同寻常
了。先秦至隋唐，有作品流传的女作家总共不过33位，较为有名的
仅有汉代的班婕妤、卓文君，三国时的蔡琰，晋代的谢道韫，唐代的
薛涛、鱼玄机等。而宋代有女词人近90人，女诗人200余人。宋代
女作家群体性崛起，既是我国女性文学史上量的剧增，更是质的飞
跃。最具历史意义的是，以往女作家多系上层人物，以词为例，唐五
代之际只有个别后妃、艺妓能词，而宋代大为普及，官私娼妓能作
词、出口成章者所在多有，且多有诗词大家。她们不但是宋词的主要
演唱、传播者，也是不可忽视的创作者，为宋代文学的繁荣做出了重
要贡献。以李清照为代表的宋代女作家及其作品，为中国文学史上一
座郁郁葱葱、山花烂漫的奇峰，也是中国女子文学的古代高峰。宋代
绘画为我国美术史上的高峰，其中也有女子的贡献，出现了一些著名
的画家。宋徽宗《宣和画谱》中，就有女画家的一席之地。除了前文
提及的宗妇曹氏、魏王頵妇、魏越国夫人王氏外，还有宋初的童氏，
所学出王齐翰，画工道释人物。童氏因其为妇人而又能丹青，故当时
缙绅家妇女，往往求其写照。不过其画作后大都不知所终，当时宫中

有其藏画《六隐图》。宋人邓椿记载了六位宋代女画家，均为当时的丹青高手：崇德郡君李氏、和国夫人王氏、著名士大夫文同之女文氏、著名画家章友直之女章煎、官员画家任谊之妾艳艳以及官员陈经略子妇方氏。现存艳艳工笔画《草虫花蝶图卷》，是中国女画家存世图卷中年代最早者。上海博物馆 2005 年以 275 万元拍得，创下了古代女画家作品的最高拍卖纪录，2013 年在上海的展出轰动国内美术界。宋代女性画家的绝代风华，光耀古今。

家庭是人生的第一课堂，乃教育之根，父母则是孩子的第一任教师。这是现代理念，在古代没有幼儿园、蒙学不如现代普及的背景中更是如此。其中，全方位、全天候的母亲养育的作用更大。有文化的母亲成为宋代教育不可或缺、不可替代的有生力量。对于母教的作用，宋人十分重视。司马光认为为人母者，要做到不患不慈，患于知爱而不知教。皇帝也不失时机地予以大力表彰。如六岁举童子科的贾黄中，后来成长为参知政事时，宋太宗特意召见其母王氏，称赞其为"真孟母"，并作诗以赐之，颁赐甚厚，贾黄中去世后，宋太宗亲赐其母白银三百两。状元出身的苏易简任参知政事时，宋太宗也召见其母薛氏入禁中问其是如何教子的，薛氏说在苏易幼时则束以礼让，长则训以《诗》《书》。皇上誉之为孟子的母亲，表彰她在培养儿子成才方面的功劳。宋代涌现出许多教子有方、教子成才的"孟母"，有关事例，俯拾皆是。母教往往始于胚胎之时。北宋末年余姚人莫氏，自少小知书，长期作诗论文，如慧男子。嫁给士人后，与其夫常以文字相磨切，甚自乐也，（怀孕时）夫妇危坐相对，多诵经史，用古人胎教之说，后来生子取名沂。沂生来便资性敏悟绝人，督教之甚严，客过其门，常闻诵读讲演之声。其子未成年就试补太学为选首，绍兴五年（1135）考中进士。从胎教抓起，儿子后来金榜题名。有一夫人吴文刚聪悟知书，重视早教，生子后，子稍能言，吴便日置膝上，授以方名六甲，稍大后则教以《孝经》《论语》，间为说古今易晓故事。二三岁就抱着坐在腿上，面对面教东西南北四方位和《六甲诗》。宋初汝南周氏"晓音律而尚雅声，善丝竹而精琴瑟，习《孝经》而宗玄言"。她早年守寡，四子皆幼，夫人提携教训，亲授经书，及其出就外傅，早已通晓《孝经》《论语》，教育其子学前就熟读两部经典了。以上都是早教的事例。

北宋前期的福建人谢伯初之母，好学通经，自教其子。谢伯初少以进士中甲科，以善歌诗而知名。连欧阳修都说乃知景山（谢伯初）出于瓯闽数千里之外，负其艺于大众之中，一贾而售，遂以名知于人者，系其母之贤也。非但教子成名，其女谢希孟也成为深得欧阳修赞誉的诗人。著作佐郎知司农寺丞事俞充之母，继承丈夫遗志，夜以继日地教诸子读书，使其毋堕先人之志。太原王氏夫人为人明识强记，博览图籍，子孙受学，皆自为先生。子孙两代的最初教育都是她亲自担当的，投入了大量的精力。王旦的长女守寡后，当时诸子皆幼，夫人课以诗书，天天让他们诵习。张氏夫人日夜课诸子学，虽女子辈也同意勤诵、习翰墨，奕奕可观。长安人水丘氏，幼时闲女工，知声音，读书能言其义，诵佛书，训诸子学，三子皆有学有行，后人都以其为衿式，即成为教子有方的榜样。彭城县君钱氏教子，"手缮经籍而授大义，渐劘诱导，至于成人"。自己抄写经书、讲解大义，诸子皆成才。一官员夫人王氏，家虽贫困，但未曾让自家孩子忧虑过读书的问题，"尽使努力为诸生，以旧所忆众书，手抄教督，夜分犹课，厉众子严惮若师"，没过多久，子皆明习经学，轩然著名。大观初，三子同榜均为上舍生，地方政府因而表其闾曰"椿桂"。居然凭自己的记忆默写诸书当作孩子的课本，亲自讲授，终使功成名就。金氏夫人喜读书，善笔札，诸子皆受经于夫人，未尝从师，其子千之有学行，得到了士大夫称赞。陈尧叟的孙女幼时便聪警，知书史，教其子以经史文章法书及近代名人善言懿行，以资其学，久益不倦。范氏夫人从小便喜读书如成人，出嫁后又教诸子《论语》《毛诗》，皆其口所指授，其诸子易以立。彭氏夫人"有贤操，喜读书，尤熟西汉史，能言二百年间君臣理乱、成坏之故。燕居如斋，据一室，列群经于前，诸子以次受业。日夜镌切，凛如严师之坐其旁，已中程，然后解颜一笑"。于是缙绅皆叹慕，认为教子者当以宜人为法。虽是慈母，宛然严师。周必大夫人庄氏聪敏高洁，女工、儒业、书算，无不洞晓，她的丈夫是学官馆职，常与其商论古今，手抄经史，晚上则教儿读书。戴氏夫人自幼聪颖好学，协助丈夫严教后代，丈夫教子甚切，太夫人助之。始学，则教之书，手写口授，审查其子的句读音训，稍长则期以远业，朝夕诲励，自己"抄录自古人言行、前辈典型与夫当今事宜，班位崇卑，人物高下及民间利病休戚"，大致都能说出来，诸子从容侍旁，议论往复，孜孜不倦，教孙如教子，童幼一多起来便群嬉如同市集，但是夫人正襟危坐于堂上，让其读书作字，无敢不谨。全方位的教学课程，正规性不亚于学堂。以上列举的母教，有的是开蒙教育，有的是举业教育，也有的是学问教育。她们的文化水平至少与专职教师相当。

宋代许多彪炳史册的文豪能臣，多与母亲耳提面授的教育密切相关。如首以词章擅天下，为时所宗的西昆体领袖杨亿，刚能言时，其母便以小经口授，随即成诵。参知政事、著名学者宋绶，母亲亦知书，每天都亲自教诲，以故博通经史百家，文章为一时所尚。参知政事赵概的母亲，幼时敏悟，闻人诵诗书，一过耳不忘，七子皆举进士，轰动一时，赵概最小，自初能言，夫人便日自课以书，使调四声作诗赋，十七岁举进士，二十四年，公登甲科。文坛领袖、著名史学家、参知政事欧阳修，四岁父亲就去世了，母亲郑氏发誓守节，亲诲之学。千古流芳的苏轼，十岁之前其父苏洵游学四方，母程氏亲授以书，闻古今成败，皆能举其要，夫人喜读书，皆识其大义，苏轼、苏辙幼时，夫人亲教之，并时常告诫他们读书"勿效曹耦"，不要为了名气而读书，每每引古人名节激励他们，既有智育，又有德育。宰相贾昌朝，少时父亲就去世了，母亲便每日教他，自经、史、图纬、训诂之书，无所不学。"中兴贤相"之首赵鼎，四岁便没了父亲，母亲便教他读书识字，其母通经史百家之书。宰相、南宋文坛盟主周必大，少时父死，由母家养育长大，母亲常督促他的课业。

她们给孩子的不仅是母爱，更是智慧，使之首先赢在了人生的起跑线，要么成为千古流芳的文豪，要么是青史留名的大儒，要么是权倾一时的执政大臣，张扬着母爱的伟大与母教的卓越。授课亲炙之外，母亲的间接教育更多，突出的例子即二程之母。程颐回忆他的母亲好读书史，博知古今，程颐兄弟幼时，夫人勉之读书，常在书上做笔记，写一些自己的感悟认识，饱学的母亲时时言传身教，勉励儿子读书，同样取得巨大成功，为中国哲学培育了两颗耀眼的巨星。更多的母亲并不直接授课，而是聘请专业教师。如张氏夫人本有文化，尤其喜教子，并为"其子聘明师，徕益友，延名胜，宾客辕集，川至林立，讲习洋洋"，为教子投入大量的财力和人力，创造优良的学习环境。

母教在宋代是一个普遍的社会风气，尤以东南地区风气浓郁。洪迈曾提过"七闽二浙与江之西东，冠带《诗》《书》，翕然大肆"，"为母妻者，以其子与夫不学为辱"。可以说，宋文化的大发展离不开母教。有文化的母亲因而成为优生优育的历史典型，她们日常的默默之功，难以估量，却不可磨灭。一个才女再伟大，作用毕竟有限，但成千上万个有文化的母亲，作用就大不一样了。才女所做的是文化贡献，文化母亲所做的则是对民族的贡献。

结　语

宋人认为女子与男子一样应受教育，有文化的女子可以协助丈夫"齐家"，乃至维持家庭，故将文化水平作为贤妇应具有的素养。因而女子教育勃兴，学堂教育、家庭教育、自学成才等方式并行，无论士大夫还是平民家庭，有文化的女子比较普遍，且受社会尊重。即使下层妇女如娼妓，也普遍有文化，有名的词家词作很多。其杰出者，或多才多艺，或善于诗词文章，或精通书法、音乐，其卓越才识、渊博学问，接近乃至超越士大夫。但其才艺大多只是孤芳自赏，不愿或无法展示，更谈不上充分发展。即便如此，女作家群的出现，仍呈现出历史上前所未有的繁荣景象，诗词、绘画佳作异彩纷呈，成就了许多文坛佳话，更为传统文化增添了兰心蕙质的别样芬芳。宋代出现大量的紫姑女仙作诗的记载，其实是对当时妇女文化水平提高、崭露头角的反映。女性大家也首次在文学史上闪亮登场，以李清照为代表的女子文学水平，位居宋词顶峰。

她们不畏艰难困苦，勤奋学习与创作，是宋代妇女自立自强的表现，也是宋代女性自我意识苏醒的反映。如朱淑真的女子"弄文诚可罪，那堪咏月更吟风"，是对礼教轻视女性的控诉；"娇痴不怕人猜，和衣睡倒人怀"，则是对爱情的大胆追求。她们的内心深处渴望在社会上拥有一席之地。其智慧从思维空间倾泻到纸面，播撒到社会。更具普遍意义的是，诸多具有文人气质的女子，用智慧重新诠释了母爱，孕育并教育出一代又一代的英才，为宋代文化大发展奠定了人才基础。

宋代知识妇女以多种方式作用于社会，对于提高整个国民素质、传承文明均有积极意义。中国历史上没有哪一个朝代的妇女能够像宋代妇女那样，为自己时代的文化做出如此重要的贡献，也没有哪一个朝代孕育出像李清照那样的女文学家。之所以在历史上如此独特，就在于宋代女子整体文化水平的提高。

延伸阅读

邓小南主编《唐宋女性与社会》，上海辞书出版社，2003。

程民生：《宋代人口问题考察》，河南人民出版社，2013。

蒲慕州主编《礼法与信仰——中国古代女性研究论考》，(香港)商务印书馆有限公司，2013。

彭勇，1970 年生，中央民族大学教授，博士生导
师，历史文化学院院长。2004 年于北京师范大
学获历史学博士学位，兼任中国明史学会副秘书
长等。主要从事中国古代史、明清史的教学与研
究，发表论文 70 余篇，出版专著《明代班军制度
研究：以京操班军为中心》《明代北边防御体制研
究：以边操班军的演变为线索》《明代宫廷女性
史》《明史》等。

制度·秩序·命运：谈谈明朝人的二三事

彭　勇

　　我们研究传统制度史，可以像传统的老派的学者那样，去做他所理解的这种制度史，他可以咬定青山不放松，一直执着地去做他的研究。而对于我们这样稍微年轻一点的学者，也在思考传统制度史的时候究竟该怎么去研究？这是最近一些年我思考的。当下还有一个问题，就是我们做这种自认为是传统制度史的时候，别人也这么认为的，却经常会遭受别人的一些批评。我记得去年在参加某次研讨会的时候，有学者就说，你们谈国家治理，"治理"这个词本身就是一种不平等的概念，什么中央、什么对地方的这种治理管控等等，是不公平的。所以我们也会反思，如何做到让制度史研究要有趣一点，好玩一点，需要转换一下角度。其实我们在做传统制度史的时候，也有很多有趣和好玩的事情，只不过对于我们研究的一些制度史面上很多重要的东西，往往会忽视了很多有趣好玩的小东西，其实它是很好玩的。我记得，有一次和导师顾诚先生聊天，顾先生说我这年纪也大，跑图书馆写一些大课题，精力不一定行，但是我手上存了好多有趣好玩的东西，我可以写读书札记，像王春瑜先生一样写札记。我想，我能不能写的也稍微有趣一点，于是就找了一些稍微有趣一点的故事，叫"谈谈明朝人的二三事"。

我这个题主要是讲三个人的故事，一个叫赖天祚，一个叫裴应章，还有一个叫柳同春。我是想通过三个人，讲三个问题：第一是制度与命运；第二是制度与秩序；第三是秩序与命运。或者说是以三个人为话题和由头，来解释在明朝的时候，国家制度的设计，制度的运行，从主观设计上是为了社会秩序的稳定调试，但是它最终改变的是一些人的命运。从个人角度来讲，很多时候个人的命运因为地方秩序的改变，因为制度的变化，可能也会带来天翻地覆的变化。所以基于这样的思考，我选了三个人的故事。这三个人大家都不一定很熟悉，但是他们背后的重大的事件，我一讲，大家就清楚了。所以，围绕这样三个人来讲，希望讲的故事和制度会有趣，但是讲着讲着可能就又没趣了。

讲故事之前，需要有一个中心思想，需要有一个主体灵魂，先交代一下。我所思考的就是，既然我们要谈帝制中国的社会治理。社会治理和从帝制的话题来讲，首先它是一个政治史，又是一个制度史的话题，社会治理可以说是一个社会史的范畴。在这样几个范畴内来去找话题，我们可以理解为本文所讲的故事，是传统中国制度史或者是明朝制度影响之下的社会史。因为无论是制度还是设计，无论是研究的对象还是治理对象，都是以人为中心。我为什么强调这个人呢？是因为我接下来还会再展示一些材料，就是现代人认为传统制度史的研究，它不断地走向深入的一个重要的标志是，制度不是仅仅就制度本身而谈制度，治理也不是在仅就治理体系来谈治理，而是要以人为本，离开了人来谈制度设计，实际上是没有太大意义的。

从制度史层面来看国家制度设计和社会治理的问题，这也是我最近这些年在思考的问题。我们知道传统的制度史研究，是从自上而下的一种制度史。现在强调"制度设计"，我最近六七年写文章，比较喜欢用这个词，也是因为最近我也在思考，确实从国家制度层面上看，比如现在我们讲"顶层设计"，什么基层社会治理等等，这样一些看似偏重于政治学领域的一些词语，我们是稍微借鉴了一下来解释历史问题。但是，总的特征来讲，是一种自上而下的制度设计、治理理念。

我们知道，有一种"自下而上"的制度史研究方式。作为制度下、被统治的人，人的存在，任何一种社会的人都是在一定的社会组织内，而国家是社会组织的最高形式。所以，另外一种研究选择的方式是自下而上的制度史研究路径。实际上，无论是传统制度史研究还是新制度史研究，或者是借鉴历史人类学的制度史研究，关注点都应该是双向的。我在这里列出了一本比较有代表性的、最近卖得比较火的一本书，是宋怡明的《被统治的艺术》，这里有中文版和英文版的封面。这本书讲，作为卫所制度之内的个人，他的命运是和国家的制度运行制度设计息息相关的。我在这特别打上两个关键词，一个是"如何玩国家"，传统制度影响之下个人的命运，如何把握？在经济学上，有一种说法"要用足政策""用够政策"，比如偷税、漏税是违法的，但避税是不会受到法律惩处的，是利用规则上的一些漏洞，或者说它在各个环节之间、衔接中的不是很缜密的地方，或者是它本身并非十全十美的制度，一个人面对于制度对自己的束缚约束和要求，想到的是如何去玩国家制度。这当然只是一种很通俗的表达。宋怡明讲的另外一个关键词叫"套利理论"，所谓制度套利，其实在中国以前就非常多，像我们知道的是计划和市场经济并行的"价格双轨"时代，就是在利用价格的规则从中获利，用制度设计本身所存在的，在一定时所存在的问题来获取利益。换句话来说，国家在一个时期设计某一项制度，处于制度之内的人的命运，在他所生活的空间里边，应当如何体现出来？

类似的研究，大家比较熟悉的，还有刘志伟教授在一个访谈录里所讲，叫"走进乡村的制度史"。关于走进乡村制度史的研究，他特别提到，他和郑振满先生他们研究的差异。他说，制度在不同地方的社会史中也是有区别的，刘志伟教授认为他研究的广东地方社会，研究的广东人，这样一些群体和他的社会秩序，和郑先生研究的福建莆田是不一样的，为什么不一样呢？因为他说福建莆田从宋元时代一直以来，已经是王朝国家的重要部分，研究这个地区更多会关注年轻时期的动力是如何冒出来的，因为已经是王朝国家的一部分了，你只能看王朝国家在这个地方的制度设计，它的秩序构建，已经有了秩序的构建。福建莆田这个地方的基层社会，他更多的是看地方的动力是如何冒出来的，也就是说地方是如何看宋元一代的国家体系之内它的应对。他说，他自己的研究就不一样了，因为广东这个地方这个时候，所面对的地方社会是没有国家的，然后看国家怎样被当事人以自己的方式拉进来的。"如何把国家拉进来的"，该怎么理解呢？我举一个简单的例子，像我在民族大学关注民族地区的历史问题，民族地区它会有一些变乱，本来明朝在对西南地区采取的是土司制度，是一种高度的相对的民族区域自治，会使用土司官。可是土司之间内部打起来了，必要的时候中央王朝要出手去干预，干预完之后，还会给他们派去流官。但派了之后发现，因为毕竟当地是边疆民族聚集区。流官过去后，发现不太适合，中央又撤回流官，会出现了"改流为土"的情况。在西南，不少民族地方，都不是说改土归流的单线，而是"改土归流→改流为土→再改土为流"这么反复的过程。为什么会有这样呢？按照上面的一句话去理解，就是土司、地方、族群他们内部的变乱影响到了地方的社会秩序，影响到了国家统治的稳定。这个时候，他们的行为把国家给拉进来了，这个时候的国家，在这个地方就会有清晰的体现。

这样的自下而上的关注制度史研究是很有趣。其实，传统制度史研究者也在探索，我最近就在宣传我对于传统制度史研究的一些理念。首先，我们传统制度史研究，要把制度的基本属性搞清楚，你搞不清楚基本制度，谈制度运行、制度下的人和事，等于就是盲人摸象。其次，要去做制度的运作，它的实施、它的体制，它的一些具体执行和变化，等等。再次，我们特别关注的违反制度的行为和处理的方式。最后，对制度设计的理念、观念、文化和思想等等。昨天我特别注意到了，阎步克老师他也提到了，他说：我研究制度史，很注意制度背后的一些观念。就是讲到一种制度的文化和理念在里面，因为它是一个思想体系。这一点是我们做传统制度史时，也必须注意到。所以基于以上种种思考，我接下来讲的几个故事，其实还是我在研究传统制度史的范围内，结合我最近几年发表的文章，从一些人开始去讲，一些有趣的故事开始去讲，最终还是回到传统制度史的关注领域。

一　赖天祚：制度与命运

现在，我们首先来看第一个故事。第一个故事是赖天祚的故事。这个故事我想给大家解释的是，一项国家制度的出台、实施和运用，对一个人来讲或者是一群人来讲，他的命运会因此而改变。这篇文章或者这个人的故事，出现在我的一篇叫《卫所制度与边疆社会》里，文章的最后，写了边疆官员的精神世界，分析他们的精神世界，这好像不是研究制度史的常见路数。可是，我写到这里，真的被赖天祚的故事和他儿子赖道济的故事感动了。

我们首先来看赖天祚究竟有什么样的故事？赖天祚和赖道济是父子俩，赖天祚是一个很卑微的官员，做官非常小。他的故事今天能够被我们所知传下来，是得益于他的儿子赖道济。在他死了之后，他的儿子为他做的一系列事情，感动了很多的人。赖道济请了一个叫徐世雄的，给他的父亲写了这一个墓表。赖道济因为他本人的事迹也非常感人，他老爸的事迹很感人，就一起留下来了。

赖天祚的故事，因为用的材料比较多，我就简单地说。赖道济的父亲赖天祚，小时候就开始参加科举考试，但是老是考不中，考不中之后就放弃了，放弃之后，先在布政司里边当个小吏，当吏之后就参加考试，考试时，因为他本人在处理公文方面才能很出众，所以授予直隶沈阳中屯经历一职。这里特别注意，被授予沈阳中屯卫，任职经历。接下来，材料讲他在沈阳中屯卫做经历官的经历，说当地出现了灾荒，他父亲想办法救活了很多人。后来。由于赖天祚的继母死了，他需要丁忧回家，三年之后，后来再改派新职。中央给他补缺，又到了四川宁番卫，又待了两年，这两年也干了不少好事。本来，当地还要想打报告提拔他，但是没有得到批准，就病死了。他的事例从史料记载来看，相对比较简单。

此外，我们还找到了更为详细的记载，赖道济和他父亲的故事，在这里更为感人。材料的前面，讲赖天祚的简单经历，说他是福建宁化人，夸了他一番。接着说，道济的父亲在沈阳中屯卫的经历，后来又移到了四川行都司，离家有 17000 余里。这是我今天要给大家讲的一个关注点，他是一个福建人，刚开始是在沈阳中屯卫。因为他的继母死了，他要回家丁忧三年，三年之后，后来又改派到了四川，离家有 17000 余里，这里涉及古代官员的避籍制度问题。父亲死了之后，碰到了当地的叛乱，所以他死的消息过了一年才送到老家。赖道济，就是他的儿子，听说父亲死了之后，就决定要把他父亲的遗体运回福建老家。这是一个值得我们关注的点，他把家里的家产给变卖了百金，留下一半赡养他的母亲，剩余作为路费。他披荆斩棘一路到了四川大凉山，这时路费已经花完了，但他还要把他父亲的遗体去带回福建。这里，又涉及一项国家制度，按照国家规定，凡是官员在边疆地区任职的，死了之后要给加俸一级，如果死了的话，还会有国家来给他们发丧。于是赖道济去找当时的布政使司和按察使司官员。四川地方最高行政长官听了他的故事，就非常感动，更有让感人的故事，是成都当时有一家很富有的官宦之家叫罗一元，因为年老无子，看赖道济很有雅洁，又很有才华，想把自己的爱女许给赖道济。但道济坚决不同意，说现在还处于父亲的丧期，自己还守孝在身。继续很感动的事情，就是当地官商给他资助了一些钱财，他最终返回到了福建的老家。

我们继续往下看。首先看赖天祚，他的任职是卫所经历司经历，任职地点是四川行都司，也就是今四川大凉山地方的经历官。经历是文职流官，是由礼部来统一选授，只有从七品。内外诸卫设经历，就是说凡是明朝的卫所，都要设一个经历，但他的品级是很低的。他做什么事情？"机务之缓急，钱谷之出纳，戎器之除治，切文书之往来"。好，这样我们就清楚了，在卫所这样军队的武职系统里，要派文职官员、文职的流官来帮助他们处理文书，这一点是可以理解的。因为明朝的军户世袭，军官世袭，这批人主要靠军功起家，文化水平一般都不高。我们可以想见，在一个卫所里，靠一个专职文员去帮助处理文书，但这里面的官员都比他品级还要高，又是在这个边疆地方生活的武官群体里，这个官就非常难当了。赖天祚干的就是这么一个官。

我们再来看一下，赖天祚的家就是福建的宁化府。在地图上的显示比较清楚，沈阳中屯卫并不是在现在的沈阳，明朝以沈阳某某的名字，顾炎武曾经统计过，有很多个，沈阳中屯卫是在今天的河北，从福建到这里已经足够遥远了。他在沈阳中屯卫当了八年经历，帮助协助处理文书，他丁忧在家待了三年之后，中央又把他派到西南去宁番卫。赖天祚是个低级的官员，我们从这个材料上可以看出，赖天祚在这个地方当官的时候是没有带家属的，他的儿子、妻妾还都是在福建老家的，这一点在明朝历史上是常识，因为明代的官员俸禄非常薄，俸禄是不足以让他养家。明朝的这种流官，三品以上可能还行，一般到五品的时候，带家属养活起来都是非常困难的。

　　赖天祚是一个人到了四川去的，这是毫无疑问的。我以前写过一篇小文章，专门谈明代士大夫的润笔，明代的官员纯靠自己的工资收入是很低得可怜的。那时候人一天就吃两顿饭，吃的也不太好，所以一到晚上的时候，只好把自己的腰带弄得紧一点，太饿，醒来的时候饿得不行，打个喷嚏就把腰带给弄断了，写首诗嘲笑自己。像于谦这样的清官，在他的诗文集里面写过好几首叫"寄内诗"，是寄给他内人的诗，就是给他夫人的诗，他一再向夫人道歉，在地方做官的时候，因为收入低薄，让夫人和孩子受苦了。这个时候我们可以看出，通过赖天祚本人的经历，也可以看出明朝官员当时的状态。

　　赖天祚作为外地人，到了这个地方之后生活很不方便，生活下来是很不容易的。前几年，我们到那里去考察，接触到一个据说是明朝迁徙并定居到这里生活的人。我们在当地收到一份族谱——《罗氏宗谱》。罗氏是个军人，他的祖上罗隆泰，是浙江省金华府金华县海门桥豫明乡的罗家庄人。因为是一个军人，他就要世代扎根在大凉山地方，他到了这之后，已经年过半百，还没有生儿子，因为军人要世袭，却没有儿子。中国人讲究"不孝有三，无后为大"，他迟迟生不了儿子，生不了儿子压力就很大，那该怎么办呢？在家谱里面记载说，他"发心向善，修竖瑶厂、镇西石桥一座，感应上苍，不数年而凤凰是占，麒麟忽降，生了一个儿子，名命硕大"。后来他又捐了两座桥，又生了两个儿子叫硕二、硕三。从此以后，老罗家就世代生息，繁衍枝繁叶茂，就在这扎根了。在四川行都司的文章发表之后，我又到贵州去做田野，发现在当地还有一家族谱里边，讲的故事高度相似，也是捐资修桥，生了儿子。可能是因为桥是一种公共产品，是一种公益活动。修桥公益的行为，感动了上苍。这种修桥的故事它不是个案。在罗氏宗谱里，它的祖训很有意思，"做祖宗的好后裔，做民族的好英雄"，这是 20 世纪七八十年代修的族谱，"为国家的好百姓，当社会的好公民"，这是生活在边疆社会里的群体，他们家训的传承。它也告诉我们，迁徙到边疆的百姓后裔，他们生活的观念。

作为一名文官的流官，他是不是可以选择不到大凉山地方去做经历，或者是不是可以不当官呢？在当时已经有一些官员会做出的选择，不当官。但他选择了当官，既不能带自己的妻子和儿女，同时自己一个人在那一个很贫穷的边疆地方，究竟是出于一种什么样的精神追求和理念呢？所以在这里，我们要注意一些现象，还可以继续再去思考，比如说买地券。关于买地券的问题，对前代的，学者研究了一些，唐代、宋代更早一点的研究比较多。在明代，四川包括四川行都司也保留下来一些买地券，我注意到有大部分是军人的后裔，是一些生活在卫所里的人留下来的，反映了异域他乡的军人的精神追求。另外，刚才讲到了罗氏在婚姻、生育等方面的压力，也是精神生活的体现。

试想，在明朝的国家边疆治理中，在边远的地方设立了一个四川行都司，行都司在和少数民族的集聚区交错在一起，派出去的又是一个很低品的文官，在帮助他们去处理一些卫所的行政性的事务，把这些几个因素放在一起，你可以看出国家为了边疆秩序的稳定，他们会做出这样制度上的设计，对参与其中的个体是有很大影响的。在边疆社会，有汉族移民群体，他们在扎根边疆地区的同时，会留下一些祖先的一种记忆。对赖天祚这种流官来讲，他面对的制度设计，是中国古代的回避制度。就明朝这种避籍上的规定，你会看出它的这种大规模、大范围回避行为，一直在长期执行。至少通过赖天祚本人的种种经历，可以看出回避制度对官员的意义。

　　面对这样的制度，我们特别感慨，这是一种"只见制度不见人性"的规定，多少让人感觉制度的无情，而身处于这一制度中的人，注定要饱受物质和精神生活的双重考验和折磨。那么，是靠什么来支撑这些文官在这些地方坚持下来，甚至像赖天祚这样还能做出来一些事迹的？那个时候的官员之间，他们会留下一些诗歌，互相期许，互相鼓励和支持。我们可以想一下，当初赖天祚在沈阳中屯卫的时候，属于京津冀核心圈，后来，就一下跑到了大凉山，心理上的落差肯定是很大的。还真是有不少这样的官员，这些官员他们之间会有一些诗文唱和，我们可以借此来分析他们的精神世界。

　　这是赖天祚的故事，由于明朝的卫所制度和官员的回避制度，带来官员大面积、大范围的调动，给赖天祚的命运带来了很大的变化。当然，对于国家来讲，是需要有这样的官员的。

二　裴应章：制度与秩序

　　第二个故事讲的是裴应章。这个人也是个官员，临死之前是南京礼部尚书。对裴应章这个人，我是想以人的故事讲制度与人的关系。裴应章的经历是，1536 年出生，隆庆二年的时候，即 1568 年，就是 32 岁的时候考中进士。考中进士之后，成绩还不错，就留在京城里的行人司做行人，负责文书工作；还任兵科给事中、吏科给事中等这样一些进士中的比较精英的群体做的事情，他们会直接参与到国家政务的运行当中去，地位并不算低。

　　据史料记载，万历十五年（1587）一次廷议中，发生了一件重大的事情，当时做出的决定是，大家都说必须有裴应章来出面处理，才能够安定局面。安定什么局面？裴应章的故事，我们就从他上奏的一份奏书《军情关系重大疏》开始讲。什么"军情关系重大疏"呢？裴应章上的一道奏疏，说这个地方涉及军事民情关系非常重大，究竟是什么样的重大军情，让朝廷内外一致认为，只有裴应章能够出面去解决呢？这就是讲到在万历十五年，湖北发生了一场兵变，这场兵变是当地军人和当地的百姓发生了严重的冲突，相当激烈。据当地的一位叫李材的巡抚说，军营里发生了鼓噪，影响很坏，希望能够宽大处理军人。李材说，郧阳府的学生和郧阳县的学生惑于风水，"欲将分守参将驻扎旧设行都司公署议改学宫，一时军众思系本管衙门，忿激噪呼，将首议数生住屋一并毁打，以相酬对，致乖法体"。就是这么一个军民冲突事件。这个事件的导火线是府州县学的学生想把人家军队的行都司的办公场所改成府县的学宫，军人不干，就打起来了。这种军民冲突，因为涉及军政和这打学生的军人或军人子弟。按明朝的规定，进入到府州县里的学生，他们都是有一定政治地位，是可以免除徭役的特殊群体了。把这些人给打了之后，又加上是军民冲突，就酿成了一场事变。

我们再来看一段材料，就比较清楚这一事件具体的原因和经过了。据万历《郧台志》载：

> 万历九年罢镇，并裁行都司，置参将镇其地。参将客官仅以事权弹压，而官军袭替钱谷收支，仍归湖广，往复二千里，卫所多苦之，且独任专城指顾惟意。十一年，都御史张公国彦条上议复，不果。已，参将米万春稍短长其间，遂成丁亥之变。丁亥之明岁，都御史裴公应章抚定诸军，疏革参将，复行都司如故，置中军，标下兵三百名，请以管操，都指挥带管中军事务。

裴应章曾在兵科做给事中，并不仅仅是管军队的这一件事，他管的事情还比较广，能够从中央制度设计的全局高瞻远瞩，可能看得更远了，分析问题更透彻。以官员们平时的了解，就说只有裴应章过去处理。在裴应章过去之后，"抚定诸军，疏革参将"，他提议把参将一职给革了，然后复行都司如旧，注意其中"都指挥代管中军事务"一句，说还要有都指挥使司来代管中军事务，原来讲的是叫"参将客官"，以参将来管理不行，因为它是"客官"，是派来的流官，不是本地世袭武官，必须让都指挥使来代中军的事务。这个地方就涉及明朝的卫所制度的运行和营兵制的运行，那就是军事制度运行时，当时在地方已经有卫所体制和营兵体制同时在运行，两套体制是在运行的同时，还有一套民政系统，也就是军民之间的冲突。所以，明朝在郧阳这个地方涉及三套的管理体制。由于行都司制度被裁撤，带来了他们没有注意到的地方秩序的变化，最终导致了一场军事政变。

那么，导致兵变的湖广行都司是怎样的一种制度，它的变化会引起这么大的冲突？在郧阳府的地图中，我们可以看到陕西布政司、河南布政司、湖广布政司还有四川布政司。秦巴山区是四省交界之地，在这样的四省交界之地，该如何管理？反映在国家的制度设计上，在稳定地方社会秩序上，经过了很长时期的摸索。当荆襄流民发生之后，为了稳定社会秩序，就设立了一个行都司，设立了郧阳府，还有郧阳县，把河南的南阳府，陕西的西安府、汉中府，四川的夔州府，湖广的荆州府等四省交界之地重新整合，设立了一个特别的行政区，叫"郧阳抚治"。在这个新的政区里，有郧阳府，有湖广行都司，有郧阳府和郧阳县等，以及新设立几个卫所，力度比较大，管理系统和关系都比较复杂。

这样的制度设计，就是综合考虑到了秦巴山区这个地方比较特殊的地理位置，和原来的一些军民关系。原来是什么样的军民关系呢？荆襄流民是我们学习中国古代史本科、中国古代史通识教材必讲的，荆襄流民的性质是非常有意思的，吸引了不少学者关注。对这个地区的管理，我们再来看一下地图，郧阳府处在四省交界，原来这个地方的主要区域是归湖广布政司和湖广都司来进行管辖，到了明朝中后期和清代前期，湖广的管理就发生了比较大的变化，因为它的地方太特殊了。明朝只有十三布政司和二直隶，十三布政司相对来讲管辖的地方比较大，湖广管辖的地方是非常大的，而南北之间的情况地区差异又非常大，在它的最北边的就是郧阳。明朝建立之初，把秦巴山区的人全给赶出来了，因为当时当地的人口比较少，赶出来"空其地"。问题是，人赶出来之后，这个地方有山有水的，自然资源很丰富，随着社会的不断发展，陆续有不少流民就又跑进去了。据统计，到成化初年时，荆襄流民的构成来源有七八个省、上百万人之多，明朝一次一次地派军队去镇压，镇压不下去了，最后没办法了，设立湖广行都司，局面很快就安定了下来。

中央在对地方秩序进行稳定的时候，它究竟用什么样的制度？是经过较长时间不断去摸索的，这种制度设计之后，本身对社会秩序的稳定有没有效？比如在裴应章之前，曾经有过三任巡抚，都没有治理好，三年换了三任，地方还是乱七八糟的，最后换到了裴永章，最终解决了。当时，朝里的官员，推选裴应章治理郧阳和湖广行都司，看来他有他的能力，这就是朝廷通过廷议推出来的。裴应章做郧阳巡抚，他采取一些措施，上报中央的时候，朝里的这些官员也会去支持他。他的一份奏书叫《定天下疏》，"天下"指的就是秦巴山区这个地方。他说"故臣谓今日复行都司，其便有五"，他说了五个方面的情况，其中主要是两个方面。第一个是"体统相维""臂指相使"，指的就是军事系统、民政系统。军事系统中世袭的都指挥系统和流官的参将等这样一些已经形成了原来的制度系统，那就应当按照这个系统去做事，不要出现跨系统的、互相影响的弊端。第二个是卫所的官军士气弊病等，你让军队系统管军队的，让民政系统管民政的，不要互相插手，这样一些弊病也给免了。行都司是省级的军政单位，从明朝初年的设湖广省级机构，原来是湖广布政司和湖广都司的两个省级单位，到了明朝后期的时候，同一块区域出现了五个省级的单位，这是很值得我们去思考的。像湖广的东南地区设置偏沅巡抚，其实为了解决湖广的南部和贵州这样一些民族地区的秩序的问题，这也直接导致了后来的湖南建省。所以中央派出了裴应章，裴应章请求恢复湖广行都司建制，可以看出中央在做制度设计的时候，要充分地考虑到地方秩序的稳定，而地方秩序能不能稳定，在某种程度上是和官员治理能力或者说理念是密不可分的。对人数更多的荆襄流民来讲，有一个官员来帮助他们去说话，最终能够得到中央的同意和批准，也是流民之福。裴应章的奏书中说，恢复湖广行都司有这么多的便利，为什么我们不能够"乘此时势复之，益而不损，安而不劳，事体人情，两相妥顺，顾奈何执拘挛之见，而不为郧中久远之谋也哉？"

　　既然行都司有这么多好处，当初为什么要撤掉行都司呢？很有意思，原来张居正改革的时候，国家也在进行行政机构的改革，需要撤并一些机构和官员，于是就有大臣说，从成化年间荆襄流民设立行都司，派出各种官员，加上又派出流官，当地的社会秩序、社会治安已经很稳定了，就提议把原来的机构撤了吧！没有想到，撤了以后出问题了，这就是中央在进行决策的时候出现一些问题，他们认为现在当地的社会治安也不错，就精简，没想到减了之后、合并了以后，就闹出了这么大的乱子。这应该是当时决策的失误，由于这种决策上的失误，导致了后来的军民冲突。裴应章又恢复了行都司的建制，秩序很快又稳定了，这个地方后来再也没有出现过大的变乱，一直到李自成起义经过这个地方的时候，当地的百姓还是打李自成，并没有去加入李自成的军队来对抗官府，说明他们还真的是拥护中央在这个地方的建制。行都司建制一直到了康熙年间才最终裁除。

三　柳同春：秩序与命运

　　下面的故事，我们来看"秩序与命运"，就是要讲柳同春的故事。柳同春是河南人，这个故事想给大家介绍的"命运"，是柳同春个人和家庭的命运，而"秩序"是明清易代的社会秩序。柳同春这个人，生活在明朝的末年，在天启、崇祯年间。我们知道，明清易代对个人命运的影响是不言而喻的。对这个时代的人物故事，我们可以找出很多的例子，值得去反思、去思考、去总结，时代秩序与个人命运的关系。

　　柳同春这个人有什么故事呢？我们首先从顾诚先生著《南明史》的封面说起。这个封面图，在旁边有几个字，叫"御览异惨图"，御览是给皇上进呈、给皇上看的，"异惨"说非常凄惨的一幅图。对这幅图，顾先生给我讲过，在出版《南明史》史，编辑希望能够加一些图，比如说南明时期的货币等，他认为意义不是太大，后来他只选了这幅柳同春的图，因为这个图是他在国家图书馆发现的，很薄的小本子，在那以前从来没有用过和看过，是他发现的，而且柳同春和这幅图的故事，对南明局势的走向产生了非常重大的影响，他才决定选用了柳同春的图作为《南明史》的封面。我和顾先生聊了之后，才知道这图竟然有这么特别的意义。

　　柳同春，河南太康人，初为明朝武官，后降为大顺武官，再后降清。到顺治五年（1648），南昌守臣金声桓、王得仁"反清复明"，时任江西都司的柳同春化装出逃，向清军报信，家属被杀。此后数年，柳同春数次上奏清廷请功，并编成《天念录》。这本小书和绘画的意思，我在光明日报出版社版《南明史》的插页上有这样的描述。

　　该书卷首就是绘制于顺治十年的"御览异惨图"。图正中有尸体数具，写"妻子亲属三十二口"八字，尸体周围站立有身装明朝官服的官员和行刑的士兵数人，意在控诉金声桓等六人的罪行，痛诉家属被害的惨状。这幅图形象地描述了清军围困南昌明军的情形。城墙之外，旌旗猎猎，战马嘶鸣，强弓硬弩，火炮战车，南昌城被围得水泄不通。当时，清军坚壁清野，强征民夫数十万，热死、渴死、累死、饿死、杀死者不计其数。南昌受困百余天，城内粮薪匮乏，人人相食，而逃难者一律惨遭屠杀，城为之一空，这是另一幅惨绝人寰的"异惨图"。

柳同春的这本奏疏集内容是很少的，就收录了柳同春在顺治九年六月一直到十八年，分两个时间段，向清朝中央诉请，希望能够给他赏赐，能够给他们家进行封赏的一次一次的上书，这就是《天念录》。

柳同春他究竟是一个什么样的人物呢？在明清易代的时候，他本人的所作所为，我们通过清实录、相关的地方志以及明清档案等，还加上他本人写的《天念录》等材料，可以大概勾勒出来生平事迹。

首先他曾经是明朝的武将，在开封城做防卫。明末农民起义的时候，因为北京城的防御风声越来越紧，所以就从河南开封调军队到北京来参与保卫北京城，他带着自己的军队，也要求调到北京。他带着军队到了山西时，一看明朝大厦将倾，刚开始顺应形势，投降了大顺军，被就地授官驻扎在太原，监管定襄地方，等等。这一待就是两个月。实际上，我们知道1644年的整个春天，李自成的大军如摧枯拉朽一般进入北京城，又兵败如山倒，从北京撤出来，都发生在1644年的上半年。在这一段时间，柳同春在干什么？他带领自己的军队，在山西太原一带游走观望，要养军队，有时候也就打家劫舍，所以我们今天看到柳同春的一些事迹，记载在地方志的"杂记""兵燹""灾异"等里面。到了1644年六月的时候，也是清朝陆续把李自成的军队从北向南追赶的时候，柳同春这个时候又决定降清了，所以他又被固山叶臣和巡抚马国柱授为参将。这样，我们就可以看出来了，柳同春原来是一个明朝的武将，后来降了大顺，然后又降了大清，降了大清之后，在《清实录》里找到了关于他的记载。1646年四月，他被推为江西都司，到1655年，他到了密云石匣营任副将，然后又当了狼山总兵。1667年，康熙初年，柳同春自请辞官回家，被朝廷批准，就回到了太康的老家。翻看河南通志或府县志，它们都回避了柳同春投降大顺，以及为了养兵去骚扰百姓的这段历史，当然也是可以理解的。因为入清之后，他又做了这么大的官，也算是地方名人了，就把这一段"从贼"的历史就给抹掉了。然而，我们在山西的地方志里还是发现了他这段历史。

入清之后，对柳同春本人来讲，面临最大的考验是顺治五年（1648）正月的时候，在全国新的一波"反清复明"的浪潮中，当时的江西总兵金声桓、王得仁宣布反清复明，"文武强半从贼""尽弃顶带而换冠裳"，少数不从者被杀。时任江西掌印都司的柳同春抛下妻儿家属，越城剃发乔扮成和尚，星夜到南京报告江西之变，并为清军谭泰提供地图，攻打南昌。反清复明运动被镇压。据他自己说，正是由于他及时地向清朝报告南昌发生了反清复明的事件，清廷的大军才及时调整兵力和方向，围困南昌城，要不然，一旦南昌的反清复明得手的话，再以南昌为中心，南方的反清复明可能会形成一些非常大的浪潮。那么，清朝在南方的统治究竟会怎么样？谁会知道呢？

柳同春写奏书请求旌赏，第一次是顺治九年六月，他是通过高级别官员杜果代替上书。为什么顺治五年的时候全家被杀，在从五年到九年一直都没上书，而为什么到九年的时候突然上奏书了呢？第一，这是一个很重要的时间点，这就是制度的规定，他要找时机。第二，为什么第一次他没有自己写，而是由杜果来代写的？这也是当时的规定。背景是，清朝初年在针对柳同春这样降清的文臣武将时，给他们的待遇上是有不同的政策，这就是我给大家讲的当明清易代的社会秩序、国家制度在发生重大变化的时候，对于很多人的命运，他们要找准时机，你要有一个理由，要有一个制度的规定，给他一个成熟的机会。

在读柳同春的《天念录》时，他一次一次打报告向中央诉苦，他讲得比较多的是，当年在南昌事变的时候，他发挥了重大的作用，他在南昌城的时候是江西都司，比他品级低的人，投降了清朝之后都当了大官。而柳同春家里死了三十多口，立了那么大的功，却不给他奖赏。可是，兵部等官员拿到柳同春的报告之后说什么了呢？说柳同春临阵脱逃，柳同春说，我不逃出去，也不能送信出去，在那里不也死了吗？但兵部就是不同意。这个地方，我一直怀疑有些兵部里面的官员在故意刁难他，正是因为柳同春这个人，由于他的剃发出城搬兵，最后导致南明局势重大变化，有人故意不给他奖赏？当然只是我的揣测。

柳同春请求旌赏，真正发生重大变化的是由于顺治亲政，他想把降清的汉族官员的政策做调整，这样柳同春就有机会了。我们来看一下，清初的政策与降臣的命运。首先，在入关之初，就是顺治初年的时候，曾经有一个规定说："前朝勋臣及子弟有倡先投顺，仍立功绩责，与本朝诸臣一体叙录，应给封诰照例颁给。其见有官职，已经来朝者，仍准授原职。流贼属下官兵来投者，亦尊其官爵，准其子孙世袭罔替，共享太平"。多尔衮当政以来，他颁布了"太祖配天恩诏"，说："自顺治元年五月以来，各地方归顺有功文武官员人等，除已叙外，凡未经叙录者，将归顺来历及归后劳绩，该部察明叙升，给与世袭诰敕。"因为柳同春的行为直接涉及的是在多尔衮时代，他一直没有能够得到旌表的，是到顺治亲政之后才得以实现，顺治皇帝批复"深为可念"，算是给柳同春的案子定了性。为稳固皇权，清除多尔衮势力，顺治致力于建构"满汉联合体制"，急欲任用汉官，所以，无论是汉官的使用数量，还是汉官政治地位都已明显提高。这也许是柳同春能够顺利获得旌赏的重要背景。

如果再结合乾隆时代朝廷对贰臣、降臣态度，就可以更清楚地看出统治者翻手为云、覆手为雨的态度，贰臣的命运前后变化太大。乾隆说：

> 思我朝开创之初，明末诸臣望风归附……盖开创大一统之规模，自不得不加之录用，以靖人心而明顺逆。今事后平情而论，若而人者，皆以胜国臣僚，乃遭际时艰，不能为其主临危授命，辄复畏死幸生，靦颜降附，岂得复谓之完人？即或稍有片长足录，其瑕疵自不能掩……朕思此等大节有亏之人，不能念其建有勋绩，谅于生前，亦不因其尚有后人，原于既死。

乾隆这样的态度真是让人感觉世情凉薄。毫无疑问，明清易代对于个人的命运影响是很大的。

我最后做个总结。个人是时代的一粒尘，在帝制时代，国家维持社会秩序的愿望和要求，体现在制度设计层面，越来越强烈地体现在对社会和个人的全面控制上，这与近代以来"人文主义"民主思潮的兴起和自由发展的要求，实际是相悖的。国家权力不断扩张（帝制时代），"在政治压力下，权力像水分子般在毛细管作用的驱动下渗入日常生活的每一个角落"（王汎森），从而影响到人民的生活。国家制度设计时，意在维护统治秩序，体现在个人命运之上，这时代的一粒尘，便是人头上的一座山。

附 录

问题一：明代宣德、正统时期流民问题严重，各地农民反抗活动经常发生，政府的赋役财政受到影响。河南、山西、南直隶、江西、浙江等地设置巡抚。这一措施对地方三司省级体制产生的影响如何，同时又与清代以督抚为主体省级体制有什么关系？

彭勇教授：明朝的督抚制相对灵活，建议可以阅读靳润成先生的《明代总督巡抚辖区研究》，派出督抚有军事、监察和行政职能，应该来说督抚对地方三司体制的影响很大，有的学者认为总督是地方最高军事长官，巡抚是地方最高行政长官，我认为表述欠妥，总督确实更强调对兵马钱粮的管制，巡抚主要是在一些权力比较分散的地方，更多的是管民政和钱粮，但是也并不意味着不去管兵马钱粮。

问题二：为什么柳同春忠于清？

彭勇教授：明清易代，每个人会做出不同的选择，这个时候，有的人可能还有数次变化态度的，柳同春不反清是对时局分析判断之后做出的行为，和人的经历有关，可能是因为降清可以政治利益最大化，所以不要把它放在民族的情感上去思考。

延伸阅读

彭勇：《清初降臣柳同春的旌赏之路》，《王锺翰先生诞辰百年纪念文集》，中央民族大学出版社，2013。

彭勇：《卫所制度与边疆社会：明代四川行都司的官员群体及其社会生活》，《文史哲》2016年第6期。

彭勇：《从"边区"到"政区"：明代湖广行政司的制度运行与社会秩序》，《求是学刊》2018年第3期。

彭勇：《明史》，人民出版社，2020。

后　记

本书是在河南大学历史文化学院所举办的"权力与秩序：帝制中国的社会治理"系列学术讲座基础上，并汇集了其他学者在河南大学讲座报告，同时并收入了本校部分学者的讲稿，最终成集。

首先感谢阎步克教授、包伟民教授、张剑光教授、彭勇教授、倪玉平教授、仇鹿鸣教授（以上序齿）接受我们河南大学历史文化学院的邀请，在百忙之中连线为莘莘学子授课指导！诸位先生都是学术名家，且研究教学工作极为紧张繁忙，能抽出这么多时间举行讲座，十分令人感动！感谢包伟民教授为本书赐序，并提纲挈领，指出了全书旨向。阎步克教授当时身在美东，一场跨越地球的讲座，虽然经历了腾讯会议室突然无声的周折，还是吸引了 8000 余人在 B 站同步听讲，可能是学院讲座当中少有的壮举。其他诸位名家讲座，也都吸引了来自世界各地的听众，同样盛况空前！300 人的腾讯会议，场场爆满。采用腾讯课堂方式同步听讲者，亦有数百上千。葛金芳教授、侯旭东教授的讲座，为疫情之前在河南大学现场举行，同样是听众云集，师生收获极大！本校李振宏教授、程民生教授、展龙教授，也曾在学院内部以不同的方式为学生讲授过相关内容，同学们也深受教育洗礼，得以提高。我本人有机会得附骥尾，滥竽充数于其中，亦有荣焉。

感谢历史文化学院杨俊中书记、张礼刚院长的积极支持，感谢祁琛云副院长在总体思路设计上的热情指导！没有学院领导的关心帮助，讲座是不可能取得成功的。感谢《史学月刊》主编苗书梅教授的大力支援，她常常在会场悄悄对会议加以及时指导！感谢同事王战扬老师，操办了大大小小的诸多事务。感谢谢宇飞主任，完美且事事提前做好全部的后勤工作。感谢李雯雯老师制作了精美的海报，大增光彩。感谢郑振亚老师的周到安排，带领部分本科生完美地做好了相关报道，迅捷准确。感谢历史文化学院"讲座管理天团"的辛苦，为讲座提供了大量的技术支持！感谢张迅、蒲圣同学耐心将讲座录音整理为文字，感谢姜林希、张振兴、梁红玉、崔琦欣等同学花费精力整理了相关老师的论文。感谢曲阜师大刘伟教授、西北大学朱旭亮同学拍摄了书稿中所涉及的相关碑刻实物。

感谢社会科学文献出版社郑庆寰编辑热情邀约并编辑此书，如果没有庆寰发起，就不会有这本小书的最终形成。本书同时也得到国家社会科学基金重大项目"古代中国的乡村治理与社会秩序研究（18ZDA171）"的支持。

书稿虽然均经受邀专家本人审定，但是由于整理者特别是我本人能力不及，可能提交了未清晰整理的内容。如有整理错误，当由我负责，并恳请谅解。延伸阅读书目，由我本人整理选择（曾询云南大学田晓忠教授等），因学术之海无边无际，精力有限，目力不及者实多，不妥之处，也恳请谅解。另外，一部分问答，因录音或者录屏效果不佳，则未能整理，但也有部分问答现场感十足，且学术含量甚高，所以酌情收入了一部分现场问答。同样的，如有整理错误，当由我本人负责。

再次感谢诸位前辈高贤、学术先进接受河南大学历史文化学院的邀请，为广大学子授业解惑。谨此鞠躬致敬！

耿元骊　谨记

2020 年 8 月 22 日

图书在版编目（CIP）数据

权力与秩序：帝制中国的社会治理 / 耿元骊编. --
北京：社会科学文献出版社，2021.4（2023.11重印）
（九色鹿）
ISBN 978-7-5201-7883-9

Ⅰ.①权…　Ⅱ.①耿…　Ⅲ.①社会管理－研究－中国
－古代　Ⅳ.①D691

中国版本图书馆CIP数据核字（2021）第027232号

·九色鹿·
权力与秩序：帝制中国的社会治理

编　　者 / 耿元骊

出 版 人 / 冀祥德
组稿编辑 / 郑庆寰
责任编辑 / 赵　晨
文稿编辑 / 宋　超
责任印制 / 王京美

出　　版 / 社会科学文献出版社·历史学分社（010）59367256
　　　　　　地址：北京市北三环中路甲29号院华龙大厦　邮编：100029
　　　　　　网址：www.ssap.com.cn
发　　行 / 社会科学文献出版社（010）59367028
印　　装 / 北京盛通印刷股份有限公司

规　　格 / 开　本：787mm×1092mm　1/16
　　　　　　印　张：20　字　数：256千字
版　　次 / 2021年4月第1版　2023年11月第3次印刷
书　　号 / ISBN 978-7-5201-7883-9
定　　价 / 88.80元

读者服务电话：4008918866